高等职业教育公共管理与服务类专业推荐教材

公共关系与实务

PUBLIC RELATIONS AND PRACTICE

主　编　何必繁
副主编　胡柏翠
参　编　余长惠　路焕新

内容简介

公共关系是一门操作性较强的学科。本书系统地阐述了现代公共关系的基本原理和基础知识,深入讲述了公共关系的主客体,全面阐述了公共关系的构成要素、传播媒介、工作方法、典型公共关系专题活动以及我国公共关系发展现状和趋势等。丰富的公共关系案例素材为课程讲授补充材料,有助于学习者拓展知识面,加深对公共关系有关理论知识的理解和掌握。实训部分涵盖了公共关系的重要实操内容,丰富了课程实践内容。

本书注重理论性与实践性相结合,可作为高等院校公共管理、行政管理、城市管理、市场营销、企业管理等相关专业的基础理论课程教材,也可作为公共管理类相关专业的学生自学、职业培训的专门教材。

图书在版编目(CIP)数据

公共关系与实务 / 何必繁主编. — 天津 : 天津大学出版社, 2018.11

高等职业教育公共管理与服务类专业推荐教材

ISBN 978-7-5618-6263-6

Ⅰ. ①公… Ⅱ. ①何… Ⅲ. ①公共关系学－高等职业教育－教材 Ⅳ. ①C912.3

中国版本图书馆CIP数据核字(2018)第234749号

GONGGONG GUANXI YU SHIWU

出版发行　天津大学出版社
地　　址　天津市卫津路92号天津大学内(邮编:300072)
电　　话　发行部:022-27403647
网　　址　publish.tju.edu.cn
印　　刷　廊坊市海涛印刷有限公司
经　　销　全国各地新华书店
开　　本　185mm×260mm
印　　张　12.5
字　　数　312千
版　　次　2018年11月第1版
印　　次　2018年11月第1次
定　　价　45.00元

前言

公共关系是一门集综合性和应用性于一体的学科。公共关系是现代社会组织或个人为增强自身与公众之间的相互了解、相互合作而进行的传播活动、采取的沟通手段以及遵循的行为规范，其核心在于对社会组织及个人创新精神与实践能力的培养，其主要目标是树立以公众为对象、以形象为目标、以互惠为原则、以传播为手段、以真诚为信条、以长远为方针的思想，促进社会主义和谐社会的建设。

随着社会主义市场经济的蓬勃发展，公共关系是社会组织广泛参与社会竞争的重要手段，它在经济与社会生活中的作用越发显著。任何组织要想求生存、谋发展，必须掌握现代公共关系的核心知识与专业技能，积极开展公关活动。对于公众个体而言，无论从事什么工作，都离不开与组织、与他人相处，公共关系是指导人们日常行为、协调人际关系、增强公众社会适应性的一种有效工具。

本书遵循我国高等职业教育发展规律，强调理论知识全面、浅显，能力与素质综合培养，教材内容尤其注重理论与实践相结合。本书的内容共划分为两篇。第一篇为公共关系基础知识部分，主要内容包括公共关系概述、公共关系的构成要素、公共关系的工作方法、公共关系的类型、公共关系礼仪沟通、公共关系专题活动以及我国公关行业的现状与未来。第二篇为公共关系实践训练部分，主要内容包括公关调查实训、公关策划实训、公关礼仪实训、危机公关实训、新闻发布会实训、人际沟通实训、模拟应聘实训、公关演讲实训，共计八个实训模块。本书的一大亮点是突出综合实训，有效地指导学生把理论知识应用于实践，旨在提高学生的实践能力。教材编写强调案例教学，每章由一个典型的案例导入课程内容，重要的知识点都穿插了经典案例，有助于学生更好地理解有关理论知识，每章后面的辅助案例素材能够引导学生运用所学知识分析思考并开展课堂讨论，以期学生进一步加深对公共关系的认知。

本教材的编写得到了重庆城市管理职业学院社会工作学院周良才院长的精心

指导，天津大学出版社赵宏志编辑给予了大力支持。教材编写团队倾力合作，广泛查阅有关资料，结合多年课程教学经验完成了教材编写工作。其中：教材第三章（公共关系的工作方法）、实训模块部分项目三（公关礼仪实训）和项目六（人际沟通实训）由余长惠老师编写完成；教材第五章（公共关系礼仪沟通）、项目四（危机公关实训）由路焕新老师编写完成；教材第一章（公共关系概述）由胡柏翠老师编写完成；其余章节以及实训模块的各项目由何必繁老师编写完成。教材知识点全面、内容浅显易懂、案例素材新颖充分，适合用作公共关系课程的高等教育教学、职业资格培训辅导、广大公关爱好者自学参考用书。

本教材编写过程受限于编者个人能力，加之时间仓促，难免出现疏漏与不足之处，还望各位读者海涵并多提宝贵意见，让我们携起手来为公共关系事业的进一步发展升华而共同努力。

编　者

2018年8月于重庆

目　　录

Contents

第一篇　公共关系基础知识

第一章　公共关系概述 …… 3
　第一节　公共关系的内涵与外延 …… 4
　第二节　公共关系的起源与发展 …… 8
　第三节　公共关系的职能与作用 …… 16
第二章　公共关系的构成要素 …… 23
　第一节　公共关系的主体 …… 24
　第二节　公共关系的客体 …… 32
　第三节　公共关系的媒介 …… 39
第三章　公共关系的工作方法 …… 45
　第一节　公共关系调查 …… 46
　第二节　公共关系策划 …… 58
　第三节　公关实施传播 …… 64
　第四节　公共关系评估 …… 71
第四章　公共关系的类型 …… 78
　第一节　主体型公共关系 …… 79
　第二节　功能型公共关系 …… 94
第五章　公共关系礼仪沟通 …… 101
　第一节　公共关系礼仪 …… 102
　第二节　公关人员的礼仪修养 …… 104
　第三节　公关沟通 …… 106
第六章　公共关系专题活动 …… 112
　第一节　公关专题活动概述 …… 113
　第二节　公关专题活动类型 …… 115
第七章　我国公关行业的现状与未来 …… 132
　第一节　我国公关行业的发展现状 …… 133
　第二节　我国公关行业面临的挑战 …… 134
　第三节　我国公关行业的发展趋势 …… 136
　第四节　我国公关行业的发展思路 …… 138

第二篇　公共关系实践训练

项目一　公关调查实训…………………………………………………………… 145
项目二　公关策划实训…………………………………………………………… 151
项目三　公关礼仪实训…………………………………………………………… 158
　实训一　日常公关礼仪………………………………………………………… 158
　实训二　公关接待礼仪………………………………………………………… 162
项目四　危机公关实训…………………………………………………………… 167
项目五　新闻发布会实训………………………………………………………… 174
项目六　人际沟通实训…………………………………………………………… 179
项目七　模拟应聘实训…………………………………………………………… 185
项目八　公关演讲实训…………………………………………………………… 189
参考文献…………………………………………………………………………… 193

第一篇

公共关系基础知识

公共关系与实务是公共管理与服务类专业的必修课程。公共关系是以塑造社会组织的良好形象为根本目的的综合性管理艺术,广泛运用于各类社会组织的各个管理层面。通过课程教学可使公关从业人员具备较强的公关理念和扎实的公关技巧,能以良好的公关意识指导职业行为,全面提高整体职业素养。公共关系基础知识涵盖了公共关系的概念、公共关系的主客体、公共关系媒介、公共关系的典型工作方法、几类常见的公共关系类型、公共关系礼仪沟通、公关行业面临的机遇与挑战等主要内容。

第一章　公共关系概述

学习目标

【知识目标】掌握公共关系的基本概念、特征、发展历程、基本原则和职能。

【素质目标】培养公关意识、鉴别公共关系与其他相关社会活动的能力。

【技能目标】初步具备运用公共关系基础知识分析解决实际问题的能力。

案例导入

【认识公关】

燕子的道歉

日本奈良有一个世界一流的旅馆，每年春夏两季游人如织，但每年四月以后，燕子便争相飞到旅馆檐下，筑窝栖息，繁衍后代。

招人喜爱的燕子都有随便排泄的不懂事之处，刚出壳的雏燕更是把粪便溅在明净的玻璃窗上或雅洁的走廊上，尽管服务员不停地擦洗，但燕子的我行我素总会使旅馆留下污渍。于是，客人不高兴了，纷纷找服务员投诉。影响效益的危机出现了，有关人士大伤脑筋。但不久，这种现象就渐渐消失了，原因是客人们看到了一封"燕子"写的信。

女士们，先生们：

我们是刚从南方赶来这儿过春天的小燕子，没有征得主人的同意，就在这儿安了家，还要生儿育女。我们的小宝贝年幼无知，很不懂事，我们的习惯也不好，常常弄脏你们的玻璃窗和走廊，致使你们不愉快。我们很过意不去，请你们多多原谅。

你们的朋友：小燕子

寻找欢乐的游客见到小燕子的信，都给逗乐了，肚子里的怨气也在大笑中悄然散去。

（资料来源：https://zhidao.baidu.com/question/27349527.html）

思考：

以上案例素材体现了怎样的公关思想？体现出该旅馆工作人员的哪些公关意识？

【案例分析】

这是一则表意型的公关广告，借用燕子的口吻，手法创新、立意深刻，也体现了真诚的创意原则。公关就是"好事要出门，坏事要讲清"。在这个案例中，燕子的排泄物弄脏了旅店的玻璃和走廊，如果不与顾客进行很好的沟通，不让顾客知晓旅馆正在竭力处理这件事情，就会造成顾客对旅店的误解，难免影响到双方的主顾关系。而旅馆经理的这则公关广告起到了很好的沟通作用。从燕子的角度陈述事实，出于对动物的爱怜，不仅不会感到虚假，反倒给人一种可爱的感觉，也更容易谅解旅馆的苦衷，促成双方的有效沟通。由此可见，公共关系的内涵丰富，技巧性强，良好的公共关系对于社会组织至关重要。

第一节　公共关系的内涵与外延

“公共关系”一词来自英语 Public Relations，其英文缩写为 PR，这里的“Public”是形容词，其基本词义是公共的、公开的、公用的、公众的，是相对于“private”而言的，表明它是非私人性的、非秘密的、非个人的。“Relations”是复数形式，表示关系的复杂性和多样性。PR 既用来表达公共关系，也用来表述与公共关系有关的事物和现象，其中文翻译为“公众关系”，但事实上“公共关系”一词已被大众普遍接受并广为流传，其汉语简称“公关”。

一、关系、社会关系与公共关系

（一）针对关系的定义，不同研究领域给出了不同的定义

宋希仁从逻辑学的角度给出关系的定义，关系是指存在于若干事物、现象间的某种相互联系。而哲学范畴里的关系广义上是指事物之间的普遍联系，狭义上的关系是指人与人之间的相互联系。关系是客观存在的，不以人的意志为转移。关系可分为正式关系和非正式关系，非正式关系较正式关系更为古老和普遍。

（二）社会关系

社会关系是指人们在共同的物质和精神活动过程中所结成的相互关系的总称，即人与人之间的一切联系。社会关系是指出于维护社会整体不被破坏的目的，存在于社会成员与国家、团体、家庭之间以及社会团体之间、社会成员之间的一种由国家和社会做出规定的强制性关系。换言之，社会就发生社会关系的双方的权利和义务都做出明确的规定，谁违背这些规定，谁就是公开与社会对抗，就要受到社会强制力量的惩处。

如图 1-1 所示，按照关系作用对象的不同可将社会关系划分为三个层次：以国家为主体与人发生关系的政务关系、以个人为主体与人发生关系的人际关系、以社会组织为主体与人发生关系的公共关系。

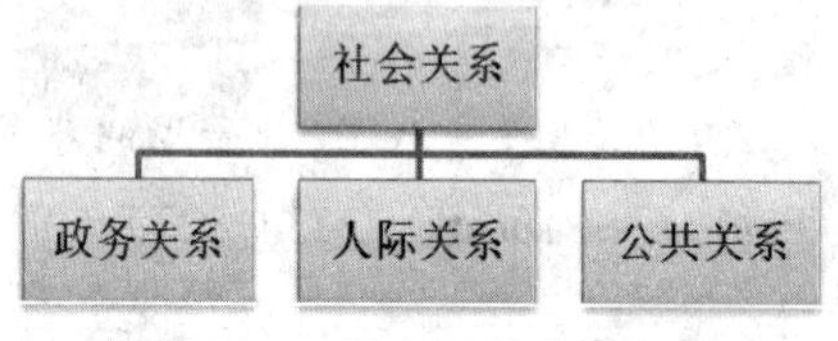

图 1-1　社会关系的分类

（三）公共关系

公共关系是指一个社会组织用传播手段使自己与相关公众之间形成双向交流，使双方达到相互了解和相互适应的管理活动。一方面，公共关系是一种状态，任何一个组织、机构或个人都处于某一种或几种公共关系状态之中。另一方面，公共关系也是一种活动，当一个组织、机构或个人有意识地、自觉地采取措施去改善和维持自己的公共关系状态时，也正在从事公共关系活动。例如：某公司总裁以个人名义向野生动物基金会捐款，这是个人行为，而不是公共关系；但当他以公司的名义捐这笔款时，我们便可把这种行为理解为一种旨在提高组织的知名度和美誉度、扩大组织影响的公共关系行为。

二、公共关系的基本概念

公共关系作为一种客观存在,与人类社会相伴而生。随着商品经济的发展、信息传播技术的进步和人类文明水平的提高,公共关系已成为现代社会的一种普遍现象。现代公共关系是于20世纪初发展起来的,至今也不过百年时间,人们对公共关系的认识还处于不断探讨之中。历史上的众多学者从各自角度对公共关系提出了不同的表述,从不同的侧面反映了公共关系的内涵。近些年来,众多学者探索了公共关系概念的内在含义并做了许多尝试性的解释。关于公共关系的定义可谓"仁者见仁,智者见智"。由于论者的角度不同、表述不一,从而得出多种多样的定义。美国著名的公共关系学教授哈罗博士经过整理、征询,梳理得出四百多个针对公共关系的定义。那么,如何从这些纷繁多样的公共关系定义中准确把握公共关系的真正内涵呢? 在此,我们将国内外较为流行的公共关系定义梳理归纳为以下几类。

(一)管理职能论

公关是一种管理职能,它评估公众态度,检验个人和组织政策、活动是否与公众的利益相一致,并负责设计与执行旨在争取公众理解与认可的行动计划。这类定义突出公共关系的管理属性。比如,美国著名公关学者雷克斯·哈罗博士所提出的定义:"公共关系是一种独特的管理职能。它帮助一个组织建立并维持与公众之间双向的交流、理解、认可与合作;它参与处理各种问题与事件;它帮助管理者及时了解公众舆论,并对之做出反应;它明确并强调管理部门为公众利益服务的责任;它作为社会变化趋势的监视系统,帮助管理者及时掌握并有效地利用社会变化,保持与社会变动同步;它运用健全的、正当的传播技能和研究方法作为主要的工具。"美国著名公共关系学者卡特里普和森特认为:"公共关系是这样一种管理功能,它能建立和维护组织与公众之间的互利互惠关系,而一个组织的成功或失败取决于公众。"

国际公共关系协会同样认为公共关系是一种管理职能,其定义是:"公共关系是一种管理功能,它具有连续性和计划性。通过公共关系,公立的和私人的组织机构试图赢得与它们有关的人们的理解、同情和支持;借助对舆论的估价,以尽可能协调它们自己的政策和做法,依靠有计划的、广泛的信息传播,赢得更有效的合作,更好地实现它们的共同利益。"

(二)传播沟通论

传播沟通论这一类定义强调公共关系是组织的一种特定的传播管理行为和职能,认为公共关系离不开传播沟通。我国公共关系学者廖为建定义公共关系"是一个组织与其相关公众之间的传播管理"。英国著名公关学者弗兰克·杰夫金斯指出"公共关系就是一个组织为了达到它与公众之间相互了解的确定目标,而有计划地采用一切向内和向外的传播沟通方式的总和"。

国外一些大型的百科全书或综合词典也从传播或沟通的角度来定义公共关系。《美利坚百科全书》中的定义是:"公共关系是关于建立一个组织同其既定公众之间相互了解的活动。"《大英百科全书》中是这样定义的:"公共关系是旨在传递有关个人、公司、政府机构或其他组织的信息,并改善公众对其态度的种种政策或行动。"

(三)特定关系论

持特定关系论观点的学者倾向于公共关系目标,认为"关系"体现公共关系的本质属性,公共关系是一种特定的社会关系,正确认识公众关系、处理公众关系是开展公共关系的出发点和归宿。英国公共关系学会的定义是:“公共关系是在组织和它的公众之间建立和维持相互了解的、有目的、有计划的持续过程。”美国普林斯顿大学的资深公共关系教授希尔兹认为:“公共关系就是我们所从事的各种活动所发生的各种关系的通称,这些活动与关系是公众性的,并且都有社会意义。”

(四)特征综合论

有的公关学者认为,前面几类定义都只反映了公共关系某一方面的含义或特征,未免失之偏颇,因此他们试图通过一个定义把公共关系的所有内涵或特征都包括进去。这类学者将公共关系的各种表征概念综合起来给出公共关系的概念。如 1978 年 8 月,在墨西哥城召开的世界公共关系协会大会上,代表们经过研讨提出了公共关系的定义:“公共关系是一门艺术和社会科学,公共关系的实施是分析趋势、预测后果、向机构领导人提供意见、履行一连串有计划的行动,以服务于本机构和公众利益。”

三、公共关系的基本特征

特征是事物本质属性的外在表现,是进一步区分事物的基本依据。公共性是公共关系的本质属性,从公共关系的本质属性来看,其基本特征主要有以下几个方面。

(一)对象公众性

公众是公共关系工作的唯一对象,是公共关系的客体,是构成公共关系不可缺少的要素。公众性是公共关系公共性本质规定性的应有之意,是从公共性中引申出来的一个重要概念。公共关系的一切工作都是围绕公众而展开的,都是为了争取公众、赢得公众的支持与理解。被誉为“现代公共关系之父”的艾维·李提出公共关系的第一个信条就是“公众必须被告知”;被誉为“公共关系学创始人”的爱德华·伯纳斯提出“投公众所好”;在此基础上,卡特里普和森特又提出“双向对称传播”,即通过与公众对话的方式,实现组织与公众的沟通,把公众的利益与组织的利益联系起来。由此可见,公共关系工作总是把公众放在首要的位置,没有公众,就没有公共关系;丧失了公众,就是公共关系的失败。

(二)手段公开性

传播沟通是连接组织和公众的桥梁,是公共关系的手段。公开性是公共关系本质属性在传播沟通手段上的具体表现。公开性就是指公共关系的信息传播和沟通不是私下进行的、隐秘的活动,而是可以也必须向公众公开、让公众知晓的。公众对社会组织的相关信息拥有知情权。公共关系的一个基本原则就是“好事要出门,坏事要讲清”,也就是说,无论是对组织有利的信息还是不利的信息,都要采取一切公开合法的手段进行公共关系传播沟通。“好事”要向公众公开传播,让公众知晓,以提高组织形象的知名度和美誉度;“坏事”也要向公众公开,通过真诚沟通协商,求得公众的理解、谅解,以维护组织的美誉度,防止臭名远扬。

(三)社会舆论性

公共关系一个很重要的职能就是监测社会舆论,通过对社会舆论的监测、收集和回馈,为组织决策提供依据。不仅如此,公共关系还肩负着引导和改变社会舆论、使社会舆论向着有利于组织发展的方向转变的责任。社会舆论是社会组织的生态环境,是公共关系成功与否的检测器。可以说,公共关系就是围绕着对社会舆论信息的收集、回馈、处理、传播而展开的。公共关系通过自觉的、有计划的传播活动,制造媒体效应、口碑效应、议题效应,以此来形成民意或者改变民意，以此来形成对组织有利的生存环境。公共关系还通过收集民意、回馈社会舆论来影响组织的决策导向，使组织能够满足公众需要，使组织更加具有社会责任感。

（四）公众情感性

公共关系中，社会组织与其公众不是单纯的利益关系，而更重要的是一种情感维系的关系。公共关系的工作对象是公众，公众既可以群体的形式存在，也可以个体的形式出现，所以，公共关系工作在具体的操作过程中常常表现为人与人之间的关系和交往。由此，情感因素渗透于公共关系的全过程，甚至左右着公共关系工作的进程与成败。公共关系要实现它的公共性，与公众形成共性、达成一致，就必须培养组织与公众之间的信任、友谊、爱护、关心等情感，在其公共关系活动中重视情感上的沟通、联结、融洽，为组织创造良好的人际关系氛围。

（五）社会公益性

公益性不是社会组织本身要追求的目标，任何社会组织都要追求自身利益的最大化，尤其是营利性的社会组织。但是，现代组织存在于市场经济中，要更好地生存和发展，采用公共关系这种先进的管理手段是必不可少的。公共关系的本质属性是公共性，一个组织面对的公众越广泛，其公共性的范围就越大，公共关系所追求的公共利益的覆盖面就越宽，社会组织为社会所尽的义务和实现的公共利益也就越多。为了实现组织利益，组织就必须顾及社会利益，为社会尽责任，这是公共关系公共性的本质要求。

（六）效用长期性

公共关系的实践告诉我们，不能把公共关系从业者当作“救火队”，而应把他们当作社会组织的“常备军”。公共关系的管理职能应该是经常性与计划性的，它是一种长期性的工作。

（七）科学创造性

公共关系本身是一门科学，科学的活力与发展源自自我革新和实践创造性。当前，公共关系面对纷繁复杂的社会环境，其对象又是层次多样的、心态各异的公众。只有不断创新，才能适应变化中的环境和公众的需求，公共关系才有生命力，才能永葆青春。因此，要使公共关系体现创造性，从事公共关系活动的从业者须具备强烈的创新意识，按照科学规律办事。

【素质拓展 1-1】

IBM 公司的“金环庆典”活动

美国 IBM 公司每年都要举行一次隆重的庆功会，对那些在一年中做出过突出贡献的销售人员进行表彰。IBM 公司对做出突出贡献的 3% 的人所进行的表彰被称作“金环庆典”。在庆典中，IBM 公司的最高层管理人员始终在场，并主持盛大、庄重的颁奖酒宴，然后放映由公司自己制作的表现那些做出了突出贡献的销售人员的工作情况、家庭生活乃至业余爱好的影片。在被邀请参加庆典的人中，不仅有股东代表、工人代表、社会名流，还有那些做出了突出贡献的销售人员的家属和亲友。整个庆典活动自始至终都被录制成电视（或电影）片，然后被拿到 IBM 公司的每一个单位去放映。

IBM 公司每年一度的“金环庆典”活动，一方面是为了表彰有功人员，另一方面也是同企业职工联络感情、增进友情的一种手段。在这种庆典活动中，公司的主管同那些常年忙碌、难得一见的销售人员聚集在一起，彼此毫无拘束地谈天说地，在交流中，无形地加深了心灵的沟通，尤其是公司主管那些表示关心的语言，常常能使那些在第一线工作的销售人员备受鼓舞。

正是在这个过程中,销售人员更增强了对企业的"亲密感"和责任感。那么, IBM 公司的庆功会在公司内部究竟都有哪些重大意义?这种活动对其他企业有何借鉴意义呢?

第一,它可以增强企业内部的凝聚力与向心力,显现企业文化的氛围。通过"庆典"活动,对企业有功的人员亲身感受到企业高层主管对他们工作、学习、家庭及个人发展的关心,感受到企业大家庭的温暖。这种企业文化的氛围是企业发展的基石,它可以使公司内部员工更多地联络感情、增进友情,协调企业内部的人际关系。

第二,它可以使员工家庭和睦、健康。为企业做出突出贡献的销售人员的家属、亲友也被企业邀请参加庆典活动,这会使这些受表彰者的家属更多地了解自己的亲人在工作中的表现,使其家属在以后更多地支持亲人们的工作,使之多一份理解与关爱,从而保证这些家庭的和谐气氛。

第三,它可以使企业员工的积极性更高,使企业形象更好。在这样的庆典活动中,接受表扬者会产生一种继续奋发向上、为企业多做贡献的决心。活动同时也会鼓励更多的员工努力工作。在这种企业氛围中,员工们会处处为企业着想,在工作中表现出良好的员工形象,进而展示出企业的风格。

第四,它可以使企业的社会效益和经济效益得到同步增长。企业员工热爱自己的企业,以企业为荣,会自觉地为企业树立良好的形象。这样会使企业在社会公众心目中拥有良好的形象,如人们会认定 IBM 公司是一个有文化的公司、关爱社会的公司,社会效益的提高会最终转化为企业经济效益的提高。人们认定,拥有良好形象的企业一定会生产出优质的产品和提供优质的服务,进而愿意购买这样企业的产品。

其他企业可借鉴 IBM 的这种做法更多地开展企业内部的公共关系活动,以增强企业职工与领导、职工与职工之间的感情联系,创造出良好的内部公共关系氛围。联络感情、增进友情,除了可以举办像 IBM 公司这样的庆典活动之外,还可以组织全体职工开展文体活动,利用各种有意义的事件(如厂庆日、新产品投产、新设施剪彩等)和有意义的节日(如新年、国庆节、"五一"劳动节以及职工的生日等)举办各种形式的工作聚餐会、周末文化沙龙、知识竞赛等活动。

(资料来源:https://www.shangxueba.com/ask/6299299.html)

第二节　公共关系的起源与发展

一、公共关系的起源

公共关系既是一种客观存在的社会现象,也是一种朴素的思想意识观念。公共关系的源头可追溯到古代社会人类文明伊始。纵观历史,早在古埃及、古印度、古中国、古希腊以及古罗马时期,统治阶层就普遍采用武力和舆论等手段来控制社会,处理与公众的社会关系。比如,各级统治阶层都曾动用大量的金钱、物力和人力去修造雕像、寺院、陵墓,编撰颂歌等,用精湛的艺术手法描述他们的英雄业绩,谋求美化统治者的声誉,宣扬自己的伟大和树立神圣的身份。封建王朝统治阶层的这些潜意识的做法无疑展现了他们强烈的"公关意识"。

1. 我国古代的准公共关系

我国是历史悠久的文明古国,"公共关系"的思想与活动可以追溯到有文字记载的远古时期。有公共关系学者研究指出，我国古代的准公共关系活动最早产生于商代，部族首领在社会事务组织管理活动中已认识到民意和利用民意的重要性。例如：盘庚迁都是发生在商朝中后期的一次历史事件，盘庚在动员演说中提出“朕及笃敬，恭承民命”；而《尚书·盘庚篇》有“视民利用迁”“今我民用荡析离居，罔有定极”的描述，阐明都城迁徙的原因是民众为了躲避自然灾害的频繁发生。这表明盘庚已经懂得顺民意、得民心，办事要向民众说明原因，用意才能实现。

中国古代在收集民意、利用民意的公关管理方面也有较多实例。比如，大禹为治水曾“合诸侯于涂山”，协商后终于得到大家的支持，才得以指挥千军万马完成了治水的壮举。郑国“子产不毁乡校”的故事就是古代公共关系思想的极好表现。周朝时，宫廷已有“采诗”制度，目的之一就是以此来体察民情民意。《左传》中的“子产不毁乡校”则体现了社会公众舆论监督与政权管理者之间的双向沟通。我国古代有关公共关系的范例不胜枚举，在中国古代的一些社会活动中，人们都自觉或不自觉地运用各种传播手段和沟通技巧来宣扬自己，树立自己良好的声誉和形象，这表明准公共关系在我国古代已经颇为盛行。诚然，我国古代的准公共关系其实只是有些公共关系的手段和做法，不是真正意义上的公共关系，它具有明显的自发性、盲目性，政治色彩、伦理色彩浓厚，传播手段简单。

2. 古代西方的公共关系

古希腊著名学者亚里士多德在其著作《修辞学》中就怎样运用语言来影响听众的思想与行为进行了精辟的阐述，强调语言修辞在人际交往和演讲中的重要性。他认为，修辞是沟通政治家、艺术家和社会公众相互关系的重要手段和工具，是寻求相互了解和信任的艺术；他还提出在交往沟通中，要用感情的呼唤去获取公众的了解和信任，要从感情入手去增强演讲和说服艺术的感召力。该书被称为最早探讨“公共关系理论”的专著。古罗马的凯撒创办发行了世界上最早的日报——《每日记闻》，他还专门写了一本记载其功绩的纪实性著作——《高卢战记》，这本书曾被西方一些著名的公共关系专家称为“第一流的公共关系著作”。这个观点从某种程度上来说是夸大其辞，但却又从一定程度上说明公共关系作为一门实践性艺术，从人类文明社会一开始就放射出自己灿烂的光芒。

二、现代公共关系的萌芽

“公共关系”概念的提出源自 19 世纪的美国，最初主要是出于政治上的需要，如竞选总统便是各竞选者“树立形象”的公关活动。美国 19 世纪 30 年代开始的“便士报运动”，这种有组织的公共关系活动催生了现代公共关系的萌芽。说起这种风靡一时的报刊宣传代理活动不得不提及一位代表性人物——美国马戏团老板费尼斯·巴纳姆，他主张“凡宣传皆好事”。他为了吸引公众关注而不择手段地为马戏团制造具有轰动效应的神话故事，愚弄欺骗公众，从根本上与公共传播背道而驰。到 1882 年，美国律师多尔曼·伊顿在耶鲁大学发表题为《公共关系与法律职业的责任》的演讲，率先提出了现代意义的“公共关系”概念，并将之解释为“大众利益”。多尔曼·伊顿谴责在新闻广告宣传中不考虑公众利益，甚至滥用现代传媒手段愚弄欺骗公众的种种行为；他提倡关注公众利益，并把公众利益作为公共关系的核心问题。

处于酝酿萌发阶段的公关活动，经历了一个从利用新闻报刊做夸大虚假的广告宣传，到倡导社会组织真实传播信息、真诚考虑公众需要、以构建良好组织形象的发展历程。由此可见，公共关系作为一种树立组织新形象的工作的重要性日益突显，公共关系职业应运而生。

三、现代公共关系的产生

现代公共关系的产生是美国经济发展和社会矛盾交互作用的产物。19 世纪末，美国正处于由自由资本主义向垄断资本主义的过渡阶段。伴随着这种历史转变，企业间竞争激烈，大财团垄断了美国 60% 以上的经济命脉。他们控制政府，呼风唤雨，无视劳工利益，无节制地扩大生产和榨取工人血汗，从而导致社会公众对垄断财团日渐不满，劳资纠纷频繁。于是，一些有远见的企业家开始意识到公共关系的重要性，纷纷求助于公关专家，希望帮助企业重塑形象，求得公众谅解。这样，运用各种传媒手段帮助企业与公众“对话”的公共关系职业应运而生。

1903 年美国著名记者艾维·李和朋友派克合作在美国纽约开办了第一家真正向顾客提供劳务并收取费用的公关公司——新闻宣传事务所，成为第一位职业公关人。这标志着现代公共关系的产生，艾维·李也被视为“现代公共关系之父”。艾维·李第一个提出了公共关系的思想和基本原则，他所提倡的“公众必须被告知”、反对“公众被愚弄”、主张“说真话”的思想至今仍被奉为公共关系的圭臬。随着艾维·李事业上的成功，从新闻代理基础上发展起来的公共关系业务作为一种新型的事业而迅速走向社会化。

【素质拓展 1-2】

艾维·李——现代公共关系之父

19 世纪中后期，美国的商品经济得以快速发展，资本主义从自由竞争走向了垄断。近百个经济巨头控制了美国的经济命脉。他们为了巩固这种垄断地位，对内根本无视员工的利益，对外以损害公众利益作为赚钱的重要手段，奉行所谓“只要我能发财，让公众利益见鬼去吧”的经营哲学，引起了社会公众舆论的强烈不满和抨击。一些新闻记者利用大众传播媒介提供的舞台，把焦点对准企业的缺陷，严厉谴责大财团们不顾公众利益的卑劣行径，以至于最后出现了两千多篇揭露实业界、传播界丑闻的文章，形成了近代美国史上著名的“揭丑运动”，又称“扒粪运动”。

1906 年，艾维·李在世界公共关系历史上制造了第一个成功的公关案例。这一年，美国无烟煤业的业主们竭尽全能仍无法诱迫罢工的工人们复工，同时他们受到新闻界舆论的猛烈攻击，便相互指责，推诿责任，致使整个无烟煤业陷入一片混乱。后来他们聘请名声大噪的艾维·李来解决这些问题，协调好劳资、业主内部、业主与新闻界之间的关系。他们被迫接受了艾维·李提出的两个先决条件：他有权与该行业的最高管理者接触并影响最高层的决策过程；有权在他认为必要时向全社会公开全部事实真相。于是，艾维·李积极协助记者了解罢工情况，安排劳资双方接受记者采访，记者写出报道的内容真实且丰富，这使劳资双方通过报纸了解了对方的态度和立场、社会舆论对整个事件的看法等。最后，双方在互相理解的基础上同时做出让步，解决了若干具体问题，企业又恢复了正常生产。

同年，艾维·李又应邀协助宾夕法尼亚州铁路公司处理一起意外事故的善后工作。他要求保护现场，然后派车接记者们前来采访，让他们了解事故的真实原因，目睹铁路公司为处理事故做出的种种努力，如向死难者家属提供赔偿、为受伤者支付医疗费、向社会各方诚恳道歉等；安排有关人员诚实地回答记者的提问，向记者们做技术性解释，为实地采访提供种种方便。当首批有关该事故的专稿公开见报后，公司的董事们惊喜地发现，这家公司得到了有史以来最公正善意的评价，公司的形象大大改善了。

1908 年,有效地控制着 84% 电话业务的美国电话电报公司率先在公司内设立专职的公共关系部,由一位公司副总经理主管公共关系工作,将公共关系正式纳入企业经营管理的范围,早期也曾聘请艾维·李为公共关系顾问。

艾维·李时期被人们视为公共关系萌芽或兴起的时期。公共关系的兴起是社会生产方式变革的结果。在艾维·李所处的年代,不仅社会生产结构由“生产为中心”向“市场为中心”过渡,而且由于传播媒介的介入,迫使社会组织从“象牙之塔”改变为“玻璃之屋”,亦即完成了组织从门户关闭到门户开放的过程。此外,现代管理理论也实现了从“以物为中心”到“以人为中心”的转变。

艾维·李公共关系思想的核心是“说真话”“讲实情”;他的口号则为“公众必须被告知”。他反复向其客户强调这样的信条:“凡是有益于公众事业,最终必将有益于企业或组织。”1906 年,他向报界发表著名的《原则宣言》,既明确论述了公共关系的职业目标,又倡导公关工作进入企业的高级管理层,以实现企业人性化的管理。艾维·李以其积极的努力与出色的工作为公共关系工作在社会上赢得了一席之地并产生重大影响,同时又促成公共关系正式成为一种职业,为此人们都尊其为“公共关系之父”。

然而,艾维·李的公共关系思想只是停留在凭经验或直觉的基础上,缺乏理论概括与科学抽象,因而只能称其为艺术。他尚未对公众舆论做科学的调查,也未考虑到组织如何主动为公众做些什么。公共关系的实践正呼唤着理论的指导。

(资料来源:https://baike.baidu.com/item/%E8%89%BE%E7%BB%B4%C2%B7%E6%9D%8E/7778974?fr=aladdin)

四、现代公共关系的科学化

诚然,艾维·李是现代公共关系的创始人,但是他的公共关系思想还未成体系,在公共关系实践工作中也存在着不足之处。比如:他注重经验积累而忽视理论总结、注重主观判断而忽视实践调查,在开展公共关系咨询和实施的过程中有实践经验,但缺乏科学的预测、理性的总结以及系统的理论指引。由此,“只有艺术而无科学”成为他最大的局限。真正为公共关系奠定理论基础、促成现代公共关系科学化发展的是美国著名的现代公共关系先驱爱德华·伯纳斯。

伯纳斯不仅是个成功的实践家,更是一位卓越的理论家。他在担任福特汽车公司公关部经理的同时,应聘至纽约大学讲授公共关系学课程,成了在美国高等学校中开设公共关系专门课程的第一人。1923 年,伯纳斯撰写出版了世界上第一部系统的公共关系学专著《舆论明鉴》,首次系统化、科学化地提出了现代公共关系理论,这标志着公共关系由先前的“直觉艺术”升华为一门理性的科学。1952 年,伯纳斯完成第一本公关教科书《公共关系学》,在理论和实践上把公共关系推向一个新的历史发展阶段。伯纳斯非常重视公共关系的理论研究与实践活动,所倡导“投公众所好”的主张是他现代公共关系思想的一个重要组成部分。总之,伯纳斯在公共关系理论与实践上做出的贡献对于公共关系学科的形成与发展具有划时代的意义和里程碑式的作用。伯纳斯以其不懈努力为现代公共关系的发展做出了一系列重要的贡献:第一,公共关系职业化;第二,公共关系工作摆脱了新闻界附属的地位,开始独立自主地发展;第三,初步建立了现代公共关系的理论体系;第四,强调了舆论及通过投其所好的公共宣传来引导公共舆论的重要作用;第五,主张获得公众的谅解与合作应当成为公共关系的基本信条。

五、公共关系在我国的发展

公共关系在我国的发展大致经历了以下三个阶段:公共关系的引入与传播、公共关系的快速发展以及公共关系的全面深入发展。

(一)公共关系的引入与传播

公共关系作为一种新兴的职业和理念传入我国的时间不长,但因其顺应了我国市场经济发展的时代潮流,公共关系在我国得以快速发展。在20世纪80年代初期,我国实行改革开放政策,一批外资企业携带着西方发达国家先进的经营管理观念进入我国,比较成熟且系统化的公共关系也随之在我国生根发芽。

1980年,我国在广东省设立了深圳、珠海、汕头三个经济特区。此后不久,深圳、珠海的一些三资企业中的宾馆、酒店也纷纷参照国外的先进管理模式设立了公共关系部,公共关系的职业化逐渐受到社会的广泛关注。1984年,广州白云山制药总厂率先成立了公共关系部,开我国公共关系之先河。之后,北京长城饭店公关部成功地策划了邀请美国总统里根在饭店举办答谢宴会的公关活动,一夜之间名扬四海,向国人展示了公关的魅力,使人们对公关刮目相看。我国公共关系发展的这一阶段有着浓厚的公关实践活动特色,公关活动主要局限于迎来送往、信息沟通以及利用新闻媒介推销组织形象等方面。

【素质拓展1-3】

里根总统的答谢宴会

北京长城饭店是中国第一家中外合资的五星级饭店。这家饭店开业以来,名声越来越响亮,尤其是在海外,知之者甚众。许多欧美客人来到北京,指名要住长城饭店。它的生意兴旺,除了得益于一流的设备和一流的服务外,还同它成功的公共关系活动密不可分。

1984年初,当获悉美国总统里根访华的消息后,长城饭店的经理和公关人员立即意识到:这是一个难得的机会!美国总统如能光临长城饭店,将给"长城"带来极好的声誉,对饭店前途产生极大的影响!为了争取里根能在长城饭店举行答谢宴会,他们拟定了周密的计划,并全力付诸实施。当时长城饭店还未全部竣工,服务设施不尽完善。公关部人员克服种种困难,夜以继日地做了大量准备。他们认为,美国驻华使馆在这件事上无疑有极大的发言权。于是他们就邀请大使馆官员到饭店做客,不厌其烦地带领美国驻华使馆的工作人员参观饭店,介绍设施与服务,听取他们对饭店设施、饮食、服务等方面的意见,并且抓紧时间一一改进。改进了,再请大使馆的官员来做客,再听取他们的意见。当大使馆官员对饭店的饮食和服务都表示满意之时,饭店再提出承办里根总统答谢宴会的要求,终于得到大使馆的支持,争取到了里根总统在"长城"举行答谢宴会的机会。

里根总统访华时,有400多位海外记者前来采访。长城饭店承揽了接待这些记者的工作,并且努力提供优质服务,使记者们对长城饭店具有极好的印象。美国三大广播公司(CBS, NBC, ABC)为及时发稿,都在长城饭店选定了自己的播视地点。在同饭店谈判费用时,饭店提出:只要在播映时说明是在长城饭店举行的现场转播,费用可以从优。由于这一要求同新闻必须具备的五要素(时间、地点、人物、事件、原因)完全吻合,所以很容易地达成了协议。在接待外国记者的过程中,长城饭店为他们提供材料和通信设施,协助其采访,做到有求必应。

1984年4月28日,来自世界各地的500多名记者聚集在长城饭店,向世界各地发出了里根总统答谢宴会的消息。发表在世界各地的报纸、电视台的消息中,无一不提到长城饭店。正是由于这次现场转播的报道以及世界各大通讯社、报纸的报道,使全世界的电视观众和报纸读者在注意里根访华这个大事件的同时,也了解了北京长城饭店豪华的设施和一流的服务。于是,长城饭店在全世界名声大振。许多外国人产生了好奇心:"长城"是怎样一家饭店?为什么美国总统选择在这里举行宴会?后来,许多外国来宾一下飞机,就想到"长城"住宿,长城饭店的生意格外兴隆。据统计,长城饭店开业的前两年,70%以上的客人来自美国,这不能不归功于那次组织的公关活动。到目前为止,这家饭店已接待过37位国家元首和政府首脑——他们选择长城饭店举行答谢宴会和记者招待会似乎已成为惯例。

(资料来源:https://wenku.baidu.com/view/365650b7c850ad02df8041f1.html)

(二)公共关系的快速发展

到20世纪80年代中期,公共关系作为引入我国的新兴事物经过本土的消化吸收已经有了良好的发展势头,公共关系逐渐被社会接受与认知,进而有效地促进了公共关系事业的职业化以及公共关系教育研究的科学化。

1985年9月深圳大学首先设立了公共关系专业,开设公共关系的必修与选修课程。同年,广东省和北京市也举办了各种公关培训班、报告会,一批大专院校相继开设公共关系课程和公共关系专业。此后越来越多的组织认识到了公共关系的重要性,纷纷成立公共关系部或设立专职公关人员,公共关系的准职业化在我国得以发展壮大。1987年6月22日中国公共关系协会在北京成立,这标志着公共关系在我国的发展进入了一个崭新的时期。1991年4月26日中国国际公关协会在北京成立,前任驻美国大使柴泽民任会长。20世纪90年代末,我国出现较多数量的公关协会或学会,吸纳发展了一定规模的会员,竭力开展公共关系基本知识的培训与传播,这对推进公共关系事业的普及、促进公共关系职业的规范化、完善公共关系学科做出了卓越的贡献。1994年,经国家教委批准,中山大学创办了我国第一个公共关系本科专业,同时在行政管理专业的硕士点招收公共关系研究方向的研究生,从而使我国公共关系的学科专业化建设迈上一个新的台阶。我国公共关系职业培训和专业学科建设的逐步推进在保障公共关系专业人才供给的同时,也为公共关系在我国的蓬勃发展奠定了理论与实践基础。

(三)公共关系的全面深入发展

随着我国改革开放的持续深入,社会主义市场经济的快速发展促成了现代公共关系的中国化,中国公关事业进入全面深入发展阶段。1997年11月15日,国家劳动和社会保障部成立了中国公共关系职业鉴定委员会,正式将中国公关职业命名为"公关员"。1999年5月,《中华人民共和国职业分类大典》正式颁布,公共关系正式列入我国职业大典名录。这是公共关系在我国职业化的显著标志。2000年,我国在全国范围内开始推广公共关系人员上岗资格考试,公关员与律师、会计师、医师一样,走上了职业化和专业化的道路。2003年,中国国际公关协会宣布,把每年的12月20日定为"中国公关节"。2008年北京第29届奥运会的成功举办将中国公共关系推向了新的高潮。

中国的公共关系近些年来可谓是发展迅速、成绩斐然,无论是理论研究、公关实务还是公关教育,都令世界刮目相看。公共关系在我国社会生活中发挥着越来越大的作用。但是,也应该认识到我国的公共关系行业也存在着一些问题,还需依据社会发展的新要求不断创新、与时俱进。公共关系在我国的发展依然任重而道远。

六、我国公关行业面临的困惑

当前,在我国公共关系领域所面临的问题归纳起来主要有以下几个方面。

(一)理论与实践脱节

一方面,公共关系在我国属于舶来品,我国引入并发展公共关系主要出于实践的需要。因此,从业人员乐于从事实际的公关工作,往往忽略或轻视对公关理论的研究和公关经验与教训的梳理总结,公关理论发展与实践衔接不畅。另一方面,我国广大公关从业人员多是以传播和吸收西方的经典公关理论为主,鲜有针对适合我国国情的公关理论与实践创新;缺乏对我国国情、民情以及社会主义新时期市场经济特征的具体分析研究,现有的公关理论体系与我国的公关实践还有一定距离,一定程度上表现为理论与实践的脱节。

(二)公关认知不足

人们对于公共关系的认知存在两个误区。首先,公众普遍认为公共关系只是一种知识而不是一种职业技能,甚至肤浅地认为公共关系可以"包治百病",无所不能。其次,仍有相当多的公众将公共关系与庸俗的人际关系混为一谈,公共关系在大部分人看来就是拉关系、走后门,以至于"烟酒公关""美女公关""金钱公关"成了不少人对公共关系的诠释。

(三)从业人员水平欠缺

当前,我国较大比例从事实际公关工作的公关员未受过专门训练,尤其"科班"出身的公关员为数不多,数量庞大的未经过专业公关技能培养的公关从业者在一定程度上拉低了我国公关从业者的整体水平。

就公关工作实践而言,公共关系工作也是分层次的。其中,负责接待工作的属于初级的事务型层次;运用公关来搞协调、销售和传播的属于中级的传播型层次;公关策划、充当智囊、参与组织高层决策的属于高级的智力型层次。公关工作不能仅停留在低层次上,必须向高层次发展。有研究表明,我国的公关界急需大量能够进行咨询和策划的高级公关人才。

(四)盲目跟风,缺乏创新

一段时期以来,我国的一些组织尤其是企业在公关实践中,公关活动盲目跟风、缺乏创新。一些企业平时墨守成规,驻足观望,不主动开展公关活动;而一旦发现某同类企业的公关创意新颖独特,公关活动效果显著,便马上不加分析地群起效仿。例如,某百货商场首次推出"周年店庆,购物满一百返券一百"的促销活动,一时间百货商场人潮如涌。很快,其他几家商场也陆续推出类似的"周年店庆购物促销"活动,短时间内几家百货商场纷纷取得了较好的营销业绩。但是,广大消费者在经历了各大商场铺天盖地的"周年店庆购物促销"活动以后,渐渐失去了对这一公关活动的热情,几家商场营销业绩纷纷下滑。

有学者指出,造成我国公关行业盲目跟风、缺乏创新的主要原因在于策划富有感染力和影响力的公关活动难度高、投入大,需要承担公关失败带来的风险;与此同时,照搬他人的做法既不需要太多的投入,也无须面对潜在的风险。因此,一些组织或者企业便沉迷于效仿,也就丧失了公关创新的原动力。

(五)追求轰动,随意策划

一些企业不情愿跟在别人身后亦步亦趋,而是希望通过新颖、独特的公关活动引起公众和新闻媒体的关注,从而提高企业的知名度和美誉度。这条思路是十分正确的,然而他们往往又陷入了另一误区,即为了引起轰动,过于追求"新""奇""特"。公关策划错误地认为越新奇越好,越独特越好,以致没有考虑到当时的市场环境、人们的接受能力、社会的风俗习惯以及国家的政策法规等因素的制约,结果往往难以达到预期的目的,甚至出现灾难性的后果。

(六)行业短视,发展遇瓶颈

当前,我国一些组织公关集中呈现"急功近利、立竿见影"的思想,相对缺乏长远的发展理念。有些企业开展公关活动的目的太过粗放,不是为了塑造企业的良好形象以利于长远发展,而是为了诱导更多的顾客购买企业的产品实现企业盈利、资金回笼,以求快速的资本积聚,俗称"短平快"。更有甚者寄希望于通过某位公关专家,用一两次的公关活动便立竿见影地创立名牌,从此一劳永逸、高枕无忧。正是因为行业、企业的急功近利思想以及缺乏战略发展眼光的一系列短视行为,我国的公关行业发展遭遇瓶颈。

【素质拓展 1-4】

毒"苹果"事件

2008 年,"苹果"在苏州的供应商联建科技有工人在生产车间出现四肢麻木、刺痛、晕倒等中毒症状,这些工人被苏州第五人民医院鉴定为"正己烷中毒"。2009 年下半年,该公司数十名工人因接触正己烷中毒入院,相继被当地职业病防治部门评为九级或十级伤残。

2010 年 2 月 21 日,央视《焦点访谈》曝光联建科技员工正己烷中毒事件,舆论开始将矛头指向苹果公司,质疑苹果公司是"带毒的苹果",将苹果公司推向舆论的风口浪尖。苹果公司始终保持沉默。2009 年中毒事件中的 5 名受害工人联名给苹果公司 CEO 写信,痛斥苹果代工厂联建科技对其健康造成的伤害,希望争取到应有的赔偿。然而苹果公司没有对此做出回应。

2011 年 2 月 15 日,苹果公司公布了 2010 年供应商责任进展报告,首次对"毒苹果事件"做出回应。苹果公司表示,已查实所有受影响的员工均已得到治疗,"我们会继续检查病历,直到他们完全康复"。

苹果公司公布的供应商责任进展报告首度承认其在华供应商联建科技有 100 多名工人因暴露于正己烷环境,健康遭受不利影响。这份姗姗来迟的报告使"苹果"在直面问题上迈出了第一步。此后,媒体对"苹果"的报道开始从一边倒的批判转为多元化评论。然而事发两年来,苹果公司备受各大媒体的口诛笔伐。这份报告也是在越来越多的媒体,尤其是南方周末、东方早报、北京青年报、凤凰网、搜狐网等十分有影响力的媒体加入对苹果公司的口诛笔伐后,迫于舆论压力做出的。苹果公司在公众心中的形象严重受损,甚至殃及以触摸屏为概念的股票,可谓是损失惨重。毋庸置疑,"苹果"的这次危机公关是失败的公关。

(资料来源:https://baike.baidu.com/item/%E8%8B%B9%E6%9E%9C%E4%B8%AD%E6%AF%92%E9%97%A8/5903886?fr=aladdin)

第三节　公共关系的职能与作用

一、公共关系的职能

公共关系职能是指以优化公众环境、树立组织形象为任务的一种传播沟通职能，即运用各种传播、沟通的手段去影响公众的观点、态度和行为，争取公众舆论的理解和支持，为组织的生存和发展创造良好的社会环境。

国内公共关系学界对公共关系的“职能”或“功能”开展了深入研究。最早由中国社会科学院新闻研究所公共关系课题组明安香等人编著的《公共关系学概论》将公共关系的“基本职能”归纳为：树立企业形象、建立信息网络、处理公共关系、监测社会环境以及分析发展趋势。由中国公共关系协会学术委员会组织编写、翟向东主编的《中国公共关系教程》则把公共关系的主要职能描述为：情报搜集、决策咨询、传播推广以及协调沟通。本书综合多年公共关系工作实践以及有关理论研究成果，将公共关系的主要职能梳理概括为以下几个方面。

（一）信息搜集，宣传引导

公共关系的一个主要职能是信息管理，具体而言包括信息搜集、信息发布、宣传引导等多方面的内容。信息交流是公共关系的基本特征，公共关系活动的基本目的就是通过双向的信息沟通有效地达成组织与公众之间的信息交流。组织根据搜集的公关信息，科学地分析处理信息并及时反馈给机构宣传部门，组织机构有礼、有节、有利地采取针对性的宣传引导工作，促使组织保持对公众环境的高度敏感性，有助于维护组织与社会环境的无缝衔接。由此可见，信息搜集与宣传引导已经成为公共关系工作的一项重要职能。

（二）咨询建议，辅助决策

公共关系作为一项管理职能，主要体现其对经营管理决策所发挥的咨询建议和参谋作用。在这个意义上，公共关系部门就是组织的智囊机构，公关人员则参与组织决策的全过程。咨询建议职能源于扎实的信息收集与科学的信息处理环节，辅助决策职能则体现了现代公共关系全员参与的显著特征。

（三）沟通协调，传播推广

纵然公共关系与市场营销已经分化成为两个独立的领域，公共关系的宗旨意在树立良好的组织形象，侧重于组织长远利益而不是追求近期的经济效益，但是，公共关系的沟通协调与传播推广职能仍旧意义重大。尤其在当今信息爆炸的时代，社会组织与公众之间的沟通交流变得越来越快速，可谓无处不公关。

（四）解决矛盾，处理危机

自公共关系理念诞生以来，公共关系就被赋予了解决矛盾和处理危机的重大责任。社会组织在同公众互动过程中，由于受种种主客观条件的影响，难免会出现差错，甚至会遇上一些不测之事，从而引发公众与社会组织之间的矛盾冲突，这会使组织的形象受到不同程度的损害。尽量避免这些损害或在受到损害时妥善处理危机事件，重新构建社会组织的良好形象，这是公共关系的重要职能。

（五）形象管理，优质服务

对于一个组织来说，想要梳理社会组织良好的社会形象，一方面离不开卓有成效的公关宣传，尽量避免发生危机事件；另一方面，社会组织不断提升为公众服务的程度和水平更是关键所在。任何一个社会组织离开了优质的服务，也无从谈起塑造良好形象之说。因此，自我形象管理与优质服务是各类社会组织的一项重要的公共关系职能。

二、公共关系的作用

公共关系的作用概括起来主要有监测作用、调节作用、应变作用和凝聚作用等。

（一）公共关系的监测作用

公共关系的监测作用是指通过信息的采集、处理和反馈来发挥公关效用，可划分为对内监测和对外监测。

对内监测是通过组织内部和外部的各种细微的变化来把握，并通过采集相应的信息汇聚至决策层，使其做出适应组织发展的战略决策，从而使组织运行与公众要求相一致，最终保证组织目标的实现。

对外监测是公众对组织的行为或态度进行监测，使组织明确公众的态度及行为的变化趋势，进而组织随机应变，灵活应对各种突发事件。

（二）公共关系的调节作用

在社会中，组织及组织中的成员或多或少都会因为某种原因而产生摩擦，公共关系的调节作用主要体现在：一方面预防、减少日常摩擦；另一方面减少和降低摩擦发生之后的危害。在突发危害事件后，组织不能仅为自己辩护或压制公众，而是要通过各类传播活动争取公众的谅解，及时与公众沟通信息和交流看法，虚心听取公众意见，查清事实，以求达成谅解。

（三）公共关系的应变作用

正所谓"金无足赤，人无完人"，每个人都会犯错误，这时组织领导人应做到奖罚分明。通常使组织形象受损的原因主要有两种，分别是组织自身内在原因和组织外部原因。组织应根据不同的情况采取相应的措施。

（1）组织自身内在原因造成的组织形象受损或与公众关系出现裂隙，其妥善的做法是"假定公众→确认→积极响应→提供咨询"。

（2）组织外部原因造成的组织形象受损或与公众关系出现问题，则按照危机公关原则和程序去处理。

（四）公共关系的凝聚作用

组织内部成员通过公关活动进行信息交流、人际互动实现情感沟通。公关活动可以团结员工，增强员工与员工之间、员工与上级之间的凝聚力，使其同心协力为组织服务。比如组织策划开展丰富多彩的文娱活动等。

公共关系的职能与作用相辅相成，它们一起推动组织形象的确立、信誉的确立，从而促进组织的持续发展。公共关系的作用是公共关系职能的实践升华。随着社会的进步，公共关系行业面临的情况越来越复杂，如何理解和运用公共关系的职能与作用将是现代公共关系所面临的一大挑战。一个具有良好公关意识的组织势必会运用好职能，为其营造良好的组织内外环境，使其在现代社会中脱颖而出。

三、公共关系的原则

（一）真实性原则

真实性原则是指组织在开展公共关系活动时，必须建立在组织良好行为和掌握事实的基础之上，向公众如实传递有关组织的信息，同时向组织决策者如实传递有关公众的信息。

公共关系是建立信誉、塑造形象的艺术，但它又不是一种纯粹的艺术或宣传的技术，而是以事实为依据的科学。公共关系不能“制造”、只能“塑造”良好的形象，这种塑造所用的材料就是事实。所以说，真实性是公共关系的基本原则，也是对公共关系人员根本的道德要求，是公共关系的生命。隐瞒、歪曲、推诿是公共关系的大敌，坦诚、亲切、负责的态度是公共关系成功的要诀。在公共关系发展史上，巴纳姆愚弄公众的报刊活动是作为反面典型而载入公共关系史册的。艾维·李是第一个提出说真话的人，他认为一个组织要获得好的声誉，必须把真实情况告诉公众，即使真情暴露对组织不利，也不能掩饰，而应调整组织的行为，公共关系是同说真话联系在一起的。

（二）平等互惠原则

社会组织在开展公共关系活动中，要注意信守平等互惠原则。平等互惠原则是指公关活动要兼顾组织与公众的双方利益，在平等的地位上使双方互利互惠。公共关系建立的基础是组织与其公众之间的共同利益，从本质上看是一种互惠关系。一个组织谋求发展或收益，离不开公众的支持。

平等互惠原则不能片面地理解为简单对等的原则。平等互惠原则的基点就是要把公众利益作为首要因素来考虑，把能否满足公众利益作为衡量公关效果的重要尺度。平等互惠，就是既讲“利己”，又讲“利他”。公共关系并不是一味地讲“利他”，也要讲“利己”（局部利益），但“利己”不是利己主义。公共关系是在不违反法律和道德的前提下，让别人先得益，最后对自己也有利。

（三）整体一致原则

整体一致原则是指社会组织在开展公共关系活动时，要站在“社会”的高度，对由公关活动可能产生的社会经济效益、社会生态效益及社会精神文明建设等几方面的影响综合起来统一考虑，使各方面均符合公众的长期利益和根本利益。这种力求使诸因素效益一致的思想和做法被称为整体一致原则。

（四）全员公关原则

全员公关原则是指一个组织公关工作的开展不仅要依靠专职公关机构和公关人员的不懈努力，而且有赖于组织内各部门和全体员工的配合，要求组织的全体成员都注意树立公共关系观念，都要关注并参与公共关系工作，都要为公共关系工作做出贡献。全员公关原则主要包括以下几个方面。

（1）公关活动作为一种管理活动，渗透于组织工作的各个环节，必须从全局和战略角度加以协调管理。公关要获得真正动力和效果，必须得到最高领导层的支持。

（2）公关活动必须依靠全体组织成员的配合构建良好的组织形象，依靠全体员工的协同工作和努力。实践证明，公关工作得到广大员工的支持就能获得最可靠的保证，失去广大员工的支持就失去了生命力。

（3）公关工作本身具有整体协调性，把公关作为一个系统，尽可能地提高公关系统的功能，既要改善单个要素，更要改善整个公关系统的结构，以产生整体效应。

（五）科学指导原则

公共关系在其短暂的发展历程中所表现出的一个鲜明特点就是科学性的日益增强。在公共关系活动中遵循以科学为指导的原则是公共关系的行业特征所决定的。公共关系具有很强的应用性特点，具有较强的操作性。策划并实施公共关系活动的“四步工作法”直接体现了公共关系的科学性原则，其中翔实周密的调查研究、严谨系统的策划方案、实施传播的可行性论证、科学量化的结果评价体系都无不体现着公共关系的科学性原则。

【素质拓展 1-5】

海底捞老鼠门事件

一、事件回顾

2017 年 8 月 25 日《法制晚报》发布一篇《暗访海底捞：老鼠爬进食品柜 火锅漏勺掏下水道》，报道海底捞后厨多个房间出现老鼠，工作人员使用顾客用餐后的漏勺清理堵塞下水管道的垃圾杂物。这一调查报道将海底捞推进了舆论的旋涡。

二、海底捞的危机公关

事件发生后，海底捞的公关部门做了下面的几件事情。

（1）就在事件发生 3 个小时后，海底捞发出第一份回应声明。第一份通告（致歉信）有两大亮点。第一，迅速！在新闻爆出后 3 小时内，海底捞迅速地做出了反应；第二，承认所披露的问题属实，并愿意承担相应的经济责任和法律责任，没有甩锅给其他主体，也没有“临时工”的出现。

（2）随后 2 个小时，海底捞发出了一份处理通报。第二份通告（处理意见）发布了更具体的七条措施，包括暂时关停两家涉事的门店、主动向政府主管部门汇报事件进展、欢迎消费者前往门店检查监督、迅速与第三方虫害治理公司研究整改措施等。这一份处理通告有两个最大的亮点。第一，每项整改点名道姓落实责任人（都是高层）；第二，不忘安抚基层员工，涉事门店员工无须恐慌，责任在管理层、在公司董事会，海底捞不找背锅“临时工”。

（3）联系媒体转移视线。随后，海底捞的公关部门联系自己熟悉的媒体以及国内有影响的媒体发声，让广大群众的视线不再是海底捞的食品安全，而变成了海底捞的公关活动，努力树立海底捞负责任、有担当的形象。

（资料来源：https://baijiahao.baidu.com/s?id=1593203228144627185&wfr=spider&for=pc）

本章小结

公共关系是社会组织为了塑造良好的组织形象，通过传播、沟通手段来影响公众的科学与艺术。本章介绍了公共关系的基本概念，公共关系的产生、形成与发展，其他相关概念的界定，公共关系的基本职能与作用等内容。

巩固练习

1. 如何理解公共关系的概念？

2. 公共关系有哪些特征和功能？

3. 结合实际阐述怎样坚持公共关系的原则。

4. 某企业为发展事业决定成立公关部,决定从企业内部选聘公关人员,要求是女性,相貌漂亮、口齿伶俐,你认同选聘条件吗？为什么？

案例研讨

【背景素材一】

北京大学120周年纪念大会

2018年5月4日上午,北京大学在邱德拔体育馆召开建校120周年纪念大会。各级领导、国内外嘉宾、长期关心支持北大的社会各界代表、国内外高校代表、海内外校友代表和在校师生隆重集会,庆祝北京大学建校120周年。

上午9时,北京大学邱德拔体育馆早已成为欢乐和喜庆的海洋。在这里,音乐环绕,灯光闪耀,校庆版《牡丹亭》、中外留学生合唱的《四海一家》、在校生和老教授同唱的《青春大概》等节目点燃了燕园生日的喜庆氛围。

纪念大会由北京大学党委书记郝平主持。在雄壮的乐曲声中,全场起立,高唱《中华人民共和国国歌》。上午10时,浑厚响亮的钟声里,郝平宣布大会正式开幕。郝平介绍了中共中央总书记、国家主席习近平考察北大的情况。

北京大学校长林建华以"大学是通向未来的桥"为题发表演讲。他回顾了习近平总书记视察北大的情况。他表示,总书记明确提出对中国大学发展的三点期望,也对北大未来的改革发展提出了新的更高要求。林建华强调,我们的新时代青年,一定要牢记总书记的嘱托,真正成为合格的社会主义建设者和可靠接班人。

大会还举行了北京大学第十一届"学生五四奖章"颁奖仪式。在随后的"校友心语"环节中,1953级校友陈堃銶、1962级校友塔希尔·埃莱兹、1978级校友张益唐、1987级校友李彦宏、1995级校友刘正琛、2004级校友李金柏、2014级校友王亚平等回顾了自己在北大求学的经历,向母校表达了最深沉的热爱和祝愿,他们祝福北大不断创新、引领未来,培养出更多的领军人物。"我爱北大,生日快乐!"是他们的共同心语。在全体合唱《燕园情》的歌声中,北京大学建校120周年纪念大会胜利落幕。

(资料来源:http://news.sina.com.cn/c/2018-05-04/doc-ifzyqqiq8807145.shtml)

思考:

1. 此案例有什么创新之处？作为公关庆典活动的组织策划,你有哪些建议？

2. 针对北京大学120周年校庆,你还能提出一些新颖的校庆庆典方案吗？

【背景素材二】

兰州自来水苯含量严重超标事件

2014年4月11日,兰州市城区唯一的供水企业——兰州威立雅水务集团公司出厂水及自流沟水样被检测出苯含量严重超标。

针对兰州自来水苯含量严重超标一事,兰州市政府2014年4月11日下午做出回应,16时30分举行新闻发布会称,兰州主城区自来水未受大影响,但不建议市民24小时内饮用,政府将每两个小时向市民公布一次检测结果。

4月12日,新华社"中国网事"记者从兰州市委市政府、环保和相关区县等部门在西固区政府召开的电视电话会议上了解到,此次自来水苯超标是中国石油天然气公司兰州石化分公司一条管道发生泄漏，污染了供水企业的自流沟所致。

兰州市环保局局长闫子江在会上说，受到苯污染的是兰州威立雅水务集团公司自流沟的4号线。他在会后接受采访时表示，从挖掘出的泥土中发现了原油，目前尚未挖到泄漏的管线，不过泄漏点已经确认，施工人员仍在进行挖掘作业。

然而，在随后的采访中，北京师范大学水科学研究院教授、国家环境应急专家组成员王金生又给出了不同的答案。王金生表示，初步判断，兰州自来水中的苯来源于兰州石化20世纪80年代发生泄漏事故后渗入地下的污染物。

针对回应前后不一致的情况，4月13日，兰州市“4·11”局部自来水苯指标超标事件应急处置领导小组向“中国网事”记者表示，初步判断，此次局部自来水苯指标超标应是周边油污造成的，根据目前调查的情况，周边企业生产装置及环保设施运行正常。对本次事件，调查组正在做更深入的调查分析和研判。

兰州市“4·11”局部自来水苯指标超标事件应急处置领导小组事故调查组副组长郑志强表示，根据环保专家现场初步分析判断，周边地下含油污水是引起自流沟内水体苯超标的直接原因，下一步调查组将对从探坑中提取的含油废水进行化验，进一步从技术层面核实含油污水与自流沟内苯超标水体的关联性。同时，对自流沟内的具体泄漏点位进行实地勘查核实。

4月14日，甘肃兰州市政府新闻办通报称，经事故应急处置领导小组及专家研判，全市自来水已稳定，达到国家标准。截至14日上午7点，兰州的城关、七里河、安宁、西固4个区全部解除应急措施，全市自来水恢复正常供水。

4月22日下午，兰州市政府就自来水苯污染事件举行第六次新闻通报会。兰州威立雅水务集团公司董事长姚昕首次公开道歉，当姚昕被追问“如何对市民进行赔偿”的问题时，他回答说：“最近可能会考虑，但现在还没有具体研究。”

6月12日，兰州市政府新闻办召开新闻发布会，由兰州市“4·11”局部自来水苯指标超标事件应急处置领导小组事故调查组副组长陈建军全面通报了事件发生原因。经专家论证、调查组认定，兰州市“4·11”局部自来水苯超标事件为供水安全责任事件，兰州威立雅水务集团公司主体责任不落实是导致局部自来水苯超标的间接原因之一，该公司公开承认存在信息迟报延报。造成此次事件的直接原因是，兰州威立雅水务集团公司4号、3号自流沟由于超期服役，沟体伸缩缝防渗材料出现裂痕和缝隙，兰州石化公司历史积存的地下含油污水渗入自流沟，对输水水体造成苯污染，致使局部自来水苯超标。此次事件中共有20名相关责任人、9个责任单位被问责处理。

发布会上，兰州市还一并公布了“4·11”局部自来水苯超标事件的长远防范措施。兰州市将充分吸取“4·11”局部自来水苯超标事件的教训，以供水安全保障、环境安全保障为重点，及时排查供水卫生安全隐患，确保7月13日前全面完成原4号、3号自流沟球墨铸铁管管线敷设工程，全线实现管道输水；7月中旬完成自流沟所在区域地下水污染场地、兰州石化公司厂区的污染治理，同时将苯等有机物非常规检测指标纳入日常检测，定期向社会公布检测结果。

（资料来源：http://yuqing.people.com.cn/n/2014/0424/c210114-24939231.html）

思考：

1. 兰州市政府是如何应对突发危机的？
2. 这一案例对公关从业者有何借鉴意义？

第二章　公共关系的构成要素

学习目标

【知识目标】掌握社会组织与公众的含义、组织类型、组织机构公关传播等。

【素质目标】培养公关意识、鉴别公共关系与其他相关社会活动的能力。

【技能目标】掌握各种现代公关传播媒介的特点、规律并能灵活运用于公关实践。

案例导入

【公关主体】

山东招远麦当劳血案的公关思考

2014 年 5 月 28 日 21 点多，在山东招远的一家麦当劳快餐店内发生了一起命案，一名就餐的女子遭到 6 名男女的疯狂殴打，最终不治身亡。

案发后，招远市公安局出警，民警快速反应，4 分钟内到达案发现场，将张某某等 6 人抓捕归案。经初步审查，张立东等 6 人对殴打吴某的犯罪行为供认不讳。该事件发生 2 日后，直到 5 月 30 日晚间 7 点，麦当劳才在官方微博发布了第一条简短的信息："对于山东招远事件，我们深感痛心。此案件正由相关部门处理，我们全力配合调查。"

5 月 31 日，麦当劳更新了一条微博称："关于招远事件，麦当劳深表痛心，我们对事件中遇难的受害者表示沉痛的哀悼，并对因上前阻止而受伤的员工深表关切。在事发当时，餐厅已立即报警。目前店内监控录像已交由当地警方调查。"

招远市公安局官方微博发布消息，"5・28"案件发生后，招远市公安局立即成立专案组，经参战民警连夜审讯，张立东等人对自己的犯罪行为供认不讳。

经审理查明，河北籍犯罪嫌疑人张立东（男），其长女张某、次女张某、儿子张某，河北籍张某某（女），山东籍吴硕艳（女）6 人于案发当晚在招远麦当劳就餐时，与邻桌的被害人发生口角，继而对被害人进行殴打。招远市公安局接警后，立即组织警力赶到现场，将仍在实施殴打的张立东等人当场制服抓获。被害人经送医抢救无效死亡。

目前，除张立东之子因未达到刑事责任年龄另行处理外，张立东等 5 人因涉嫌故意杀人均已被依法刑事拘留。此外，依据最高人民法院在《关于审理人身损害赔偿案件若干问题的解释》第 6 条之规定：从事住宿、餐饮、娱乐等经营活动或者其他社会活动的自然人、法人、其他组织，未尽合理限度范围内的安全保障义务致使他人遭受人身损害，赔偿权利人请求其承担相应赔偿责任的，人民法院应予支持。麦当劳山东招远餐厅面对危机事件的处理方式欠妥，在受到社会舆论谴责非议的同时，也必然会承担相应的法律责任。显然，这是一个失败的公关案例，值得我们深思。

（资料来源：http://view.news.qq.com/original/intouchtoday/n2810.html）

思考：

以上案例素材中麦当劳山东招远餐厅的做法有何不妥？

【案例分析】

该案例说明了组织面对危机事件的公关活动至关重要，公关主体在公关活动中的主导性将直接影响公关活动的成败。

第一节　公共关系的主体

所谓公共关系的主体就是指所有公关活动的发动者、组织者、控制者、实施者和利益者，它在公共关系行为过程中处于主动和主导地位。公共关系是一种组织活动，而不是个人行为，因此，社会组织既是公共关系活动的主体，也是公共关系的实施者、承担者。

一、社会组织的概念与特征

社会组织简称组织，是指由一定的社会成员按照一定的规范围绕一定的目标聚合而成的社会团体。它是一个与“个体”相区别的概念，是人们有意识地为实现某个特定的目标、依照一定的结构形式而组成的有机整体。社会组织通常具有以下特征。

（一）群体性

社会组织是由两个及两个以上的个体组成的系统。组织成员是相对固定的，成员明确地意识到自己属于某一组织；社会组织如无固定的成员就失去了自身存在的实体基础，进入或退出一个组织必须按照一定的程序进行，特别是组织成员资格的取得一般都要经过组织的考核与审查。

（二）导向性

社会组织是靠共同目标来维系的，所有的组织成员、组织的所有活动都必须指向这一共同目标，其行为有较强的目标导向性。建立社会组织的目的就是为了达成某个特定的目标，其成员根据目标属性和特定的功能相互凝聚、结合成群。

（三）系统性

社会组织成员不是杂乱无章的“乌合之众”，必须是以一定的规章制度、责任分工相互约束的整体，只有以系统的方式组织和构建起来，社会组织的成员才能组织成为合力，以达成共同目标。

（四）协作性

社会组织都有与实现某一特定目标相适应的结构形式，通过这种结构纽带，把分散的、没有联系的人、财、物、时间、信息与环境等诸多因素在一定的范围内联系起来。它要求社会组织成员之间相互协作、相互制约。

（五）变动性

社会组织是社会发展的产物，它的存在受到社会环境的制约。因此，无论组织的形式还是目标，都不是一成不变的。环境的变化必然带来组织的相应改变，因为组织的意义在于完成社会分工任务，这只有通过组织自身的动态运作来实现。

(六)稳定性

尽管社会组织的成员及其领导者都是可变的,在数量和规模上有不断扩展的趋势,但作为一种活动结构,将组织成员组合在一起的基本框架总是稳定的,不会轻易发生变化。

二、社会组织的分类

人们构建社会组织的前提是为了完成某一共同目标,但目标的存在方式又不尽相同,这就决定了社会组织必然具有多种类型。根据不同的标准将社会组织分为以下几类。

(1)按照组织规模的大小划分,社会组织可划分为小型社会组织、中型社会组织、大型社会组织等不同类型。例如,社区志愿者俱乐部就属于小型社会组织,联合国社会组织就属于大型社会组织。

(2)按照组织成员之间社会关系的性质划分,社会组织可划分为正式组织和非正式组织。正式组织的组织成员之间的关系由正式的规章制度做出明确规定,如军队、政府机关;而非正式组织中组织成员之间的关系则无这种强制性规定,比较自由、松散,如球迷协会等业余活动团体。

(3)按照组织目标和获利者的类型划分,社会组织可划分为:互利组织,如工会;营利组织,如商业组织;服务组织,如医院、学校;公益组织,如公益机构。

(4)我国的一些学者根据人们的社会结合形式和人们之间社会关系的表现,将社会组织分为经济组织,政治组织,文化、教育、科研组织,群众组织和宗教组织等几种类型。

(5)以组织是否营利和是否具有竞争性为标准,将组织分为四类,即营利性组织、非营利性组织、互利性组织和公益性组织。

营利性组织,顾名思义,就是以经济利益为目标追求营利的组织,比如工商企业、金融机构、旅游服务性单位、宾馆等。这类组织的公关活动往往直接为增进经济利益服务。

非营利性组织即以服务对象的利益为目标,为服务对象谋求利益,不以营利为目的,比如学校、医院、慈善机构、社会公用事业机构等。这类组织的公共关系要为树立真诚服务的组织形象而努力。

互利性组织是以组织内部成员之间互获利益为目标的组织,如政治党派、群众群体、宗教组织等。

公益性组织以国家和社会性利益为目标,即维护一定范围内所有人的利益,如政府、军队、治安机关、司法机关等。

三、社会组织与环境

任何组织都不可能孤立地存在于社会之中,而必然与某一特定的社会环境发生诸多联系。公共关系角度所指的环境又称社会环境,特指组织所面临的各种社会条件以及各类公众。组织与环境总是处在不停顿的相互作用之中。一方面,每个组织都是环境的产物,一定的环境提供的物质资源、人力资源乃至信息资源,在很大程度上决定了组织的活动性质和范围,组织必须适应环境才能生存与发展;另一方面,组织又并非消极被动地由环境摆布,它可以反过来对环境施加影响,发挥反作用。环境是个动态系统,具有较大的不确定性。组织目标的确定性与环境目标的不确定性之间的矛盾始终客观存在。正是由于这个矛盾,才产生了组织对公共关系的需求。公关活动为组织创造良好的公共关系也就是“营造环境”的行为,这是组织对环境能动作用的具体表现。因此,社会组织必须具备以下几个方面的能力。

(一)应变能力

任何一个组织都必须适应环境的变化。一方面,组织要适应市场、社区、政治、文化等环境的变化,进行相应的整合活动;另一方面,组织要适应内部工作环境的变化,适时调整组织与成员之间的关系,使内部环境与外部环境相协调。

(二)认知能力

任何组织都必须准确感知组织内部动态与外部动态。这两种组织感知有时一致、有时背离,这就需要组织准确地加以辨别。

(三)检验能力

组织必须敏锐地把握发展机会,充分利用组织内外有利于组织目标达成的各种因素,及时排除不利于组织目标实现的因素,并竭力做好善后工作。

(四)协调能力

一个组织必须有效地调节部门关系、人际关系,消除各种关系冲突,形成有利于实现组织目标的关系网络。

(五)结构能力

一个组织必须适时进行组织设计、组织变革和组织发展,才能提高组织的活力,形成较强的凝聚力。组织设计主要包括岗位设置、人员配备、管理层级和管理幅度的变更等。

四、公共关系的组织机构

公共关系的组织机构是指由专职公关人员组成的、专门从事公共关系工作的社会组织、团体和部门机构;公共关系的组织机构主要包括组织内部的公共关系部门、不从属于任何组织的专业性社会机构(公共关系公司)以及公共关系社团。

(一)公共关系部

公共关系部是组织内部设立的、专门从事公共关系活动的职能部门。它的出现是现代管理理念不断发展的必然结果,其职责、地位、规模则是由组织自身状况和公众特点以及组织与公众之间的联系状况决定的。它对组织的发展起着非常重要的作用。

1. 公共关系部的组织类型

1)按工作方式划分

公共关系部的组织类型按工作方式可划分为公共关系对象型、公共关系技术型和公共关系复合型等三种类型。

第一,公共关系对象型,即公共关系部下属机构的名称分别是公共关系工作对象的名称,如顾客公共关系部、网络媒体公共关系部等。公共关系对象型结构有利于工作人员熟悉工作对象,了解其反馈和诉求,便于有针对性地开展公共关系活动。

第二,公共关系技术型,即公共关系部下属机构对应具体公共关系专业技术手段,如产品维修售后服务部等。公共关系技术型结构按照工作人员的技术专业划分,工作人员通过提高自身专业技术水平,开展多方面的公关活动。

第三,公共关系复合型,即综合技术型和对象型结构的公关优势,根据公关工作需要设置下属机构,不局限于固定模式。

2)按隶属关系划分

公共关系部的组织类型按隶属关系可划分为部门隶属型、部门并列型、总经理直接负责型以及公共关系委员会型。

第一,总经理直接负责型。公共关系部与组织最高决策层直接建立工作联系,由组织的最高决策者兼任公共关系部负责人。此类公共关系部能够参与组织的最高决策过程,具有一定的权威性,有利于开展公关工作。

第二,部门并列型。公共关系部为组织的某一职能部门,与其他业务部门处于并列地位,各负其责。当前,这一模式在我国应用比较普遍。

第三,部门隶属型。通常在这种模式下,公共关系部只是组织二级部门下的一个附属机构,如办公室、广告部、外联宣传部等,并由所在部门的负责人兼任公共关系部的负责人。

第四,公共关系委员会型。有的组织没有常设的公共关系部门,也没有专职的公关人员,而是成立一个公共关系委员会,负责组织的重大公关事务,一些日常性的公关工作则分散到各职能部门。

2. 公共关系部的职责

公共关系部的工作内容由于其所在组织的性质不同,或者因其所处层次的不同而略有差异,其主要工作内容可以概括为以下几个方面。

1)信息收集和处理

公共关系部通过与组织内各职能部门、各方面保持接触和联系,对组织外公众进行调研、信息采集并梳理汇总,综合分析和处理公关信息,掌握组织内外公众的反馈和诉求,为最高决策者提供战略决策方案。

2)媒体传播

公共关系部根据组织的决策,担负对内外公众宣传、释疑、传递信息的职责,具体而言主要包括:编辑、出版内部刊物等宣传品;与新闻媒介、出版机构保持密切合作,并及时准确提供相关新闻资料;负责其他对内外公众施加公关活动影响的广告设计、信息传播以及公共关系员工培训等事项。

3)协调沟通

公共关系部要与组织内外公众保持沟通和协调,主要包括:协调组织内部员工关系、干群关系、部门关系、媒介关系、政府关系等;为组织营造上下、内外、左右各方面关系和谐的人际环境和社会心理环境。

4)处理突发事件

积极应对、妥善处理突发事件是公共关系部的主要工作内容之一。任何有损组织形象、阻碍组织发展的突发事件都可能让组织蒙受灾难。公关部门须及时协助组织最高领导人迅速、客观地调查事件缘由,给出可行的处理方案,并做好事件的善后工作。

5)从事专业技术工作

公关专业技术工作内容主要包括:组织安排有利于组织形象发展的成果展览、参观访问、新闻发布会、记者招待会、交流活动和联谊活动等;适时策划举办各种专门活动,如舆论调研、民意测验等;负责企划广告、摄影等专门工作。

3. 公共关系部的作用

随着公共关系在社会组织中的重要性越来越显著，公共关系部的作用不再被局限于向公众传递信息的初级层面。有学者将公共关系部的作用归纳如下。

（1）资料存储。公共关系部需要收集多种多样的信息，主要包括：宏观层面的方针政策、意识形态、社会环境等信息；微观层面的组织内存在的各种意见、建议以及外部公众的舆情等。

（2）信息发布。公共关系部需要适时地向公众发布信息，避免组织与公众之间因信息不对称而引发矛盾冲突，比如宣传、解释组织的制度和行动，使公众了解组织的意图。

（3）趋势预测。公共关系部的另一个重要作用就是负责收集信息并整理分析，采用科学的方法总结出某种规律性、趋势性的东西，并根据这些趋势预测今后可能的发展前景。

（4）决策咨询。公共关系部的决策咨询作用主要体现在：收集、分析处理信息，制订决策备选方案，协助决策者分析利弊，预判决策可能带来的影响，协助决策者制订应急预案。

（5）公众接待。公共关系部负责接待公众来访、来信、投诉等；策划并组织各种展览、参观、访问、交流等专题活动；组织各种谈判、洽谈以及开展各种礼宾接待等。

综上所述，公共关系部是社会组织的智囊机构，起着为组织出谋划策的作用，它是社会组织开展公关活动的管理中枢和中坚力量，是连接组织与公众的桥梁和纽带。

（二）公共关系公司

公共关系公司是公关咨询公司、公关顾问公司、公关事务所、公关服务公司等独立存在的公共关系服务机构的统称。公共关系公司是由专业人士组成、具有较高的专业水平的专门从事公共关系咨询服务或代表社会组织从事公共关系活动的营利性服务机构。

1. 公共关系公司的类型

公共关系公司的种类繁多。根据公司业务范围的不同，公共关系公司可划分为专业性公共关系公司和综合服务咨询公司；根据组织方式不同，公司可划分为中外合资公司、中外合作公司、有限责任公司等；按照工作范围划分，有局限于某一地区的小公司，也有跨地区、跨国度的大公司；按照业务内容划分，有承担单项业务的公司，也有承担多项业务的公司；按照公司人员规模划分，有小型公司、中型公司和大型公司。

2. 工作内容

公共关系公司按照委托客户的需要开展工作，对委托人的公关工作进行指导、监督、建议、帮助或代替实施，协助委托人与公众之间有效沟通。其主要服务内容包括以下几个方面。

（1）公共关系咨询，主要包含：知名度和美誉度的咨询；公众意向情况的咨询；有关决策及其实施情况的咨询；大众传播媒介选择的咨询；为客户做形象调查、形象设计、决策咨询以及公共关系诊断等。

（2）确立目标，调查研究。公共关系公司根据委托人的实际状况与公关目标，为客户搜集、汇编有关情报资料，如市场动态及政治、经济、文化、科技等社会情报资料。

（3）协助委托者编制公关预算，制订和实施公关计划。公共关系公司在确定目标、找出问题之后，与委托者一起制订出切实可行的公共关系计划。

（4）协助委托者开展内部与外部的公共关系工作。

（5）为客户提供专门技术服务，主要包括：剪彩仪式、庆典联谊活动、赞助活动等；为客户制作有关方面的影像资料、视听资料及提供商标、招牌、门面的设计和装修服务；策划新闻传播，如制造新闻，撰写公文、讲稿、新闻稿，选择新闻媒介，组织新闻发布会等。

（6）开展公共关系职业培训。公共关系公司可利用自己专业实践的优势，采取多种方式为组织的公共关系人员进行职业培训服务，如开设各种短期训练班、派专家去组织指导工作、安排组织的一些公共关系人员来公司实习锻炼等。

（7）开展一般性的公共关系服务，如设计、编制、印刷各种文字宣传资料，发放纪念品，制作视听资料等。

（三）公共关系社团

1. 公共关系社团的概念

公共关系社团是由从事公共关系工作和热爱公共关系事业的团体与个人自发联合起来组建的非营利性的社会群体组织，如公共关系协会、学会、研究会、专业委员会、俱乐部、沙龙、联谊会等公共关系机构。

2. 公共关系社团的类型

（1）综合型社团。此指不同地域范围的公共关系协会。此类社团是受政府职能部门指导的民办机构，其职能是服务、指导、协调和监督。

（2）学术型社团。此主要包括公共关系学会、研究会、研究所等学术团体。此类社团通过举办研讨会、学术交流会总结公共关系活动经验，研究公共关系理论及发展趋势，为公共关系实践提供理论指导。

（3）行业型社团。此指某些行业内部设立的公共关系组织。这类社团可根据本行业的特点有针对性地开展公共关系工作，现已成为公关社团的发展趋势。

（4）联谊型社团。此指以联谊为主的公共关系社团，如公共关系俱乐部、公共关系沙龙等。这种类型的公共关系社团形式比较松散，一般无固定的活动方式，也没有严格的组织机构及严格的会员条例。

（5）媒介型社团。此指通过创办网站、报纸、期刊等传播媒介，并以此为依托建立的公共关系社团。

3. 工作内容

公共关系社团是一种社会团体，其具体工作内容概括如下。

（1）联络会员和社团。社团与国内外公共关系社团组织保持密切联系，沟通信息，广泛联系公共关系团体和人士，积极开展各项公共关系活动。

（2）专业培训。社团定期与不定期地举办讲习班、培训班、研讨班，为社团成员提供学习和深造的机会，培训公关专业人员。

（3）编辑出版公共关系书刊、报纸、论文集等，宣传普及公共关系专业知识，加强与公关界的联系与合作。

（4）公关咨询。社团向社会提供公关咨询服务。

（5）维护公共关系从业人员的基本权益，推进公共关系事业良性发展。

五、公共关系人员

公共关系从业人员（简称公关人员）作为公共关系主体形象的代表，对有效开展公共关系活动、塑造社会组织的良好形象起着决定性的作用。

(一)公关人员的素质要求

公共关系活动具有复杂性、广泛性、创造性和灵活性特征,这就需要公关人员具有良好的职业素养。公关人员应具备的基本职业素质包括良好的身体素质、健康的心理素质、广泛的科学文化知识、较强的综合能力等四个方面。

1. 身体素质

公关人员经常要代表组织与公众进行交流,公关人员直接展现了组织形象,因此应该有健康的体魄、端庄的仪表、敏捷的思维、较强的适应能力等基本素质。

2. 心理素质

公关人员要和社会上各种各样的人打交道,常常需要面对各种难题、矛盾和困境,需要自身具备良好的心理素质。心理素质包括感知能力、思维能力、反应能力、记忆能力以及个人的性格、气质、兴趣、意志等方面的特征,主要包括以下几个方面 。

(1)开放的心理。公关工作是一种创造性很强的工作,它要求公关人员以开放的心理去接受新观念、认识新事物、熟悉新情况、面对新挑战。

(2)良好的性格。站在公关工作的实践角度,公关人员的性格应该是开放型、稳重型,兼具涵养、宽容精神和积极乐观的性格。

(3)广泛的兴趣。公关工作涉及面宽泛,广泛的兴趣会给公关人员的社交带来更多的维度和空间。公关人员为避免公关工作中“话不投机半句多”的沟通障碍,应着力培养多方面的兴趣爱好。

(4)成熟的思维方式。公关活动复杂多变,必然要求公关人员具有较高智慧、处变不惊;有严密的逻辑思维和综合分析能力,富有想象力和创造思维能力等。如某餐厅生意不景气,餐厅老板在门口竖了一个牌子写着:“请来用餐吧 ,否则你我都要挨饿了!”这个有创意又不乏智慧和幽默的餐厅老板成功博得广大食客的同情或赞赏,结果餐厅生意转好。

(5)坚强的意志。公关人员应具有很强的事业心和进取心,热爱公关工作并对工作充满热情,勇于担当且不轻言放弃。

3. 文化素质

现代公共关系工作是一项综合性较强的活动,必须以科学的理论和方法为指导。因此,公关人员应该具备较高层次的文化素质,主要体现在以下几方面。

(1)公关理论知识。公关理论知识包括公共关系的基本概念、历史沿革、结构与功能、过程、基本要素及相互关系等。用公关理论知识指导实践活动,有助于克服盲目性,增强自觉性。

(2)公关实务知识。公关实务知识包括公共关系调查、策划、项目实施、方案评估、专门活动等。公关实务知识的掌握,关键在于学以致用。

(3)相关知识。公共关系是一门综合性的学科,公关人员需要涉猎的相关知识包括管理学、传播学、社会学、心理学、市场学等。相关知识的积累有助于在复杂多变的社会关系中处理好公共关系的各项事务。

4. 综合能力

公关工作是一门实践性、操作性很强的工作,公关人员必须使自己形成合理的能力结构,具备较强的综合能力素养，主要体现在以下几方面。

（1）信息处理能力。收集、处理、反馈和传递信息等信息处理工作是公关人员的重要工作任务之一。能够善于发现和挖掘与组织有关的信息，及时准确地把组织信息以最有效的手段传递给公众，是公关人员的重要职责。

（2）语言表达能力。恰当运用语言传达组织的有关信息、与公众有效沟通是公关人员的一项基本素质要求，主要包括口头表达能力、文字语言表达能力、形体表达能力等。

（3）文字写作能力。公关工作离不开写作，如撰写、制作宣传材料、讲演稿、新闻稿、广告词、策划书、评估报告等。不具备熟练驾驭文字的能力是无法胜任公关工作的。

（4）协调应变能力。公共关系工作需要上下左右、齐心协力共创组织的良好形象。此外，公关活动中经常会出现突发事件和事先难以预料到的问题，公关人员须具备协调、应变能力，竭力做到处变不惊、随机应变、消除隐患、转危为安，有效地解决问题。如某节目主持人主持文艺演出，在她登台时不慎被话筒线绊倒跌了跟头，众人大惊，该主持人随即说到“各位观众，我提前给大家拜年了！”一语化解尴尬，现场众人无不被主持人的应变能力与幽默所折服。

（5）社会交往能力。公关工作是一门交际艺术，它需要公关人员正确认识公众，把握交往的技巧、方法和原则，学会与各种类型和特点的公众友好相处的方法。是否具备社交能力是衡量公关人员是否适应现代公共关系工作的重要标准。

（6）创意策划能力。公关工作是一种创造性的智力活动，公关人员需要以自己的想象力和创造力来影响和感染公众。无论是重大的公关活动策划，还是一般的客户联谊活动，都需要公关人员审时度势、独具创意、推陈出新，以获取公众的关注和支持。

（二）公关人员的再教育

随着经济社会的快速发展，公共关系总是处在不断发展变化之中。为此，公关人员必须及时更新工作方法、提升现代公共关系职业技能、完善现代公共关系理论体系，适时接受专业知识的再教育。目前，公关人员的再教育有以下几种方式。

1. 短期培训

短期培训通常是由高校、企业或行业组织（如公关协会、公关学会）不定期举办的短期培训。培训对象针对有一定工作经验的公关人员，培训目标和重点是专业理论与知识的更新补充。此外，还有诸如岗前培训、职业资格培训等。

2. 见习培训

这种方式的特点是在实践中学习与提高，让见习者在一段时间内充任本组织或外部组织公关人员的助手，见习并实际参与公关实践，学习借鉴他人处理公关事务的技术和方法，增强感性认识。

3. 专家指导

组织通常聘请公共关系专家来部门指导和咨询，帮助解决公关工作中的疑难问题，并对公关人员进行业务指导和点拨。这种方式的优势在于针对性强、启发性大、成效显著。

4. 其他培养形式

其他培养形式包括组织员工参加自学考试、函授教育及电视广播教育，并为之创造参加辅导、面授的条件，多途径、多形式地提高专业理论和业务水平。

【素质拓展 2-1】

澳大利亚旅游局公关全球最好的工作

"世界上最好的工作"是澳大利亚旅游局面向全球推广工作假期签证计划的重要组成部分。工作假期签证为18~30岁的外国公民提供12个月的工作旅行机会,让年轻的旅客来澳大利亚度过长假,同时从事短期工作以补充旅行费用(目前该类型签证并不覆盖中国大陆)。澳大利亚旅游局董事总经理Andrew McEvoy表示,该活动将打造一个优质平台,吸引全世界的年轻人来到澳大利亚。"我们已经打造出了最成功的旅游传播活动,并将它做得更大、更好。借此,澳大利亚将向世界传播我们国家美丽的风景、独特的生物群落、美食与美酒,当然还有澳大利亚人的娱乐精神。"

该活动已吸引维珍航空(澳大利亚)、宜家、戴尔、花旗银行、在线求职网站Monster.com、SONY音乐等品牌成为其合作方,利用各自资源,共同打造面向年轻受众的"求职网络",以宣传该活动。2008年,国际青年旅游群体约占澳大利亚旅游总人数的1/4,并为当地旅游行业贡献了近120亿澳元(约合766亿人民币)。

2009年,"世界上最好的工作"第一季邀请人们竞聘大堡礁汉密尔顿岛护岛人一职,人们通过博客、照片、视频日记等形式参与竞聘,同时进一步扩散活动影响力。最终,该活动收获超过8 000万美元的媒介曝光价值,吸引超过3.5万名申请人,成功将澳大利亚昆士兰州带上世界地图,并在当年的戛纳广告节上横扫公关、直效2尊全场大奖和4尊金狮。

当季活动中,34岁的英国选手Ben Southall最终胜出。而在第二季活动中,他成为宣传片主角,邀请人们竞聘6大岗位:在新南威尔士当个玩乐达人,到北领地当个内陆冒险家,去昆士兰当国家公园巡护员,在南澳大利亚看护野生动物,去墨尔本成为生活时尚摄影师,以及在西澳大利亚的葡萄园中当个品尝大师。竞聘者需登录活动网站填写相应信息,并以英文拍摄一段时长30秒以下的竞聘短片上传至活动官网或Facebook页面。

据悉,该活动由DDB悉尼(创意)、OMD(媒介)、Pixolüt(数字)、Mango悉尼(公关)共同执行。

(资料来源:http://www.ad-cn.net/read/1486.html)

第二节　公共关系的客体

一、公众的概念

公众是公共关系领域一个重要的概念。公共关系范畴所描绘的公众是特指与某一公共关系主体发生相互作用的个人、群体或组织的统称。公众是公共关系主体交流信息的对象,与公共关系的主体有利益相关性,是公共关系工作的对象。

二、公众的特征

作为公共关系的客体,公众具备以下主要特征。

(一)整体性

整体性是指公众的总体特征。公众是公关工作对象的总称,是指与某一组织运行有关的整体环境,而不是单一的群体。任何组织的生存和发展都离不开一定的公众环境。这里的公众环境是指组织运行过程所必须面对的社会关系和社会舆论的总和。

（二）同质性

同质性是指公众的性质特征。公众不是一盘散沙，公众成员大都面临共同问题、共同利益和共同诉求，也正是由公众成员在面临的问题、利益和诉求上的共同性决定了公众彼此之间很容易产生互动和共鸣，具有天然的一致性，进而表现出明显的群体意识。因此，界定公众首先要界定公众所面临的共同点。

（三）相关性

相关性是指公众的个性特征。各社会组织都会因其自身的性质、地位、环境、形象而与某些特定的公众对象发生利益关系，从而形成自身特有的公众形象。公众的相关性特点就是组织与公众形成公共关系的关键所在，具有多面性。

（四）多样性

公众的存在不是单一的，而是复杂多样的。常见的公共关系工作对象包括个人关系、群体关系、团体关系、组织关系等。即便是同一类的公众，也可以有不同的存在形式。公众形式的多样性决定了沟通方式和传播媒介的多样性。

（五）变化性

公众不是封闭僵化、一成不变的对象，而是一个开放的系统，处于不断变化发展的过程之中。公众环境的变化必将导致公共关系工作目标、方针、策略、手段的变化。

三、公众的分类

根据公关工作的实际需要，公众分类可以有多种角度和标准，现简要介绍以下几种常见的分类方法。

（一）公众的横向分类

横向分类法是一种平面分类法，通常将公众的横向分类划分为内部公众和外部公众。

1. 内部公众

内部公众是指社会组织内部的所有成员，如企业职工、股东等。内部公众既是内部公关工作的对象，又是外部公关工作的主体，是与组织自身相关性最强的一类公众对象。

2. 外部公众

外部公众是一个相对宽泛的概念，泛指社会组织外部与组织的某些活动有关系的公众。这类公众对于特定组织来说具有不确定性，虽不如内部公众与组织的关系密切，但也直接影响了组织的利益，且这类公众的分布广、数量大，比如政府金融机构、消费者、批发商、零售商、社区、新闻媒介、社会名流以及同行业竞争者等。

（二）公众的纵向分类

所谓纵向分类，即把公众作为一个过程按其发展阶段来划分。公众的发展过程也就是公众与社会组织关系日益密切的过程。按照公众的一般发展过程，公众可划分为非公众、潜在公众、知晓公众和行动公众四类。

1. 非公众

非公众是指当前既不对公关主体产生影响，又不受公关主体影响的组织或个人。简言之，非公众不属于公关主体当前的“公关对象”。从发展的眼光来看，非公众也有可能发展为潜在公众。例如，在一般条件下，美发店是家电公司的非公众，若美发店购买使用了家电公司的美发电器，美发店就不再是家电公司的非公众。界定“非公众”有利于减少盲目性，增强针对性，避免不必要的资源浪费。

2. 潜在公众

潜在公众是指由于潜在的公共关系问题可能与某一组织产生联系但是尚未明确的这类公众。如果问题暴露，潜在公众很快转变为知晓公众和行动公众。如某邮轮公司的沉船事件发生后，遇难者的家属在不知道亲人是否遇难时，他们就是邮轮公司的潜在公众。

3. 知晓公众

知晓公众是指那些已经意识到问题的存在，但还没有付诸实际行动的公众。如遇难者家属得知亲人遇难后，急于了解产生问题的原因和寻求解决问题的方法，潜在公众已发展成知晓公众。

4. 行动公众

行动公众指那些已采取实际行动，对组织构成压力，并迫使组织相应采取行动的公众群体。行动公众由知晓公众发展而来，是公众发展的最后阶段。如行动公众的诉求未解决，公众会采取诉诸大众传媒、政府有关部门甚至诉诸法律等行动。

（三）按重要程度分类

按公众对组织的重要性可将公众划分为首要公众、次要公众和边缘公众。

1. 首要公众

首要公众是指与组织关系密切，对一个组织的生存和发展具有重要影响力或起决定性作用，而且还影响和制约着其他公众的公众，如企业的员工、股东、商店的顾客、工厂的用户等。首要公众是组织生存和发展的基础，是最为重要的一类公众。

2. 次要公众

次要公众是指对组织的生存发展有一定影响，但不起决定作用的公众，如政府公众、媒介公众、社区公众等。

3. 边缘公众

边缘公众是指对组织的生存、发展具有一定作用，但不影响组织正常运转的公众，如社区大众、慈善团体、学校等。

（四）按公众对组织的态度分类

按公众对组织的态度可把公众划分为顺意公众、逆意公众和独立公众。

1. 顺意公众

顺意公众又称为支持公众，是指那些对组织的政策、行为和产品持赞赏、支持和认同态度的公众，如企业的业务合作伙伴、产品或服务的使用者和消费者等。

2. 逆意公众

逆意公众是对社会组织奉行的政策、采取的行为持反感、反对、不合作态度的公众，如企业的恶性竞争者及持有不同意见的记者、消费者等。

3. 独立公众

独立公众又称为中立公众，指那些对组织持中间态度的观点和意向不明朗的公众，如对企业和产品漠不关心的社会大众。

（五）按组织对公众的态度分类

根据组织对公众的态度可将公众划分为受欢迎公众、被追求公众和不受欢迎公众。

1. 受欢迎公众

受欢迎公众是指那些和组织“两情相悦”的公众。他们对组织的各项工作表现出浓厚的兴趣并希望开展合作，组织也欢迎这类公众，如慕名而来的媒体人、赞助商、捐赠者等。

2. 被追求公众

被追求公众是指符合组织需要的公众，这类公众是否对组织感兴趣尚未可知，如专家学者、新闻媒介、社会名流等都是组织积极追求的公众。

3. 不受欢迎公众

不受欢迎公众是指那些对组织无益或者有损组织声誉，但却对组织一厢情愿追随的公众，如那些带有个人主观偏见的调查者、一味索取赞助的团体或个人、持不友好态度的媒体人等都属于不受欢迎公众的范畴。

（六）按公众的组织状态分类

按公众的组织状态可以把公众分为组织公众和非组织公众。

1. 组织公众

组织公众是指在公关活动中，作为公关对象的各类组织，如政府机构、工会、媒体组织等。

2. 非组织公众

非组织公众就是在公共关系活动中处于无组织状态的公众。这类公众可能因某种特定事件引发，如大型节假日期间到名胜古迹旅行的旅游团队或个人就属于非组织公众。

四、公众心理概述

公众心理是公关活动的承受者对主体行为的感知与反馈，它是组织调整自身行为以塑造良好形象的根据。在现实的社会中，人们共同的心理行为倾向不是先天就有的，它是在一定的社会条件下经过人们相互作用以后，使个人的社会经验积累凝结而形成的。要做好公共关系工作，就必须熟悉公众的心理活动规律。在此，简要介绍一些公众心理现象。

（一）公众心理特征

公众心理特征是指在公众的生理基础上，在社会环境影响下，表现在公众的能力、气质和性格等方面比较稳定的心理特点的表征。公众心理特征包括个体心理特征和群体心理特征。

1. 个体心理特征

个体心理特征是公众心理特征的重要组成部分，因为公关活动都是通过具体的人而得以实现的，所以这种活动既反映了公众的共同心理特征，又反映出个体的思维、情感、需求、能力、性格等个性心理特征。

2. 群体心理特征

公众都是不同利益的群体，这种群体或集体一旦因利益关系聚集后，会形成一种群体氛围，如在向心力、凝聚力等作用下，不同精神品质的群体或组织会表现出不同的心理特征。一般来说，公众的群体心理特征主要表现为认同意识、归属意识、整体意识和排外意识。

（二）心理定势的概念

所谓心理定势，也就是心理上的“定向趋势”，它是由一定的心理活动所形成的准备状态，对以后的感知、记忆、思维、情感等心理活动和行为活动起正向或反向的推动作用。

（三）心理定势的特征

1. 潜在性

人们不一定能自觉地意识到自己的心理定势，但心理定势一定会在以后的某种活动中反映出来。

2. 习惯性

习惯性包括两个方面：①存在上的固着，它一经产生就在人的心理活动中占据一定的位置，不会轻易地消失；②功能上的固着，只要它存在就要发挥作用。

3. 综合性

心理定势是认识、情感、意志等心理过程中的心理因素综合作用的合成。

（四）微观心理定势

1. 首因效应

所谓首因效应是指在人的心理中，第一印象具有先入为主的作用，而且这种作用能够持续影响人的认识活动。正是由于首因效应，才有“先入为主”“新官上任三把火”“踢好头三脚”“慎重初战”等说法。

2. 光环效应

光环效应亦称晕轮效应，是指像月晕一样在真实的现象面前产生一个更大的假象。光环效应同首因效应一样带有强烈的主观色彩，往往容易产生一叶障目、以偏概全的主观局限性。如当人们喜欢某个演员的作品，也想当然地认为这个演员也不错，甚至泛化到认为该演员喜欢的东西也很好。

3. 经验效应

所谓经验效应是指公众个体凭借以往的经验进行认知、判断、决策和行动的心理活动方式，属于微观心理定势的范畴。经验是一种财富，也是一种包袱。不能迷信经验，也不能一概否定经验，要充实经验、更新经验、发展经验。

4. 投射效应

所谓投射效应是指公众往往会将自己的态度、感情、倾向、想法等主观因素投射到组织活动中去，主观臆测组织的行为方式，这就是投射效应。公关活动中常见的“感情用事”“主观主义”等都是投射效应的具体表现。

（五）宏观心理定势

宏观心理定势是指一定范围内人群所共有的、积淀深厚而作用广阔的心理定势。

1. 刻板效应

社会刻板效应也称作社会成见，是指社会上的一部分成员对某类事物或人物所持的共有的、固定的、笼统的看法和印象。刻板效应使人们在感知对象时常常力图在记忆存储中找到相应的类型，然后将新的对象“对号入座”。社会刻板印象不是个人持有的看法和印象，它是社会一部分成员的共识。

2. 地域效应

所谓地域效应是指公众处于不同的地域，由于自然环境、政治、经济、历史等条件不同形成不同的地域文化，进而影响公众的心理活动，主要表现形式包括以乡土观念为基础的亲缘心理和以地域文化为基础的依从心理。

3. 民族文化效应

所谓民族文化效应是指人们在历史上形成的具有共同语言、共同地域、共同经济活动，由此产生的民族意识、民族感情和民族习惯等在公共关系活动中的文化表征。

（六）流行心理定势

社会流行心理是指一定数量规模的公众个体在较短的时期内，由于追求某种行为方式并使之成为一种时尚，从而诱导其他公众个体竞相模仿的连锁反应，也就是俗称的“一窝蜂”现象。流行心理定势就像流行感冒一样，是在短时期内人们互相感染，经过一段时间不经治疗也会自然痊愈的一类心理定势。

1. 流行的概念

所谓流行是指在社会上广为流行或为公众一时所崇尚和效仿的某种行为方式或事物样式。人们常说的随波逐流、随大流、时髦、入时、应景、流行、一窝蜂、偶像崇拜等，都属于时尚的某种表现形式。时尚是一种任何时代、任何人群都会产生和流行的群众性社会心理现象。

2. 流行与公共关系

由于社会流行具有影响大、范围广、速度快等特性，因而公关实务中常常利用社会时尚来开展组织的宣传工作。就公共关系工作实践而言，需要做到以下几点。

（1）准确把握流行的性质和规律性，力求组织的宣传活动与社会流行合拍。

（2）熟悉流行的趋势、热点，选择有影响力的时尚领袖作为组织的形象代表。

（3）慎重选取传播媒介，做到有的放矢。

公共关系工作充分利用社会流行心理定势往往可以起到四两拨千斤的作用，但是，若把握社会流行出现偏差，那么其对组织的伤害也是非常深重的。因此，合理利用社会流行心理定势开展公关活动需要高超的技巧。

（七）流言心理定势

所谓流言即无根之言。在社会学中，流言是指来历不明、传无根据的言论。公共管理领域所指流言是指在某一时期内一定社会成员中传播的共同关心的社会组织热点问题。流言也是一种社会现象、一种心理定势的表现形式。流言的每个传播者都只是人云亦云地传播下去，并不关心流言是否有依据、可证实，也不关心流言从何处来、向何处去。

1. 社会流言的传播规律

1）通俗易流传

流言在传播过程中会被每一个传播者不断地重新编排，传播者会不由自主地去掉某些烦琐的细节，使得流言变得越来越简明、通俗，从而更易于传播，被更多的人所接受。

2）情节个性化

每一个流言传播者都不是一个客观的转述者。传播者不可能接受全部信息，而是将信息中自己关注且认为有价值的内容记录下来,在后续传播过程中会在自己接受的那部分信息的基础上进一步去强调、突出自己认为重要的那部分内容。这就是传播情节的个性化。

3)内容同质化

内容同质化是指传播者在传播过程中,总是根据自己的知识、经验、地位、需要、价值观等来接受、理解流言内容,在流言中混入自己主观的东西。因此,流言传播更像自己的判断,与自己的观念同化,然后再传下去。

2. 社会流言的种类

1)愿望型流言

愿望型流言从内容上看通常都是公众心目中普遍存在而现实中又未能满足和实现的要求、愿望、梦想等,往往会引起公众的普遍共鸣并迅速传播。

2)焦虑型流言

焦虑型流言从内容上看一般都与公众对自己生存、安全等低层次需要出现的忧虑、恐惧等有关。这种流言抓住了公众关切的热点话题和切身利益,极易引发社会性恐慌、悲观等公众紧张情绪。

3)攻击型流言

所谓攻击型流言也称谣言,除与公众的愿望和焦虑有关外,还有两个突出的特点:首先它是被刻意制造出来的,其次它有明确的攻击对象和明确的受益者。

3. 社会流言与公共关系

社会流言总是缺乏事实依据的。当组织面对不利于自身的社会流言时,公共关系部门可以针对各种流言及时公布、说明事实真相,驳倒社会流言,维护组织形象和声誉。社会流言与组织危机是密切相关的,通常情况下往往是危机与流言相互作用、火借风威的。因此,面对可能出现的各种社会流言,组织应该采取以下应对措施。

1)建立流言的监测分析制度

组织应创建流言的监测分析制度,建立预警机制,提高组织的公关活动敏感度;通过及时发觉流言、监测流言动态、分析流言性质,提高公共关系工作的主动性与针对性。

2)建立常规的信息披露制度

任何流言都与信息不足、信道不畅有关。针对社会流言最好的解决方法就是建立常规的信息披露制度,及时满足公众的信息需要。当出现不利于组织的社会流言时,切忌掩盖、否认事件真相,避免欲盖弥彰、越描越黑。组织与公众之间的信息对称是关键。

(八)逆反心理

公众逆反心理是指公共关系作用于公众的信息超过了其所能接受的限度,进而产生的一种相反的心理体验,是公众有意脱离公共关系传播信息的思维轨道,进行反向思维的心理倾向。逆反心理会造成逆反行为、抵触行为。公共关系工作要注意防止公众产生逆反心理和抵触行为。

公共关系实践经验告诉我们:如果宣传不当,要求公众必须这样、必须那样,公众就会感到自己的自由受到了威胁,产生厌烦心理,甚至诱发抗拒行为。为了防止公众产生逆反心理,公关人员应当认真研究公众对自由的看法,充分尊重公众的自由权利,不能让他们感到自由被剥夺。另外,还要注意信息量和刺激量要适度,不然也会使公众产生厌烦情绪,引发逆反心理。

【素质拓展2-2】

尼康相机“黑斑门”

尼康D600率先在美国和英国上市后,就深陷“黑斑门”。在2013年2月22日,尼康发表公告,承认一些用户指出的使用尼康D600数码单反相机拍摄时,照片上会出现多个颗粒状影像的情况。当时尼康给出的解决办法是让用户按照用户手册关于“清洁影像感应器”中的方法进行清洁,或用气吹手动清洁,或者到尼康售后服务中心进行清洁。

央视2014年“3·15”晚会报道称,全国多位消费者发现新买的尼康D600拍摄照片后出现黑点。用户就此到尼康维修点进行过四五次清洗进灰,也无法解决问题。随后尼康通过更换快门等方式,也无法解决这款宣称防尘防潮相机的问题。按照三包规定,相机因质量问题返修两次之后,可以退换产品。不过尼康售后辩称清灰不算修理,但尼康官方规定清灰属于修理范围。在随后发布的公告中,尼康再次要求用户对D600进行清理更换。

2014年3月26日,尼康再度发表公告,表示将免费替所有出现进灰问题的全幅单反D600相机进行检查、清洁,并进行快门等相关零部件的更换。

据悉,尼康在处理D600“黑斑门”事件时内外有别。据外媒报道,欧洲部分用户把机身内部进灰的D600相机送到服务站除尘后收到了全新的D610相机;而在法国,进灰D600换全新D610的代价也仅需要支付很少一笔费用;但是在中国,遭受D600进灰困扰的用户显然没能受到如此待遇,尼康在拖延一年之后给出的解决办法仅是免费清洁而已。尼康公司的这种区别对待公众的做法值得我们每一个公关从业人员深思。

(资料来源:https://baike.baidu.com/item/%E5%B0%BC%E5%BA%B7%E9%BB%91%E6%96%91%E9%97%A8/13333764?fr=aladdin)

第三节 公共关系的媒介

广义视角下的公共关系媒介是指社会组织与公众发生互动的人和事物的总称。在社会组织与公众的公共关系活动中,各类公关媒介承担着沟通信息、协调关系的重要作用。公共关系的传播媒介是传递信息的载体与工具,其种类繁多,主要包括特定的符号、信息图像以及实物等。合理地选择和运用公关传播媒介是做好现代公共关系工作的前提。

通常根据公共关系的传播方式可将公共关系的媒介划分为语言媒介、实物媒介、人体媒介和大众传播媒介。

一、语言媒介

语言既是人际传播的载体,又是大众传播的载体。语言媒介是现代社会运用最广泛的传播媒介,也是公共关系传播中最主要的媒介,被许多人称为“公共关系的第一媒介”。语言媒介分为“有声、无声”和“语言、非语言”两个类别。

(一)有声语言媒介

有声语言即自然语言,又称作口头语言。公共关系活动大量运用了有声语言媒介,如答记者问、与员工谈心、电话通信、内外谈判、各类演说、口头报告、为宾客致辞等。有声语言媒介的特点是信息反馈迅速、形式灵活多样、传播效果明显等。

(二)无声语言媒介

公关活动中所指的无声语言媒介方式是通过印刷文字进行信息传递,主要包括各种文字材料、报刊、书籍、照片、图画、商标、徽章、会议纪要、社交书信、调查报告、电文、通告等。无声语言媒介的优势是能够超越时空,语言表达便于斟酌和保存,其显著的缺点是信息反馈不如有声语言媒介迅速。

(三)有声非语言媒介

有声非语言媒介是一种有声不分音节的语言,如语调、笑声、掌声等,其特点一是无具体的音节可分,其信息要在一定的语境中才能得以传播;二是同一形式的语义不固定,比如笑声,可以负载正面信息,也可以负载负面信息。

(四)无声非语言媒介

所谓无声非语言媒介是以人的动作、表情等来传递信息,它是公共关系广泛运用的沟通方式,可以分为动态、静态两类。

1. 动态无声非语言媒介

这类媒介是以身体在某一场境中的动态姿势来表达信息,如首语(点头和摇头)、手势语(握手、招手、手指向)、目光(视线接触的长度和向度)、微笑等。

2. 静态无声非语言媒介

这类媒介是以身体在某一场境中的静态姿势来表达信息,包括人的姿势、界域等,如一个人的姿势、表情、眼神以至某种气味、服饰、个人所处的空间等。

二、实物媒介

实物媒介是指以物体来传递某种语言和非语言信息。实物媒介包括产品、象征物、公共关系礼品等。

(一)产品媒介

产品本身就是一种典型的实物媒介。产品所包含的信息要素包括品牌、商标、包装、外表形态、内在质量、售后服务、广告设计等。

(二)礼品媒介

礼品媒介是以物质作为载体,它不是用于等价交换的商品,而是带有浓厚感情色彩的社交工具。公共关系礼品具有四个特点。

1. 非商品化

大多数公关礼品都是不进入或尚未进入市场流通的物品,有专门设计的物品,也有名特产品的样品,也有宣传品,还有其他物品。

2. 非等价性

公关礼品都是有价值的,但其感情价值往往大于其商品价值,交际价值大于使用价值。通常公关礼品都是价格比较低廉的物品,若是选用价格昂贵的礼品,则有变相行贿嫌疑。因此,合理选择公关礼品也是一门艺术。

3. 情感特征

公关礼品主要是一种心意的表达,旨在向公众传递组织的深情厚谊,充满了组织对社会公众的情感关怀。

4. 纪念意义

公关礼品大都具有纪念意义而不具有消费意义，其目的是使组织在公众心目中留下永久的美好印象。开展公关活动馈赠礼品的机会很多，适当送份礼品表达心意会取得比较理想的效果。

（三）象征物

象征物也是一种特殊的公关媒介，在日常生活中我们随处可见，如超市商场印有 Logo 的购物袋、宾馆的藏物袋、带有餐厅标识的烟缸等。

三、人体媒介

人体媒介借助人的体态、服饰、行为以及社会影响等作为传送信息的载体，它包括组织成员的形象、社会名流、新闻人物、能够影响社会舆论的其他公众等。人体媒介在公共关系传播中有其独特的形象影响力。

（一）体语

体语就是人体语言，包括动作、姿势、体态、表情等。体语在公共关系的人际传播中运用广泛。体语是有声语言的替代和辅佐，具有表露作用，如公关人员对公众笑脸相迎有利于双方的交流合作。

（二）服饰

服饰作为人体媒介具有传递信息的功能，因此公关人员在一般社交场合应注意服饰与大众的协调，进而增强亲切感、认同感。

（三）员工形象

人体媒介中的员工形象是组织形象的重要组成部分，它包括员工的内在素质、外表行为（如谈吐举止、面部表情、服饰等）及隐于其中的行为规范、交往技巧等。

四、大众传播媒介

大众传播媒介是指组织面向社会公众进行传播活动的工具和手段，它包括印刷类传播媒介和电子类传播媒介两大类。

（一）印刷类传播媒介

印刷类传播媒介以文字或图画为传播载体，可细分为图书、报纸和杂志三大类。

1. 图书

较其他印刷媒介而言，图书的优势在于容量大、规范化、权威性以及便于阅读和保存。图书在传播和积累人类知识、文化活动中起着非常重要的作用。

2. 报纸

报纸是以刊载新闻和时事评论为主的定期向公众发行的印刷出版物，它是大众传播的重要载体，具有反映和引导社会舆论的功能。报纸的优势在于：第一，为受众提供了充分的选择余地；第二，比电视报道更为深入、周密、细致、详尽；第三，便于读者接受信息；第四，制作容易，成本较低。

3. 杂志

所谓杂志是指有刊名、定期或不定期连续出版的印刷读物。杂志可分为知识性、趣味性杂志和专业性杂志两大类。知识性、趣味性杂志以一般社会大众为读者对象。专业性杂志以特定专业人员为读者对象。杂志的优点在于:读者群比较稳定;内容安排灵活多样;便于读者携带阅读。

(二)电子类传播媒介

电子类传播媒介以电波等为传播载体,可分为广播、电视和互联网三类。

1. 广播

广播是覆盖面积最广的一种电子类大众传播媒介。广播的优点在于:节目收听不受环境限制,灵活性强;收听对象广泛;节目制作成本较低。

2. 电视

电视是受众人数最多的公关传播媒介。电视集音响、图像、动作、色彩于一身,能同时诉诸人的听觉和视觉,表现形式多样,服务对象非常广泛,并且形象生动,最容易激发人们的兴趣和抓住人们的注意力,此外其时效性也很强。

3. 互联网

随着信息化时代的来临,互联网在公共关系活动中的作用越发显著。如何充分利用网络媒体真正实现信息传播者与受众的信息互动,是信息爆炸时代公关工作的重要任务。

以上是现代公共关系传播媒介的类别及其特点。我们只有熟悉这些类别及其特点,并结合实际需要而合理地选择和运用,才能做好现代公共关系工作。

【素质拓展 2-3】

克莱斯勒汽车的媒体公关

20 世纪 70 年代中期,第二次石油危机给美国经济特别是汽车业带来了极大的冲击。美国克莱斯勒汽车公司的新车滞销,负债累累,外援断绝,处境岌岌可危,不得不向政府提出担保贷款的申请。但这一行动立即遭到舆论界的猛烈抨击,企业界、银行界发表联合声明,强烈反对。一些报刊大量发表文章、登载漫画进行抨击,诅咒“让它庄严地死去!”并敦促该公司宣告破产。在这种舆论影响下,美国参、众两院大部分议员对贷款提出非难和指责。

为了挽回企业的声誉,取得担保贷款,克莱斯勒公司展开了一场声势浩大的解释说服活动——游说公关。公司的领导倾巢出动,在银行界、新闻界到处游说,以获得他们的支持。当时的公司总经理艾科卡求助华盛顿州来摆脱困境,他向联邦政府申请 12 亿美元贷款。他在参、众两院陈述理由,亲自拜会当时的总统卡特。公司还组织了庞大的经销商游说团,对议员进行游说,并煽动广大公众特别是较低层人士用各种方式表示对本公司的支持,最后终于说服了国会,通过了担保贷款,使公司顺利地渡过了危机,重新获得再发展的机会。

(资料来源:http://www.doc88.com/p-3187587894380.html)

五、媒介选择

在公共关系活动中,如何选择恰当的媒介传播事关公关工作的成败。为此,可以遵循以下原则选择公关媒介。

(一)关联目标原则

根据公共关系的具体目标和工作要求来选择和使用公关媒介,即选择和使用的手段、方法必须符合公关工作的性质和要求,以便充分发挥媒介的功能。

（二）适应对象原则

根据公共关系对象的特征来选择和使用传播沟通媒介，即根据不同的公众对象选用不同的传播手段，才可能使信息有效地到达目标公众，并被公众所接受。例如：对文化水平高、喜欢思考的知识分子，宜采用书籍、杂志、报纸；对文化程度不高的受众，宜采用电影、电视、杂志等。

（三）区别内容原则

根据传播内容的特点和要求来选择和使用公关媒介，只有根据传播的内容来决定传播的形式，才可能充分发挥传播媒介的优势。比如，传播形象浅显的内容应该选用电子媒介，而难以理解的信息内容适合用印刷媒介。

（四）合乎经济原则

根据组织的经济能力，本着最经济的原则选择和使用公关媒介，也就是量力而行、精打细算，遵守“花最少的钱争取最大的传播效果”的原则。

本章小结

公共关系的主体是社会组织，社会组织是人们有意识地为实现某个特定的目标依照一定的结构形式而组成的有机整体。每一种社会组织的性质、类型、组织结构、功能与活动方式等都不一样。公众是公共关系的客体。本章简要介绍了公众的概念、特征与分类以及公众心理概述、公关人员和公共关系媒介等内容。

巩固练习

1. 如何理解公共关系的主体？
2. 公共关系的客体有哪些特征和分类？
3. 结合所学知识简要阐述如何选择公关媒介，并说明理由。
4. 什么是公众心理定势？它包含哪些基本形态？

案例研讨

【背景素材一】

一枚钮扣

湖北美尔雅公司总经理罗日炎先生收到一封来自美国纽约的投诉信，信中指责美尔雅西服质量差。总经理立即吩咐公司销售部给这位美国消费者回信，表示要调查原因，并且赔礼道歉。信发出一个多月，不见回音。总经理决心把问题搞清楚，他带一名推销员直飞纽约，几经周折，找到了这位消费者。当这位消费者得知美尔雅公司总经理特意来调查情况、赔偿经济损失时，十分感动，也显得有点尴尬地说：“你们太认真了。”原来这位消费者花了400美元买了一套美尔雅高级西服，买回家后发现少了一枚扣子，于是一气之下写了这封投诉信。这位美国消费者深为美尔雅公司的认真态度所感动，他当即以“读者来信”的形式给纽约《消费者时报》投稿，盛赞中国美尔雅公司讲究信誉的行为。来信刊登后，纽约的其他报刊也竞相转载，美尔雅一下轰动了纽约城。随后，仅在一个月的时间里，美尔雅就收到了5张来自纽约的订货单。

（资料来源：https://zhidao.baidu.com/question/15950588.html）

思考：

1. 美尔雅公司采用了哪些公关媒介？
2. 该案例有哪些值得借鉴学习的公共关系理念？

【背景素材二】

耐克"气垫门"事件

2016 年 4 月,耐克篮球官方微博发布了一条消息, NBA 球星科比·布莱恩特 2008 年北京奥运会夺冠时所穿的一双耐克篮球鞋复刻版将限量发售。耐克在中文官网上宣称,这款鞋后跟带有耐克拥有专利的 zoom air 气垫。但消费者穿上这双鞋后,觉得硬得有点不对劲。面对消费者的追问,耐克的客服人员承认了一个惊人的事实:这款鞋后跟确实没有气垫!

对此,耐克给出的回应只是产品描述失误而已,可以全额退款。然而消费者质疑,这难道不是"虚假宣传"?而且,为何至今没有召回通知。耐克发生这样的事情已经不是第一次了,早在 2011 年,消费者发现,在中国销售的"Hyperdunk 2011"篮球鞋前脚掌比美国同款缺少了气垫……耐克的标识看上去像是一个"对号",但现在它的故伎重演以及面对投诉的百般推诿,却很难让消费者在心中对它打勾,反而会打上一个大大的问号。

(资料来源:http://www.mnw.cn/news/shehui/1630626.html)

思考:

1. 耐克"气垫门"事件给你哪些启发?

2. 面对危机事件,如何做好信息发布和媒体公关?

第三章　公共关系的工作方法

学习目标

【知识目标】掌握公关调查、策划、传播、评估的概念、内容、工作流程和基本职能。

【素质目标】培养公关意识，掌握公关活动策划的知识，提高公关技能和交际技能。

【技能目标】能用公关知识制订调查方案、撰写调查报告、策划公关活动、开展公关评估。

案例导入

【初识传播】

20世纪50年代，有一部好莱坞影片《后窗》曾风靡香港。该片记录了一名脑部受伤的新闻记者在家养伤时觉得无聊，便买了一架望远镜，每天坐在家里从对面楼层的后窗窥探别人家的隐私，从而卷入了一场谋杀案。影片上映后，香港人竞相观看，引发了一股“后窗热”。这时，香港的一家生产百叶窗的厂家成功地抓住了“后窗”这一卖点，他们连续在报刊等公开刊物上刊登“请留意你家后窗”的广告语录，使得生意一下子兴隆起来。

（素材来源：https://wenku.baidu.com/view/b780d32d0722192e4536f6a7.html）

思考：

以上案例素材中体现了怎样的公关思想？该案例反映出公共关系中什么方法的重要性？

【案例分析】

上述案例生动地说明了大众传播媒介在公关活动中的重要作用。据调查，大众传播对某些议题的着重强调和这些议题在受传播中受重视的程度成正比关系。本案例中，百叶窗企业成功抓住“后窗热”，利用公开刊物连续刊登“请留意你家后窗”这则广告，就是充分利用这一原理多次大量地报道这一事件，从而使公众不自觉地议论这一话题。同时，在本次公关活动中，企业通过大众传播媒介在广大社会中形成一个热门话题，并且让这个话题直接、间接地与企业及其产品挂钩，从而达到一个良性的传播效果。他们成功抓住“后窗热”这个与自己产品相关度极高的“话题”，通过广告宣传轻而易举地掀起了一股百叶窗热，从中获得了极好的市场效应。

作为一个社会组织或公众人物，在一定职业伦理规范的指引下，为谋取有关公众的理解和合作而进行交流、沟通、劝说活动的公共关系，仅仅知道其内容和目的是不够的，我们还要将理论转化在一定的实务操作中。而这些实务操作活动，正是获得组织与公众之间的相互理解进而实现公共关系目标的有效途径。

具体来说，公共关系工作方法的目的是为了在组织和公众之间建立一种相互理解、和谐双赢的关系。这种关系的产生不可能是自发的，而是需要精心设计的相互联系、不可分割的一个实务操作过程。许多著名的公共关系专家都致力于从大量的公关活动中归纳出公共关系实务过程的通用流程，其中最具代表性的有英国公共关系专家弗兰克·杰弗金斯的“六点规划模式”和1952年卡特里普和森特等人在《有效公共关系》一书中提出的“四步工作法”。

本书重点阐述“四步工作法”。四步即：①调查研究；②制订计划（策划）；③实施传播；④评价结果。公共关系专家马斯顿将这一广为流传的公共关系实务活动的四个环节概括为“RACE”公式。R（Research）——研究，A（Action）——行动，C（Communication）——传播，E（Evaluation）——评估。本章将分四个小节详细论述每一个步骤。

第一节　公共关系调查

在公共关系实务活动中，调查是了解情况、找准目标、制订和实施计划并评估效果的基础。作为一种目的性非常明确又受着“信息—传播”方法论指导的专门性操作活动，调查是必不可少的一环。调查就其实质而言，是一种获取信息的工作。要进行公共关系实务工作，必须充分并及时地掌握准确的信息，通过调查了解那些受到组织行为和政策影响并可能反过来影响组织的存在、发展的特定公众的观点、态度和反应，从中找出问题，找出导致问题的主要原因和种种相关因素，从而制订出切合实际的公共关系活动的计划和方案。总之，任何有目的的公共关系活动都必须在充分掌握信息的基础上才能进行。就这一点而言，调查是公共关系四步工作方法中不可缺少的一环，也是最先一个切入点，并贯穿于整个公共关系活动的全过程。

一、公共关系调查的内容

公共关系调查的内容从大的方面说，包括组织形象调查、社会环境调查和活动效果调查。

（一）组织形象调查

组织形象是社会公众对组织综合认识后形成的一种总体评价，是组织的表现与特征在公众心目中的反映。组织形象调查主要是对组织知名度、认可度和美誉度等方面信息的调查。通过调查，了解组织自我期望形象、组织在公众心目中的实际形象以及这两者之间的差距。

1. 组织自我期望形象调查

组织自我期望形象调查是指一个组织自己所期望达到的形象目标，它是一个组织开展公关活动的内在动力和方向。期望值越高，组织所做出的努力就越大，但不切实际的期望往往会难以实现，因此必须注意主观愿望与实际可能性的良好结合，要讲究科学性。开展对组织自我期望形象的调查主要从以下三个方面入手。

1）了解组织决策层的目标和期望

公共关系活动的目标必须围绕着组织的总目标，为实现组织总目标服务。作为组织的决策者和领导者，对组织形象期望的水平，对于组织目标和信念的形成和组织形象的选择及建立，具有决定性的意义。作为公共关系活动的调查研究，必须详尽研究决策者和领导者所制订的各项目标和政策；领会他们的决心和意图；研究他们的思想和经营管理手段；测定他们对组织形象的期望水平和具体要求，以此作为设计组织形象的重要依据。

2）调查组织员工的期待和评价

一个组织的目标和政策须得到组织员工的认同和支持，才可能有效地实现和达到目标。

为此,就要通过调查分析,了解组织员工对组织的期待、意见和评价;了解他们对决策层提出的总目标的信心和支持程度;发动全体成员寻找组织的薄弱之处,积极听取和采纳他们的合理建议。

3)分析组织的现状和基本条件

组织对自我形象的期望不能脱离组织的客观现状和现有条件,为此还应该全面、完整地掌握本组织各方面情况。就企业而言,应调查分析组织的经营方针、管理政策、生产计划、财务制度、营销状况、用人制度、人才培养、领导及管理人员素质等,并以此作为设计组织形象的客观依据。

2. 组织实际形象调查

在开展对组织自我期望形象调查的同时,要了解外部公众对组织形象的评价,这是非常重要的一环。只有了解了组织在公众心目中的实际形象,才能比较两者差距,才能更进一步了解公众对组织形象的期望。

了解组织实际形象,就是运用各种调查方法,了解该组织在公众中享有的知名度、认可度和美誉度。一般从以下几个方面进行。

1)公众分布分析

组织的公众处于不断变化之中,为了正确地找到调查对象、获得准确信息,必须对本组织的公众范围、公众类别、目标公众等进行调查分析。通过对公众的辨认,确定调查对象和范围。关系对象不清楚、调查对象找不准,将会产生调查结果不准确和调查经费投入不当等问题。

2)形象地位测量

在对公众调查分析的基础上,通过具体调查,然后根据知名度和美誉度两项指标综合分析公众的评价意见,运用形象评估坐标图测定组织的实际形象地位。组织形象评估坐标图如图3-1所示,四个区(A、B、C、D区)分别表示组织形象地位的不同状态。

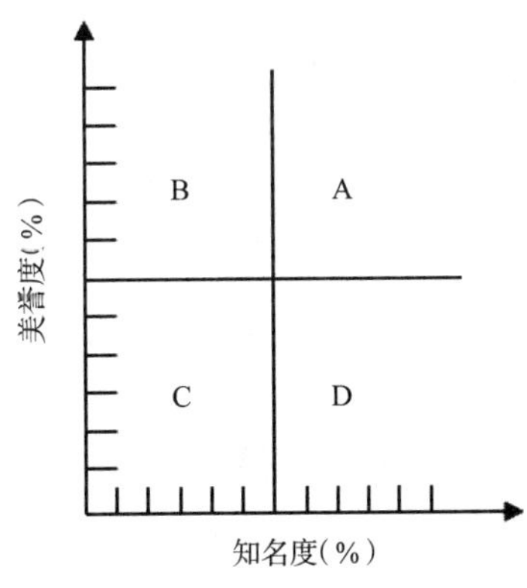

图3-1 组织形象评估坐标图

A区表示高知名度、高美誉度。处于这种形象地位,说明组织形象处于较好状态。

B区表示高美誉度、低知名度。处于这种形象地位,说明组织具有良好的基础,公共关系活动的重点应该是在维持美誉度基础上提高知名度。

C区表示低美誉度、低知名度。处于这种形象地位,表明该组织形象不佳,公共关系工作需从零开始，首先要完善自身，而在传播方面暂时保持低姿态，待享有较好的美誉度以后，再着手提高知名度的工作。

D区表示低美誉度、高知名度。处于这种形象地位，说明该组织处于名声形象均不佳的恶劣境况。公共关系工作应先从扭转在小范围内已经形成的坏名声做起，踏踏实实改善自身，逐步挽回信誉，再逐渐提高自己的知名度。

3）形象因素分析

组织形象包含多方面内容，对企业而言，具体涉及经营方针、产品质量、服务态度、办事效率、业务水平等各种要素。要正确评价组织的实际形象，需要对涉及形象问题的诸要素进行分析研究，找出形成某种形象的具体原因，以便更有针对性地策划改善形象的公共关系活动。

3. 寻找组织形象差距

通过调查，了解了组织对自我形象的期望，同时也把握了公众对组织的实际评价。第三步工作，就是进行分析比较，找出两者的“形象差距”，这就是制订公共关系目标的前提。如何通过开展公共关系工作去弥补或缩小这种差距，便形成了公共关系目标。

（二）社会环境调查

公共关系工作目标还包含着如何使组织与它所处的环境达到一种和谐的氛围，从环境的动态发展中不断地把握对组织有利的机会和不利的威胁，使组织与环境处于一种相对平衡的状态，以求更好地生存与发展，为此还要广泛收集一切同组织有关的社会环境信息。

公共关系中所谓的社会环境是指与组织有关的各类公众和各类社会条件的总和。按不同标准对社会环境一般可分为具体环境和抽象环境。具体环境是指与组织有关系的各类公众；抽象环境是指影响组织的各种社会条件和社会发展趋势。根据这两类社会环境，调查内容主要有以下几点。

（1）调查分析与本组织有关的政治、经济、法律、教育、文化、科学技术和社会思潮等方面的发展变化。

（2）调查与组织有关的政府机构、法律部门的方针、政策的制定和实施情况及变化趋势。

（3）通过调查了解传播媒体的舆论导向、传播偏好、传播效果等情况。

（4）调查与组织有关的各分类信息。组织面临的公众是多种多样的，既有组织又有个人，既有政府也有企事业单位，既有顾客、合作伙伴，又有竞争对手和传播媒体等。掌握各类公众的基本资料，研究他们的行为动机对本组织的需求等方面的信息也十分重要。

（三）活动效果调查

公共关系活动的效果往往是一个过程，要避免追求立竿见影的急躁情绪。尽管准确地评估公共关系活动的效果有一定难度，但仍可以从以下几方面进行调查。

（1）调查知名度和美誉度的变化情况，了解组织自我期望形象和实际形象差距是扩大了还是缩小了。

（2）从新闻媒体搜集涉及对本组织各方面报道的情况，尤其是对开展公共关系活动的报道情况，如版面位置、篇幅大小、报道时机、新闻媒体的深入程度及本组织向媒体提供有关资料的实际使用情况等。

（3）通过直接和间接方法，了解公众对本次公共活动的评价等信息。如通过召开座谈会、问卷调查、摘编公众来信、接待来访等渠道，分析目标公众对公共关系活动的评价。

二、公共关系调查的方法

成功的公关调查需要运用各种各样的调查方法，有时要综合运用，有时可单独运用。下面推荐几种常用的公关调查方法。

（一）蹲点调查法

此方法可选择一个点（某一单位或某一地方），深入到那个点，与那里的人们一起工作生活，观察了解他们的情况，从中发现他们成功或失败的原因，总结概括出具有普遍性的经验、教训，揭示出规律性的启迪。

（二）追踪调查法

此方法是对调查对象的过去、现在和未来进行调查，是一种不间断性的长期调查，以把握事物的动态发展、变化规律及趋向。如通过对公关专业学生的在校情况调查、毕业后工作状况调查，发现学校公关专业教育中存在的问题，研究改进措施。或者发现和概括公关专业学生成功人群的共同特点，将他们的成功方法传授给新的公关专业学生。

（三）观察调查法

此方法是调查者有目的、有计划地运用自己的感觉器官或借助科学观察仪器去直接观察调查对象，在积累大量生动具体的感性材料和记录数据的基础上，进行理论分析，找出调查研究对象的规律性，如某种动物生长规律的观察和获得。

（四）实验调查法

实验调查法指根据一定的研究目标和研究假设，人为地控制某些因素和条件，突出某些主要因素，在“纯化”的条件下，经过观察、记录、收集资料，以证实和研究客观现象间因果关系的方法。实验调查法可分单一实验组实验调查、实验组对照组实验调查、多组实验调查，其中，实验组对照组的调查具有更大的实践意义。

（五）访谈调查法

此方法是访谈者与被访谈者进行交谈，以获取调查资料。公关访谈调查从访谈媒介上可以分为面对面访谈和电话访谈；根据访谈的程序可分为结构性访谈（依访谈提纲提问、回答）和非结构性访谈（访谈时无一定程序，但有大致内容、范围）。非结构性访谈又分为重点访谈和非引导性访谈。

（六）专家调查法

此方法是邀请公关专家采用小型座谈的方式讨论问题或传递信息；或者成立专家小组，其成员包括与某种事件有关的专家，以咨询他们的意见，对情况做出判断，作为调查结果。比如对某市各单位标志形象质量的调查，就可向标志形象设计专家进行访谈调查或问卷调查。

（七）文献调查法

此方法通过搜集各种有关调研内容的文献资料，达到某一调研的目的。比如调查中国公关书籍出版情况，就可通过图书馆、书店、网络等途径，采用查阅相关文献资料的办法，了解公关书籍出版的种类、数量、作者、出版单位等。

（八）问卷调查法

此方法事先将相关的公关调查内容印制成调查表发（寄）给调查对象，待调查对象填好表后，收回、整理和分析，以获得调查结论。问卷法可分为报刊问卷、邮政问卷、送发问卷、访问问卷等，其回收率分别为10%~20%、30%~60%、80%~90%、90%~100%。问卷题目设计分为开放式（可任意回答）、选择式（单项选择、多项选择）、等级填答式等。

（九）抽样调查法

此方法通过调查同类的部分情况来了解同类的整体情况。抽样统计包括简单随机抽样（如抽签法）、等距随机抽样、类型随机抽样和整群随机抽样等。

（十）民意调查法

民意是通过科学方法取得的公众对调查问题的意见，这是世界上十分流行的社会调查方法。民意调查的一般做法如下：

一是做好民意调查的问题（问卷）设计；

二是选择好调查对象（样本），要求具有代表性（随机抽样除外）；

三是对调查者（访员）进行调查规范的培训，使其掌握一致的调查程序和比较成熟的调查技巧；

四是由访员（调查者）打电话（或面访或邮寄）给被调查者，询问他们对某一项公共议题或政治人物表现的看法（如赞成与否、满意不满意）；

五是由调查者或专家分析受访民众的意见分布情形（通常包括全体受访者对各个问题的支持或反对的百分比，以及不同性别、年龄、教育程度、党派或利益团体、行业、社会阶层等在各项问题上的意见分布状况），并形成调查报告（初稿）；

六是通过调查分析或专家研讨，发现调查缺陷，采取措施，进行补充调查，弥补调查缺陷；

七是修改、形成最终调查报告，并分成对内宣教版和对外宣传版；

八是对外发布调查结果（散发对外宣传版）。

三、公共关系调查的原则

为了保证调查的科学性，在公共关系活动的调查实务操作中，必须遵循以下几条指导原则。

（一）全面性原则

社会调查的对象是人，由于人们各自不同的社会背景如年龄、职业、教育程度、信仰、居住环境等条件因素的差异，其态度及行为会呈现出千姿百态的复杂图景。社会调查要把握的当然不是他们中的个别成员的态度及行为特征，而是总体情况和对这种情况的描述。正如列宁所说，这种总体情况“只能表现为平均的、社会的、普遍的规律性，至于个别偏差情形则会相互抵消”。根据“大数定律”，前期调查应做到大量观察，必须使观察的量所代表的样本与总体数所表现出的平均值接近。为了在更大程度上符合“全面性”原则，还有必要着重选取某些典型做重点调查。

（二）代表性原则

由于调查对象在数量上是巨大的，在分布上又是广泛的，因此前期调查只能采取从总体中抽取样本的方法来进行。样本的代表性对反映总体情况的质量至关重要，所以必须使每个个体的抽取都应该得到“均等抽取”“随机抽取”的机会。英国广播公司（BBC）的公共关系部每天在电波覆盖范围内抽取2 250人，以此推断人们收听收看其节目的比例。日积月累，公司决策机构有了相当明了的对听众和观众的认识。这就是小样本所具有的足够代表性在认识总体情况时产生的价值。

(三)客观性原则

社会调查在进行中不仅面临着调查对象的问题,同时由于它不可能靠少数几个人单独完成,还容易受到众多调查人员的自身干扰,如调查人员的理解能力、对调查课题的熟悉程度、责任心等都会影响调查结果。因此,公共关系的前提是调查实务操作必须要有一个统一的标准尺度,要有自身的相对独立性,以确保客观和公正。这主要是指在问卷设计中,对每个问题、每个概念都要进行具体的、确切的规定。如"形象"一词是公共关系活动中经常涉及的,当就"形象"进行调查时,对"形象"一词就要予以准确的界定,以要求在同等条件下重复测量能获得相同的结果,这就排除了因地、因时、因人而异的误差对调查结论的影响。

(四)定量化原则

对客观事物从定性分析进入定量分析,标志着人的认识既有总体的、宏观的把握,也有精确、清晰的量化描述。马克思认为:"一种科学只有成功地运用数学时,才算达到真正完善的地步。"在一定意义上,运用数学也就是运用定量方法来分析和显示认识结果。在社会调查中,定量化原则包含着这样几层意思:①运用数学统计的原理对调查做规划;②运用某种数学模型来搜集和分析调查资料;③用数学关系显示和表达调查的结论。如果说客观性原则旨在防止调查出现误差,那么,定量化原则则是防止出现误差的强有力的措施。

四、公共关系调查的步骤

调查是公共关系活动的实务操作,又是一种社会研究方法。美国社会学家、洛杉矶加利福尼亚大学的肯尼斯·贝利教授指出:"社会研究方法始终是一种手段,被用于收集信息,通过将研究结果直接用于改良社会病态或用于检验社会科学的理论问题而使社会受益。"正因为调查具有相当强的社会功能,因而它的科学性问题不仅在理论上受到重视,并且其具体实施的过程也始终被置于中心地位考虑。

调查是一个过程,它由相关的几个基本步骤构成,在调查进行中,这几个基本步骤都必须按照一定的程序实施,其目的就是确保前期调查的科学性和调查结论的可靠性。

(一)调查课题的确定

作为公共关系活动的一个操作内容,组织所选择的调查课题是多种多样的,可以是与经营、销售有关的问题,如公众的消费习惯、消费倾向、消费情趣、市场现状等;也可以是组织与各类公众之间的关系状况,如上级部门对组织的评价、同行的看法、新闻界对组织在一段时期内的报道倾向等。

对于每一项具体的调查工作来说,首要的是必须明确:通过这项调查,试图达到什么样的目的;对于这个课题的研究,能够帮助我们解决什么问题。因此,调查的课题必须清楚地阐明,并以一种假设性的方式提出。例如,我们要调查市民对小轿车的需求量在 3 年中的变化,那么,这个课题就是"小轿车需求量在 3 年中的变化"。为了使调查的最终结论产生意义,我们可以根据直观印象和已经掌握的材料来假设这种需求在 3 年内已经产生了某种变化。这就是调查课题的确定。调查这个问题,对于一家轿车生产厂或销售商店是有指导意义的,一个可靠的调查结论能够帮助其调整各自的生产或销售计划。

调查的课题大致可以分为两种类型。

1. 描述性课题

描述性课题的确定,通常是因调查者对对象情况知之甚少,需要通过调查来详尽地描述对象的轮廓和细节。例如,我们知道重庆是一座山城,在这座城市有两种主要的代步工具——摩托车和轿车,它们在市场上的销售情况具体怎样,调查者心中无数。那么通过调查课题"摩托车和轿车在市场上的消费分布"的确定,调查者就可以通过调查资料,详尽描述多少人、什么人、在怎样的一种消费心理驱使下使用摩托车和轿车。按照定量化的原则,这种描述基本上是能完整地显示出"摩托车和轿车在市场上的消费分布"情况的,从而完成课题规定的任务。

2. 解释性课题

解释性课题确定的目的是力图通过详细阐述既成事实为何或如何发生,来解释某些急需了解的现象的因果关系,以便采取应对措施。

我们仍然可以以上述情况为例。在"摩托车和轿车在市场上的消费分布"的描述性课题中,我们发现轿车的使用量在不断增加,同时调查资料还显示,使用轿车的家庭也在不断增加。那么,我们在解释性的课题类型中就可以提出这样一个假设:轿车在市场消费中的增长与家庭收入增长有某种内在关系。在调查中,为了验证这个假设,我们就要着重比较家庭年收入在10万元以上和年收入低于10万元的消费者在对待轿车使用问题上的消费倾向。这可以说是一种"横向"的调查比较。为了更好地验证假设和说明问题,我们还可以做一个"纵向"的比较。这就是在调查中,向每一个调查对象询问他们在"3年前"对摩托车和轿车的消费心理情况。因为"横向"调查比较能够说明年收入10万元以上家庭更愿意使用轿车代步,但这并不能全部解释轿车消费量提高的原因,年收入提高或许只是轿车消费量提高的原因之一。而通过"纵向"的调查比较,我们就有可能还会发现年收入低于10万元的家庭在过去3年中也对轿车偏爱起来了。这种偏爱也导致了轿车消费量的大幅度提高。这样,结合"横向"与"纵向"的调查比较,我们就有一个新的调查结论出现——轿车的"易于使用、价格便宜、性能安全"等因素正在市场消费上发挥着越来越大的作用。这个调查结论既可以指导市场布局,也可以作为下一步调查研究的起点,如"轿车档次拉开是否会受欢迎"这类调查课题的确定。

在调查的课题确定中,特别要注意的是,无论是描述性课题或解释性课题,我们要避免受到传统的思维方法和观念的束缚,力戒主观因素在验证假设中的影响。调查中的假设应不带偏见,在未经证实之前,它们都不是结论。调查课题一旦确定,就没有"理所当然"的推测结论来干扰客观的调查过程了。

(二)调查方案的制订

调查课题确定之后,接下来的工作步骤就是制订调查方案。通常,一个调查方案应该包括以下各个要素:确定调查对象,选择范围、测量的方式和设计问卷。

1. 确定调查对象

此处仍以轿车的市场消费情况调查为例。在这个调查中,我们的调查对象可以是某一城市、某一乡村地区或其他社区中的居民,但真正要了解的是家庭中使用车最多或较多的人。由于我们事实上不可能对每个家庭都做同样的调查,根据统计学中的"大数定律",我们可以有选择地在要调查的所有家庭中抽取部分人来调查，而调查结论又可以推及所有的家庭，这就是“抽样”。它是前期调查方案制订中的一个至关重要的问题。只有抽取出的部分人——“样本”本身具有全面性、客观性、代表性，由此产生的定量化的调查结论在推及所有家庭时才是可靠的。因此，假如我们确定从难以计数的所有家庭中选取 2 000 个家庭作为样本，那么这个样本在反映各种收入水平、教育程度、人口结构、消费倾向的家庭类型比例上应该是大致相当的。

2. 选择范围

选择的范围是跟“抽样”联系在一起的概念。在轿车消费情况的调查中，所有的家庭都应被列入选择范围，他们中间的每一个家庭之所以选入或不选入“2 000 个家庭样本”中，则完全是偶然的。换言之，每个家庭都有相等的可能性列入样本。与样本相对应的概念——使用轿车的所有家庭在统计学中被称作“总体”。在总体中抽样以获取样本有不少方法，如下所示。

1)随机抽样

将所有列为调查对象的家庭编上号码，在这些号码中，随机地抽取 2 000 个号码，以这些号码对应的家庭作为样本。这里有一个概念要澄清：“随机”不等于“随意”，按这两种方式抽样，其产生结果是不一样的。“随意”抽取，抽样者很难保证自己对某些数字不产生偏好，而对某些数字的自然偏好可以降低样本的代表性。而“随机”抽样的号码数字一般是由电子计算机按特定程序产生的，也就是说，“随机”本身是严格的，这就保证了样本的代表性。例如，我们要在一家 3 000 人的工厂里抽取 150 人的样本，我们可以用他们工作证上的号码以 20 为间隔来抽出一个样本，也可以用计算机在 1~3 000 中产生 150 个随机号码，以此为样本。但后者的代表性要高于前者，因为工作证件的号码排列可能是有规律的。

2)系统抽样

这是按照某种规律顺序来抽取样本的方法，即在一个整体数据中，确定一个“始抽点”，再按一定的顺序间隔来抽取样本。这种方法的可靠性在于数的整体排列必须处于无序状态。曾经有两位美国社会学家对美军在越南战争中的士气问题进行调查，他们使用了系统抽样方法，选择逢 10 的号码作为样本。然而调查结果完全出乎意料，官兵的士气远比假设的要高。经过对抽样方法的鉴定，他们悟出了其中的道理，原来军队的花名册排列是由“三等兵、二等兵……少尉、中尉、上尉”的顺序排列的，每 10 个人恰好构成一个循环，这样，他们逢 10 抽取的样本都是清一色的某个军阶的军官，而军官的士气相对来说要高一些，这样的调查结论在推及至军队官兵整体时就失去了意义。

这两位美国社会学家后来对此做了改进：将每一军阶的士兵或军官放在一组，将第 1~100 号列为三等兵组，第 101~200 号列为二等兵组……然后重新系统抽样，最后得出的结论推及整体时就较全面、客观，富有代表性。

3)分层抽样

在调查中将调查对象在不同层次上进行分类，然后在各个层次上依序抽样，这就是分层抽样，也就是类似上述的两个美国社会学家的改进方法。分层抽样不仅使一个有等距循环周期的抽样总体避免了应用系统抽样得到的样本出现偏向的情况，而且也省时省钱。在了解各种特征在总体上的反应方面，分层抽样的样本具有足够的代表性。

分层抽样并不局限于对一个变数分层，还可以对两个或更多的变数分层。如在工厂中分层抽样,除了可以按照工种分层外,还可以同时对性别分层,从中可以分出男一线工人、女一线工人、男后勤人员、女后勤人员、男科室干部、女科室干部等抽样层次。这样的样本代表性更强,可靠性更高,但费时耗力。

4)聚类抽样

这是先把总体按照某种分布顺序进行分组,然后用随机抽样方法取出若干个组,这些组的全体成员即构成样本。所谓"物以类聚,人以群分"就是这个道理。例如,要调查2 000个家庭,可以先选5个地区,每个地区又选出各有40户的10个区段,这个区段的40户就作为"类"单位,最后列入2 000户的样本中。这个方法的明显优点是它不像纯随机抽样的样本分散在各个角落,而是相对集中,这就显然要省力省时多了。

运用聚类抽样方法,必须在划分"类"别时有一定的根据,要经过精心选择,否则就会出现"类"别大致相同、无代表性的偏向。

3. 测量的方式

所谓测量,就是就某一概念或某一组概念在调查中向调查者提问,将取得的回答予以评判。所谓测量的方式就是将概念向调查者显示的方式。测量的方式一般分为两类:定性测量和定量测量。

1)定性测量

所谓定性测量是用两个对立概念将某个问题区别开来,如对轿车的态度是"喜欢",还是"不喜欢"。定性测量必须注意包容性和排他性。包容性是指所列的各种概念必须能包含所有可能出现的答案。像"性别"可以用"男或女"两个概念来回答其中之一,但是对于"民族"这个问题,如果不列出所有可能出现的民族,有的被调查者就会发现无法回答。于是,在这种无法包容的情况下,可以加上第三种如"其他"或"另外说明"等选择,但如果调查中有相当多的人选择了这一种答案,那这个定性测量就有了缺陷。排他性是指定性的两个对立概念之间不能有交叉,被调查者只能选取一个答案,就像"男或女",非男即女,非女即男,中间不能有其他选择。

2)定量测量

所谓定量测量是用数字表示的数量关系来表示概念之间的区别,不同的数字用来表示不同的区别程度。它有三种方式:定序测量、定距测量和定比率测量。

第一,定序测量是以数字大小来表示概念按重要性的顺序排列。例如问:"如果有足够的钱,您在以下几种商品中先买哪种?"答案为四种选择:"电视机,录音机,电冰箱,录像机",被试者可以依自己的意愿对这四种顺序分别命名为"1~4"的顺序号。汇总后,就可以得知人们心目中哪类商品是放在优先位置上考虑的。

第二,定距测量是利用不同数字表示答案的大致差异。如调查受试者的经济背景情况,家庭的每月人均收入可在选择答案中列为:0~500元,500~1 000元,1 000~2 000元,2 000元以上,这样的几个定距区段的划分,在数量汇总上要容易一些,同时,也能大致清楚地表明受试者的经济背景。

第三,定比率测量的精确程度较定距测量更高,但较难进行数据处理。典型的定比率测量是让受试者在一条直线比率段上标出一个位置作为他的答案。

4. 设计问卷

问卷设计是问卷调查的关键技术。问卷设计的主要原则是扣题、清晰、精练、有特色。一个好的问卷必须多角度、多层次地考虑问题，并运用一些特殊的措施，使答卷者无从作假或不愿作假；还必须进行效度和信度测定，保证其科学性和实用性。问卷是载有各类表明调查者意向的问题的工具，其基本形式是纸面材料。问卷的设计一般分为三大部分。

第一部分，是对调查的简要说明。通常列在问卷的开头，用以向受试者解释调查的性质、目的及向受试者做出的承诺，如保密、不公布受试者个人的选择情况等。

第二部分，是对受试者如何回答问题进行方法上的指导。问卷一般流行选择题，在指导中，应列出 1~2 个例题，予以示范，并对受试者的选择符号做出统一规定。如"√"符号表示同意，"×"表示不同意。如不统一规定，又无事前指导，便有可能在选择中引起混乱，最后无法汇总。如："在下面一些问题里，我们希望了解您对本厂产品的看法。请您在认为合适的答案所对应的( )中做出记号'√'，切勿使用其他符号。如无特殊说明，请只选取一个答案。"

第三部分，是问题的陈述与排列。在前面部分已经提出了问题陈述的语言要求，这就是具体、明确，不产生歧义。此外，问题的排列应当注意下列事项。

(1)不能让前面的问题影响受试者对后面问题的准确回答。如：

【问题 1】你喜欢 ×× 牌咖啡吗？

( )很喜欢

( )无所谓

( )不喜欢

【问题 2】你喜欢咖啡具有什么作用？

( )提神作用

( )止渴作用

( )增进食欲作用

这是一种不合适的排列，问题 2 在起着一种暗示作用，会影响受试者的客观判断。

(2)问题的排列必须有逻辑性，不能让受试者的思想陷于混乱。如：

【问题 1】您经常睡前刷牙吗？

( )是

( )否

【问题 2】您喜欢穿哪种式样的皮鞋？

这种跳跃性过大的问题排列，会影响受试者的耐心，从而导致草率了事，搪塞交差。

(3)假如问题比较复杂，则尽可能将其简化，一个陈述只包含一个问题。如"您喜欢用洗衣粉吗？""您最喜欢下列哪种品牌的洗衣粉？""您认为下列哪种洗衣粉的性能最好？"

(4)对一些较为敏感的或可能令人难堪的问题，应避免正面提问。例如有一个问题："您是否认为应该尊敬父母？"尽管受试者是不留姓名的，但潜意识的作用会使想回答"否"的人内心感到不安，并违心地倾向"是"选择。这就失去了调查的意义。如果换个角度问："有些人认为父母必须受尊重，有的人不以为然。你的意见？"这样效果就会好些。

(5)应尽量使问题陈述呈封闭性，即限定受试者在给出的答案中选择。封闭性问题的优点在于指导性强，易于汇总统计结果。与封闭性问题相对应的是开放性问题，即让受试者自由发表看法。尽管开放性问题也可以获得许多甚至是意料之外的信息，但它难以控制，也难以统计汇总，因此，在公共关系的实务操作中，这类问题只处于辅助地位，大量的、主要的问题形式是封闭性问题。

五、调查资料的搜集和分析

（一）资料搜集

调查方案确定后，主要的工作就是问卷资料的搜集，最普遍的方法是由受试者自行答卷和调查人员访谈两种。

1. 受试者自行答卷

此方式顾名思义就是由被试者自己动笔答卷。根据我国的实际情况，它的具体做法也可以有所不同。如可以采取征求受试者所在工作单位或地区的支持，组织受试者集中起来答卷；也可以一一走访受试者，将问卷留于该处，过一段时间收回；也可通过邮寄，附上回单（贴足邮资），让受试者自行答毕寄回。

问卷回收上来的数目与发放的总数之比称为回收率。对于回收率，调查人员应有足够的估计，100% 的可能性是很小的。美国社会学家肯尼斯·贝利认为：50% 的回收率是可以令人满意的，60% 是相当成功的，而 70% 以上则可以说是非常成功了。

2. 访谈

所谓访谈就是由经过专门训练的调查人员走访受试者，由调查人员根据问卷向受试者口头提问，再记下答案。相对受试者自行答卷，访谈要求调查人员必须严格遵守操作规定，如不得以任何形式暗示、以受试者为主、保持气氛融洽等。国外的访谈很多是运用电话进行的，这种方式在我国也可以适当采用。

（二）资料分析

与调查资料收集几乎是同步进行的就是调查资料的分析。统计学进入社会调查领域，使资料分析的手段日益多元化。我们知道，运用数理统计范畴类的手段需要较专门的基础知识，这里要推介的仍是使用最多、也最简便的统计分析手段——百分比。百分比的统计分析就是将问卷的答案分别以单项登录后，用“%”的比率描述出受试者总体的选择分布，对于放弃或无选择的答案也要计算在内。通过百分比，可以反映出样本中受试者对某一问题反应的集中趋势，而这也是调查人员要掌握的主要情况。

具备专门统计学知识的职业公关人员还可以就同一批调查资料进行更深层的发掘。如 2 000 个家庭对轿车态度的调查示例中，在得知受试者的主要态度后，还可就城乡家庭的细微差异、不同性别消费者的反应变化、由样本推及总体的精确度等更细致、更有价值的问题进行分析探讨。

许多公共关系活动的调查资料数据量常常很大，这在以前会给统计分析带来一定困难。由于电脑统计技术的普及，这个问题在相当大的程度上得到了解决。

在调查中，电脑具有多方面的用途。

（1）可用它来编制随机抽样方案，比人工编制的方案更快、更准确。

（2）可用它对原始的调查资料进行整理、分组、归类，并利用专门程序对各种数据核查，发现错谬,随时更正。

(3)电脑的最主要功效是可以高速度、高质量地进行大批量数据的汇总分析。以“2 000个家庭洗衣粉调查”为例,倘若用手工汇总,大约20个人连续工作一星期才只能完成35个变量的分析,而用计算机,只需一人在10分钟便可以完成。

所以,在某种程度上,基本的电脑统计操作应成为公共关系专业人员的基本功之一。

六、调查结果的评估和应用

公共关系活动调查的最后一个阶段是调查结果的评估和应用。通过对调查资料的汇总统计分析,从中得出的结论就是调查的结果。

调查结果的评估就是将调查结论对照课题确定时拟定的目标进行研究,比较和验证设想的情况是否出现或假设是否正确。无论比较的答案是肯定或否定,都可以从中得知许多新的情况,它既可以促使一项新的决策形成,也可以成为一个新的调查课题,所以调查结果的评估是一种具有实在意义的收获。

在很长一段时期内,调查结果的评估在公共关系界未受到重视,尽管20世纪70年代以前国际上很多大企业、大公司也在开展公共关系活动时进行了调查,但调查结果的评估并未受到应有的重视,结果是流于形式。20世纪70年代后,调查结果的评估在公共关系业界受到普遍重视,像美国通用电气公司的决策层就专门对其下属的公共关系部门提出调查结果评估的任务:“子公司的各公共实务部门有责任执行调查项目,按照一定程序和标准定期地从一般公众和顾客、社区领导人、重要商人、财政分析家、股份持有人和其他重要团队中收集意见、观点和其他信息。此种调查应具有足够深度,并提出可供比较的意见,从而使经理层对整个组织的经营情况得出一个准确的印象。”

当调查结果成为决策时的参考依据时,就可以说调查结果基本上得到了应用,这也是调查的最终目的。调查结果的应用是多方面的,一方面它可以为公共关系的工作目标指出方向、途径;另一方面,它又可以为组织的总目标服务,使其依照新情况而调整、修正或坚持既定的路线。总之,调查是一种操作技术,它列入公共关系实务操作范围,但它的应用却可以远远超出其界限。这也就是社会调查在各行各业、各个领域受到重视的原因。

【素质拓展 3-1】

塞勒菲尔德事件的教训

英国塞勒菲尔德核反应厂发生的泄漏事故对公司造成了很大的影响,尽管事故没有对工厂的工人和周围的公众造成放射性危害,但至少损坏了该工厂经营者——英国核燃料公司的声誉。从人员伤害的意义上讲,事故的损失是很小的,但事故引起了社会的广泛关注。英国核燃料公司所做的糟糕的传播工作导致了社会公众对核安全的不安情绪。

塞勒菲尔德核反应厂发生了一次非常严重的事故,液态钚储藏的压缩空气受到重压,一些雾状钚从罐中泄漏了出来。工厂多年以来第一次亮起了琥珀色的警报,大约30多名非必要人员撤离了危险区,当时只留下了40人来处理泄漏事故,以维护工厂其他部分的安全。

英国核燃料公司在宣布泄漏事故时,暴露了公司危机状态下的困境。一方面它向公众表示,要最大可能地让公众了解事实真相,另一方面又每天像挤牙膏一样一点点地报出消息,这加剧了人们的恐惧。每一条消息都使记者有借口得以进行连续报道。

泄漏事故发生在上午10:45—11:45之间。毫无疑问,媒介很快就报道了所发生的事故,因为从工厂蜂拥而出的工人和琥珀色的警报,人们一眼就能看出工厂出了问题,事故的消息随后就传开了。英国广播公司的电视记者詹姆斯·威尔金森介绍说,当他中午给工厂打电话时,工厂的新闻办公室还没有人做好发布事故消息的准备,他们所得到的回答只是些站不住脚的许愿,即使媒介的记者一直提心吊胆地等待着。

工厂所犯的第二个错误是,厂里没有足够的新闻发布人来应付外界打来的询问电话。记者们发现他们要排队等候,于是不确定的因素滋生了人们的不安情绪,英伦三岛为此也十分焦虑。

第三个错误则是英国核燃料公司的新闻办公室在正常工作时间后停止办公。詹姆斯·威尔金森说,当探听消息的人在晚间给公司打去电话时,电话总机告之,请留下电话号码,等新闻发布人上班后再回电。

最后,英国核燃料公司不得不开始收集有关信息。他们花费200万英镑进行广告宣传活动,邀请公众参观塞勒菲尔德展览中心。这种开放政策是通过一年来对公众看待核工业态度的调查研究所产生的结果,调查表明:对外封闭的核工业,不但会失去公众支持,而且容易引起公众争论。

(资料来源:http://www.docin.com/p-259949734.html)

第二节 公共关系策划

公共关系策划是公共关系"四步工作法"的第二步,是公共关系工作中一个极其重要的环节。公共关系策划是在调查研究的基础上,对组织的公共关系工作进行谋划,以此来指导公共关系活动,并提出评估公共关系活动成效的标准。因此,它是"公共关系四步工作法"的灵魂与核心。

一、公关策划的概念

《中国公共关系大辞典》把"策划"定义为:"人们为了达成某种特定的目标,借助一定的科学方法和艺术,为决策、计划而构思、设计、制作方案的过程。"

简言之,策划是为行动谋划方案,是决策前的准备工作,它为决策进行创意和设计,为决策提供依据,进行运筹。公共关系策划是策划理论在公共关系活动中的具体运用。所谓公共关系策划,就是策划人员为了达到组织目标,在充分进行调查研究的基础上,对总体公共关系战略、专门公共关系活动和具体公共关系操作进行谋略计划和设计的工作。

二、公关策划的原则

公共关系成败很大程度上取决于公共关系策划,为此,必须坚持以下基本原则。

(一)整体性与目的性

公共关系工作本身就是组织全局中的一个部分,它的总体目标是为组织总目标服务的,它的职能也与组织内部其他部门相关联。在公共关系策划中既要立足于全局,顾忌其他部门,又要与组织的整体公共关系活动保持协调。在公共关系策划系统中,各要素之间应当相互协调,彼此联系,环环相扣,承上启下,既有阶段性,又有连续性,实行最优化选择,将组织内部和外部的各种因素进行综合系统分析之后,寻找最能发挥组织优势、最能适应环境气氛和工作需求的方式方法,充分体现它的整体性。

公共关系策划是分层次的,无论哪一层次的公共关系策划都有目的性。战略策划是为了使公共关系活动能更好地满足组织目标的要求,而专门策划和操作策划目的性就更明确了。策划中无论是设想计划还是规划方案,必须目标明确,策划开展具有明确目的性的公关活动,给社会和组织带来效益。

(二)独创性与连续性

公共关系策划时,要根据组织所处的环境条件、公众心理状态和组织内部诸要素变化情况,进行有独创性的策划,正是这种独创性精神,才使组织在竞争中取胜。

公共关系为组织营造良好形象,不是靠一两次成功的活动就能得到迅速改善并保持不变的,它需要通过公共关系工作不断积累,也就是说,公众是通过多次参与对组织形象的评判,才能建立起对组织较为确定的评估。因此,公共关系策划不仅要有独创性,还要注意连续性,使独创性与连续性相统一。

(三)计划性与灵活性

所谓公共关系策划的计划性是指经过精心策划的方案在通常情况下是不能轻易改变的。原因是,在策划时对行动方案中涉及的组织各方面如人、财、物等诸关系已做了配备和协调,所以,对行动方案应保持相对的稳定性。

然而,由于组织的主客观条件和外部环境在不断变化之中,公共关系策划时,应对行动方案留有充分的余地,针对可能发生的变化考虑灵活的应变对策,使行动方案有一定的灵活性,充分体现计划性与灵活性的统一。

(四)客观性与可行性

客观性是指进行公共关系策划时,要坚持以客观事实为依据,做到客观、真实、全面和公正;通过周密细致的公关调查,制订切实可行的公关目标,排除来自各种虚假因素的干扰,坚持公共关系策划的客观真实性,在充分掌握客观事实的基础上,策划出公众可接受的方案。

可行性原则是指策划的方案必须能行之有效。在实施策划方案前,必须细致审视、周密策划、进行可行性分析。为此,必须把握以下几点。

1. 权衡方案的利害得失

综合考虑策划方案实施后的效益和利害风险等程度。

2. 遵循经济性原则

以最低代价去获得最优效果,用最少的经济投入和最快的速度去实行公共关系策划方案。经济性要求把效益和效率统一起来。

3. 确保方案的科学性

策划制订方案要以科学理论为指导,把创造性思维和科学的想象统一起来。

4. 检测方案的合法性

公共关系策划的方案必须经过一定的合法组织程序和审批手续。方案的内容要符合现行法律法规、政府的方针政策,维护国家利益。

三、公关策划的程序

公共关系活动一般按照调查、策划、实施、评估的“四步工作法”来进行,是一个动态过程。而策划是这一过程的核心,也是一个动态过程。公共关系策划中必须对这一过程进行细化分析,揭示其规律。

调查研究、采集信息是策划的基础,调查者面对通过调查得来的大量信息要进行分析。因此公共关系的策划是从信息分析开始,接着是目标的确定、公众的辨认、主题设计、媒体选择、计划编制、经费预算、方案审定,最后以反映方案的文件——策划书的形式为终结。现在就这一过程的每个步骤进行具体分析。

(一)综合分析、寻求理由

公共关系策划人员被称为“开方专家”,如同医生拿到一系列病患者的检查化验报告,医生要想给出一个理想的治疗方案,首先必须对这些资料进行再一次的综合分析,确定问题之所在,然后对症下药一样。公关人员进行公关策划的第一步工作就是综合分析在公关调查中收集的信息资料,对组织进行诊断,认识问题。

(二)确定目标、制订计划

1. 确定目标

确定目标是公共关系策划中重要的一步,目标一错,便一错百错。所谓公共关系目标,是公共关系策划所追求和渴望达到的结果。目标规定公关活动要做什么,做到什么程度,要取得什么样的效果。公共关系目标是公共关系全部活动的核心,它是公共关系策划的依据,是公共关系工作的指南,是评价公共关系效果的标准,是提高公共关系工作效率的保障,也是公关人员努力的方向。

2. 制订公关计划

组织一旦确定公关目标,便可制订具体的公关计划。一个完整的公共关系策划方案应包括以下几个方面的内容。

1)目标系统

公共关系目标不是一个单项的指标,而应有一个目标体系。总目标下有很多分目标、项目目标和操作目标。长期目标要分解成短期目标;总目标要分解成项目目标、操作目标;宏观目标要分解成微观目标;整体形象目标要分解成产品形象目标、职工形象目标、环境形象目标。

2)公众对象

任何一个组织都有其特定的公众对象,确定与组织有关的公众对象是公关策划的首要任务之一。只有确立了公众,才能选定需要的公关人才、公关媒介及公关模式,才能将有限的资金和资源科学地分配使用,减少不必要的浪费,取得最大的效益。

3)选择公共关系活动模式

公共关系活动模式多种多样,不同的问题、不同的公众对象、不同的组织都有相应的公关活动模式,没有哪一种公关活动模式可以解决所有问题。究竟选择哪一种公关活动模式要根据公关的目标、任务、公关的对象分布、权利要求具体确定。常见的公关模式有以下几种。

第一,交际型公关模式。这种模式主要以面对面的人际传播为手段,通过人与人直接交往,广交朋友,建立广泛的联系。这种活动模式富有人情味,主要适用于旅游服务等第三产业部门。

第二,宣传型公关活动模式。这种活动模式的重点是采用各种媒介向外传播信息。当组织要提高自己的知名度时,一般采用此种模式。发新闻稿、开记者招待会、新产品展览、广告、演讲、板报等都属于这种模式。

第三,征询型公关活动模式。这是以民意测验、舆论调查、收集信息为主的活动模式,目的是为组织决策咨询收集信息。如有奖征文、有奖测验、问卷调查、信访制度、举报中心、专线电话等都属于征询型公关活动。这种活动有助于增强公众的参与感,提高组织的社会形象。

第四,社会型公关活动模式。这种模式是通过开展各种社会福利活动来提高组织的知名度和美誉度,如赞助各种文化体育活动、公益性和福利慈善性事业等都属于这种类型。社会型公关活动模式不局限于眼前的利益,而是进行长远利益的投资,一般实力雄厚的组织可以开展此类活动。

第五,服务型公关活动模式。这种活动模式主要以提供各种服务来提高组织的知名度和美誉度,如消费指导、售后服务、咨询培训等。

第六,进攻型公关活动模式。这是在组织与外界环境发生激烈冲突、处于生死存亡的关键时刻采用的以攻为守、主动出击的一种公关活动模式。

第七,防御型公关活动模式。公关部门不仅要处理好已出现的公关纠纷,还要预测、预防可能出现的公关纠纷。如及时向决策部门反映外界的批评意见,主动改进工作方式、争取主动就是防御型的公关活动模式。

第八,建设型公关活动模式。这是在组织创建初期,为了给公众以良好的"第一印象",提高组织在社会上的知名度和美誉度而采用的一种模式,如举办开业庆典、奠基仪式、免费参观等一类的活动,主要着眼于组织知名度的提高。

第九,维系型公关活动模式。维系型公关活动模式的主要目的是通过不间断的宣传和工作,维持组织在社会公众心目中的良好形象。这种模式一方面开展各种优惠服务吸引公众再次合作,另一方面通过传播活动把组织的各种信息持续不断地传递给各类公众,使组织的良好形象始终保留在公众的记忆中,一旦有需要,公众就可能首先想到自己、接受自己。

第十,矫正型公关活动模式。这是一种当组织遇到风险或组织的公共关系严重失调、组织形象发生严重损害时所采用的一种公关活动模式。这种模式的特点是及时发现问题,及时纠正错误,及时改善不良形象。

4)确定公关传播的媒介

媒介的种类很多,有个体传媒、群体传媒和大众传媒之分。大众传媒又可分为电子类传媒和印刷类传媒。各种传媒各有所长,亦各有所短,只有选择恰当的传媒才能取得良好的效果。

5)确定时间

确定时间即制订一个科学的、详尽的公关计划时间表。公关计划时间表的确定应和既定的目标系统相配合,按照目标管理的办法,最终的总目标、项目目标、每一级目标所需的总时间、起止时间都应列表,形成一个系统的时间表。

对活动的起始时间,公关人员要独具匠心,抓住最有利的时机,以取得事半功倍的效果。

6)确定地点

确定地点即安排好每一次活动的地点。每次公关活动要用多大的场地、用什么样的场地，都要根据公众对象的人数多少、公关项目的具体内容以及组织的财力预先确定好。

7)制订公关预算

为了少花钱多办事，在有限的投入内获取最大的社会效益和经济效益，就要进行科学的公共关系预算。编制公关预算，首先要清楚地知道组织的承受能力，做到量体裁衣，还可以监督经费的开支情况，评价公关活动的成效。公共关系活动的开支构成大体如下：行政开支，其中包括劳动力成本、管理费用以及设施材料费；项目支出，即每一个具体的项目所需的费用，如场地费、广告费、赞助费、邀请费以及咨询费、调研费等；其他各种意想不到的可能支出，如突发性事件所需费用。

(三)分析评估、优化方案

经过认真地分析信息情报，公关人员确定了公关目标，制订了公关行动的方案。但这些方案是否切实可行、是否尽善尽美，这就有赖于对方案的分析评估和优化组合。对公关方案评估的标准只有两条：一是看方案是否切实可行，二是看方案能否保证策划目标的实现。如果方案实施成功的可能性大，又能保证策划目标的实现，方案便可被认可；否则，方案便要加以修正优化。

方案的优化过程是提高方案合理性的过程。方案的优化可以从 3 个方面去考虑，即提高方案的可行性，增强方案的目的性，降低经费开支。如果方案的目的性强，可行性高，只是费用太多，那么只是可行性较差，那就以提高可行性为重点。

常见的方案优化法是综合法，即将决策出的各种方案加以全面评估，分析其优点和缺点，然后将各方案的优点移植到被选上的方案中，使被选上的方案好上加好，达到优化的目的。

(四)审定方案、准备实施

公关策划经过分析评估、优化组合，最终形成书面报告，交给组织的领导决策层，以最终审定决断，准备实施。任何公关策划方案都必须经过本组织的审核和批准，使公关目标和组织的总目标一致，以便使组织的公关活动和其他部门的工作相协调，从而得到决策层和全体员工的积极配合支持。

策划报告能否得到决策层的认可并最终组织实施取决于 3 个因素：一是策划方案本身的质量，这是根本；二是策划报告的文字说明水准；三是决策者本身的决断水平。

决策者在进行决断时，一要尊重公关人员的意见，但不要受其左右；二要运用科学的思维方法，对策划方案和背景材料进行系统的科学分析；三要依靠自己的直觉，抛弃一切表象的纠缠，这种直觉在应急对策时尤其重要。

策划方案一经审定通过，便可组织实施了。

【素质拓展 3-2】

肯德基“速生鸡”事件

肯德基源于美国，是世界著名的炸鸡快餐连锁企业，在全球拥有 10 000 多家餐厅，属于全球最大的餐饮连锁企业之一“百胜餐饮集团”。肯德基于 1987 年进入中国。几十年来，肯德基坚持“立足中国、融入生活”的策略，推行“营养均衡、健康生活”的食品健康政策，积极打造

"美味安全、高质快捷,营养均衡、健康生活,立足中国、创新无限"的"新快餐"。

2012 年 11 月 23 日,有媒体报道了肯德基中国的鸡肉供应商粟海集团用有毒化学品饲养肉鸡,以便将生长周期从 100 天压缩到短短的 45 天的消息。有爆料称饲料把周边的苍蝇都毒死了,这则消息让人们不寒而栗。

肯德基中国在当天做出回应,否认所有指责,并称 45 天是行业标准。同时,肯德基中国强调,粟海集团供应的肉鸡占其鸡肉供应总量的不到 1%。山西粟海集团也回应表示,"速成鸡"即白羽鸡, 45 天属于正常生长期。该企业承诺,严格执行国家相关标准,肉鸡养殖全过程实行标准化管理等。山西省农业厅也介入调查此事,称目前已从粟海集团抽取饲料、饲料原料和鸡产品样品进行检验。

但随着媒体对此事报道的不断深入,网友的质疑依然不断。仅仅 45 天时间,一只 40 克重的小鸡就能长到三四斤重。速成肉食鸡怎么长得这么快?是不是用激素催大的?肯德基所用"速成鸡"还不到采购量的 1%?

11 月 29 日,肯德基中国在新浪官方微博发布关于"山西粟海事件"的说明,称目前没有任何依据显示山西粟海集团在白羽鸡的养殖过程中有违规操作现象;白羽鸡 45 天的生长周期是正常现象,这是选育优良鸡种和科学养殖的结果;肯德基要求所有鸡肉原料供应商都严格实施完整的食品安全管理措施,并对其产品进行抽检等。

随后,山西省农业厅在官方网站发布《专家解读肉鸡 45 天出栏的问题》,山西省农科院畜牧研究所张李俊研究员认为,白羽鸡具有生长速度快、饲料报酬高、对疫病防控要求高等特点。但有媒体实地采访后认为,"抗生鸡"比"速成鸡"更让人担忧。

12 月 7 日,肯德基中国再次在新浪官方微博发布关于鸡肉原料安全风险把控的声明,表示进入肯德基的所有鸡肉原料都需经过政府、供应商及肯德基等多道检测防线。

12 月 18 日上午,央视曝光了山东一些养鸡场违规使用抗生素和激素来养殖肉鸡,并提供给肯德基、麦当劳等快餐企业。16 时许,肯德基中国通过其官方微博发出七点声明,要求供应商对养殖、屠宰环节实施严格的管理和自检措施,配合当地政府的检验检疫。但同时肯德基中国也在声明中表示,国内个别肉鸡企业的把关环节可能有所缺失。

19 日,百胜集团在接受采访时表示,尽管六和速生鸡被曝光滥用了抗生素及激素等违禁药物,但是百胜根据今年来自上海食品药品监督管理局的检测报告认为,今年以来六和集团以及其他供货商的产品质量都没有问题。相关表述不仅将矛头指向上海食药监部门,还让人感觉其对问题鸡肉的认可态度。

21 日,有媒体曝出百胜集团和肯德基中国在过去几年中数次隐瞒了送检产品抗生素残留不达标的检测结果。

29 日,肯德基中国官网发布"说明",称 12 月 19 日百胜相关部门负责人接受采访时的不妥当言论引发了社会误解,百胜在此澄清并诚挚道歉。百胜方面表示, 2005 年 8 月,百胜选择了上海市食品药品检验所(原上海市药品检验所)作为公共检测服务单位,对其原料、半成品检测提供第三方服务。"说明"称,"速生鸡"事件中,百胜没有"瞒报"的意图,原因是"目前中国相关法律、法规没有规定要求企业向政府呈报自检结果和向社会披露自检结果"。

(资料来源:http://www.emkt.com.cn/article/593/59352-2.html)

第三节 公关实施传播

我们知道,公共关系就其本质而言是一种交流、沟通、劝说活动,而交流、沟通、劝说又常常用"传播"两个字涵盖。而公共关系策划方案的实施即是公共关系信息传播。有关信息的本质、组织信息传播的渠道、传播的媒介、信息传播在公共关系中的作用,在前面已经做过详细论述,本章主要在公共关系信息传播的实务层面上展开阐述。

一、公关传播的内涵

为了弄清楚公共关系传播的基本内涵,有必要将它与含义相近的几个概念进行比较,找出它们的"同中之异"。

(一)公共关系传播与人际传播

人际传播泛指人与人之间的相互接触与彼此往来,它与公共关系传播有许多共同点:两者都属于社会范畴,都是能动的交流行为,都是以人为主体的活动过程,都具有相互作用的功能。而且,人际传播可以作为公共关系传播的辅助手段。但是,它们也有着明显的不同之处。

第一,人际传播和公共关系传播的主体——"人"的含义不同。前者指单个的个人,后者指组织化了的个人;前者研究的是人与人之间的交往及信息交流活动,后者研究的则是代表组织的个人有目的、有计划地传递组织信息的过程。

第二,从社会关系的总体上看,人际关系是一种较低层次的社会关系,而公共关系则是从社会群体或组织的基础上建立起来的一种较高层次的社会关系。与此相适应,它们所采用的传播手段各不相同。人际传播手段一般比较简单,而公共关系传播手段相对复杂一些。

第三,人际传播的对象可以是一群人,也可以是一个人,而公共关系的传播对象则是与组织有着某种特定联系的群体。

(二)公共关系传播与大众传播的区别

大众传播是专业化群体通过各种技术手段向为数众多的读者、听众、观众传递信息的过程。它具有公共关系传播的一般特性,是公共关系传播的组成部分。但是,它们之间又有着明显的区别。

第一,大众传播的主体是以传播信息为职业的团体或个人;公共关系传播的主体则是一般的社会组织,是代表组织行使传播职能的公共关系机构或公共关系人员。

第二,大众传播的内容是由职业传播者根据新闻价值规律采编的、需要告知公众的信息;公共关系传播的则是由组织部门行使传播职能的人根据公共关系计划编制的对组织有利的信息。

第三,大众传播的渠道一般不由感受器官和简单的表达工具组成,而是包括大规模的、以先进技术为基础的分发设备和分发系统。因此,专门的信息传播机构既需要充足的资金、设备,又需要大量的专业化人才。公共关系传播则不受技术水平和专业化程度的限制,它的制作过程也相对简单一些。

第四,大众传播的流程在很大程度上说是单向的,因为它的主导者始终是传播者,受传者既不确知,也不稳定,很难取得直接的反馈。而公共关系的传播对象是可知的和相对稳定的,它的传播过程具有明显的双向性特点,具体表现在:组织通过信息传播将自己的目标、政策和具体措施告诉公众,公众则通过被调查或主动回报两种方式把自己的要求、意见和建议告诉组织。与大众传播相比,公共关系传播能够更加及时、有效地获得反馈。

以上将公共关系传播同其含义相近的概念进行了比较,那么公共关系传播的基本内涵是什么呢?

(三)公共关系传播的内涵

公共关系传播是一种有组织、有计划、有一定规模的信息交流活动。它的目的是沟通传播者与公众之间的信息联系,使组织在公众中树立良好的形象。

公共关系传播可以利用的媒介很多,比如,各种会议和演讲可以聚集数十、数百人,发传单、贴海报可以让成百上千的人看到,用扩音器做报告可以让成百上千的人听到,举办展览或表演可以吸引成千成万的人。但是在当今的社会里,要想与公众取得广泛的信息交流,最有利的手段莫过于大众传播媒介了。这是由大众传播媒介本身的特点所决定的。

首先,它具有普遍性的特点。大众传播媒介,无论是报纸、广播还是电视,几乎家家必备,人人必听、必看,影响面非常广,可以满足不同职业、不同年龄、不同文化程度的受众的需要。因此,借助于大众传播媒介能够达到与理想的被传播对象接近的目的。

其次,它具有迅速、及时的特点。由于科学技术的发展以及交通、通信条件的改善,今天的大众传播媒介能够以最快的速度向公众传递信息。在这方面,电子传媒的作用更加明显。因此,只有借助于大众传播媒介,信息传播才能不失时效。

公共关系传播的客体是公众。公众一般由两部分组成,一部分是组织内部公众,另一部分是同组织有着某种特定联系的外部公众。内部公众是构成组织的基本要素,它对于组织犹如人民对于国家一样,是不可或缺的。公共关系传播的目的之一就是沟通、疏导组织内部上下之间、成员之间的信息联系,消除各种不利因素,为组织发展创造有利的条件。外部公众是公共关系传播的主要对象,对于政府机构来说,它是自己所面向的那一部分群众;对于工商企业来说,它是与组织密切相关的协作者、竞争者、用户和消费者。公共关系传播的一个重要任务就是影响这一部分公众,改变他们的态度,引起与组织期望相应的行为。

(四)公共关系传播的定义

公共关系传播是组织通过报纸、广播、电视、网络等大众传播媒介,辅之以人际传播的手段,向其内部及外部公众传递有关组织各方面信息的过程。

这个定义至少包括三方面的内容。

第一,公共关系传播的主体是组织,不是专门的信息传播机构。

第二,公共关系传播的客体由两部分组成,一部分是组织内部公众,另一部分是组织外部公众。

第三,公共关系传播以大众传播媒介作为主要手段,以人际传播作为辅助手段。

二、传播活动的层次

公共关系作为一种信息传播活动,是社会组织与公众之间的信息交流。但面对社会公众传播的效果是不一的,这与公众和组织的关系程度有关联。为了获得良好的传播效果,对不同的公众要采取不同的传播方式。一般来说,传播活动可分为三个层次。

（一）信息层次的传播

这个层次主要的传播对象是潜在公众和一部分可能与社会组织发生关系的非公众，通过把社会组织自身运行的情况、状态和趋势等信息用各种传播媒介公之于众的办法来取得效果，这是公共关系传播中最低层次的传播。由于这些公众对组织的了解度低，因而对组织的信息不太关注，因此对这一层次的传播要注意信息的强度、对比度、重复率和新鲜度等信息的结构性因素。

（二）态度层次的传播

这个层次主要的传播对象是知晓公众，这类公众对组织已有一定的认知、情感和意向，有形成合作行动态度的公众，也有形成敌对行动态度的公众。这是公共关系传播活动的中间层次，促使公众态度的转变是公共关系传播活动的重大任务，同时也是最复杂的传播活动。这一阶段主要通过不同的传播手段、传播内容针对三类公众实现传播目标。一类是顺意公众，组织继续维护与其良好的关系，通过联谊活动、消费积分赠送等充满浓情厚意的活动，进一步增进合作意向；第二类是独立公众，这一类公众往往是最多的一类，组织要充分发挥大众传播媒介的作用，有计划、有步骤地对他们产生潜移默化的作用，并使他们最终成为组织的拥护者；第三类是逆意公众，首先组织应调查产生逆意的原委，分析其合理的部分，尤其是共性之处，再有针对性地、有耐心地开展信息交流与沟通活动，遵循“多交朋友少树敌”的原则，尽量减少逆意公众的人数。

（三）行为层次的传播

这个层次主要的传播对象是行为公众，使公众产生消费行为，成为组织的产品或服务的选择者；以信息层次、态度层次的传播为基础，对具有合作态度的公众，要完整地传达出产品或服务的全部信息以及购买的时间、地点等信息，并注意时效性，然后引起公众产生新消费行为。这就是行为层次的传播，它也是公共关系传播活动中的最高层次。

三、公关传播的要素

美国传播学家哈罗德·拉斯韦尔在其发表的《社会传播的结构与功能》一文中，提出了构成传播过程的5种要素，并用5个疑问代词加以表述：

① who，它是信息的发布者（传播者），在公共关系中一般指社会组织；

② to whom，它是指信息的接受者（受传者），在公共关系中一般指公众；

③ through which channel，它是指信息传递的途径和渠道（信道），在公共关系中，信道既可以是文字图画，也可以是语音声音，还可以是电视频道；

④ say what，它是指信息的内容，在公共关系中，信息的内容十分广泛，既包括各方面知识、事件、消息，也包括各种观念、态度、情感等；

⑤ with what effect，它是指某一信息传播后产生的效果，在公共关系中，这种效果往往与信息反馈相联系，信息发布者可以根据信息接受者对该信息的反馈来检验传播效果，并相应地调整行动方案。

四、公关传播的形式

（一）新闻发布会

新闻发布会在这里指政府、企业或其他社会组织及个人由新闻发言人或相关人员用口语形式向大众传播媒介报告或发布组织自身希望社会各界了解知晓的信息，并接受记者提问的一种特殊的会议形式。这一形式充分体现了“双向交流”的基本思想。新闻发布会的最大特点在于消息发布的形式比较正规、比较隆重，容易引起各类新闻传播媒介的重视，可以使组织的信息和观点通过媒介迅速广泛地传播出去。

1. 新闻发布会的类型

一般而言，新闻发布会的类型有两种，一种是主动型的，另一种是防御型的。

1）主动型的新闻发布会

所谓主动型的新闻发布会是社会组织向社会公众通告组织的新的变动或发展业绩，如转型，高层人事变动，新产品下线、收购、上市等，以此来提高公众的关注度，加强与公众的联系。

2）防御型的新闻发布会

所谓防御型的新闻发布会则是组织为处理突发性的、有争议的事件而采取的行动，其目的是向公众说明原委，求得谅解或争取舆论支持。所谓“成也萧何，败也萧何”，如果在活动开展的环节上有疏漏、准备不充分、发言人举止言行不稳妥，反而会直接影响组织声誉。因此，与任何公共关系专题活动一样，开好新闻发布会必须做好事先的准备工作和各种应变措施。

2. 举办新闻发布会的关键环节

1）会前的计划和准备

会前要有周密的计划，并做好会前的各项准备工作，如会址的布置、日期的确定、与会记者的邀请，会场音响、照明、电话传真等设备的齐备与无障碍保障，宣传辅助资料的印制与整理，明确组织人员与服务人员的分工等。

2）会议流程的制订

主持人与发言人人选的正确选择是发布会能够获得预期效果的基本前提。他们必须善于辞令，反应灵敏，有较高的文化修养和专业水平，在会前要进行必要的演练，预设可能出现的种种问题，并考虑怎样回答是妥帖的。主持人的作用是调度和控制会场气氛，主持人语言要幽默，能够察言观色，要避免出现紧张沉闷或嘈杂无序的会场气氛。发言人是组织的代表，态度要庄重，要成竹在胸、从容不迫，措辞准确、精当，问题的回答应具有权威性，必要时也可风趣幽默；面对不便回答的难题，要注意回答技巧，巧妙转移话题；如有故意发难的，仍然保持镇静、温和、礼貌的姿态，有礼有节地予以必要的答复。

3）灵活运用信息发布的两种形式

在新闻发布会上发布信息，至少有两种形式：其一是陈述、说明或解释一定的事实；其二是显示和表露一定的态度和立场。一般来说，前一种形式比较能让听众满足，因为在对事实的陈述、说明或解释过程中往往包含了说话者的态度和立场。所以一般来说，能用前一种形式时，就尽量采用前一种形式。当这种形式由于种种原因不能充分运用时，采用后一种形式同样可达到信息发布的目的。

4）材料收集归档

新闻发布会后一要整理出记录材料，分析得失，并将总结材料归档。二要搜集与会记者在各媒体对发布会的报道，检查是否达到了预期的目标，并撰写总结分析报告再归档。

（二）制作宣传资料

现代社会组织不管是大型的或小型的，营利型的或非营利型的，都应该有一套介绍自己、宣传自己的宣传资料，因为好的宣传资料从某种程度上说就是该组织的“名片”。除了广告之外，公众在接触组织生产的产品或服务之前，首先接触到的就是这个组织的“名片”——宣传资料。

宣传资料的形式是多样的，既可以是印刷精美、图文并茂的册子，也可以是单页的组织产品、项目说明。一般来说，一份完整的组织的宣传资料包括以下几个部分。

1. 组织领导人的致辞

致辞应该排在宣传资料的首页或扉页，主要的目的是增强它的权威性，并使公众产生亲切感。因此，组织领导人的致辞要亲切、诚挚，热情洋溢，既有客观的自我评价，又有未来发展的规划。

2. 组织的历史和现状的概述

组织就如同有生命的人一样，要经历其生长、发展、壮大的过程，其宣传资料应该将组织的发展历程做一个回顾，并对其现状做出完整的描述，同时为了增强信誉度，可以适当添加一些与同行业组织的比较对照文字或图表，使公众对组织的实力、规模、品牌排行、技术优势、发展速度、竞争力等有一个清晰的认知，从而做出评价。

3. 组织的生产或业务特色的说明

组织能在剧烈的市场竞争中存活并壮大，必定有一套自己的“独门秘诀”，有自己的特色或拳头产品。对此宣传资料要集中加以说明，用彩色图片、数据、图表等手段进行描述，突出公众的关注点。同时，由于宣传资料的读者很大一部分是非专业人士，因此在资料当中也要避免使用过多的专业术语，尽量简洁明了。

（三）编辑内部报刊

组织内部刊物是组织内部信息沟通的渠道，编写内部报刊、员工手册、宣传栏是内部公共关系工作的主要内容，也可以通过它对员工进行全面教育，提高员工素质。

为使之发挥效用，在编辑内部报刊的过程要注意以下几个方面。

1. 有明确的编辑方针，确定为全体内部员工服务的思想

内部报刊应及时将关系到员工切身利益的信息、组织重大决策、面临的困难等通报给员工，增加组织运作的透明度。

2. 发动员工积极参与办报，开辟信息反馈栏目

组织内部报刊的读者就是组织内部的员工，要调动广大员工办报、投稿、读报的热情，有针对性地选择员工意见予以发表，有疏有导，形成上下信息通畅的局面。这样，既增强了员工主人翁意识，也使决策层能够直接了解到基层的意见，使内部报刊成为真正的员工之家。

3. 提高业务水平，保证它的连续性

编辑人员要具有新闻实务技能，编辑的刊物信息量要大，具有行业特色，栏目丰富多彩，寓教于乐，能够吸引员工阅读。

（四）媒介事件

所谓媒介事件是指社会组织为吸引新闻媒介报道并扩散自身所希望传播开去的信息而专

门策划的活动。在这个竞争日益激烈的社会,许多企业越来越注重利用周年纪念日、厂庆等活动来邀请或吸引新闻媒体报道它们,借机宣传自己。因此说媒介事件是主动型的活动,它就是“制造新闻”。

在众多的免费宣传的公共关系手段中,媒介事件又是一种最主动、最有效的传播方式。它建立在组织与新闻媒体保持的密切联系的基础上。因为新闻媒体有自己的工作原则,组织要想通过新闻媒体的报道来达到正面宣传自己的目的必须与媒体保持密切的联系,熟悉媒体的工作原则和方式。因此,媒介事件必须具备以下几个原则。

1. 认识媒体、把握受众的原则

媒介事件是以社会组织充分认识新闻媒介及媒介受众的地位为前提的,如果对媒介的属性、受众缺乏足够的认识,就不可能具有新闻的敏感性,产生不了“制造新闻”的热情。

2. 要遵循“新、奇、好”的策划原则

“新”是新近发生的、鲜为人知的,甚至是独一无二的事。“奇”是吸引公众注意的超常规做法。“好”一是指事件本身具有一定的典型意义,二是指事件的报道能够产生良好的社会效应。

3. 媒体选择的针对性原则

要懂得根据信息的特点选择新闻媒体的种类,有针对性地进行传播。新闻媒体有报纸、杂志、广播、电视和互联网,它们对信息的要求各有不同。这就要求公共关系人员必须对各种媒体的特点熟悉掌握,把握新闻发布的时机,寻找能够发挥最大的新闻效应的时机,把握发布新闻的艺术性。

(五)社会公益活动

社会组织作为社会成员的一员,它在谋取组织自身效益的同时,还必须注重社会的整体效益,立足于长远发展,把组织的效益同社会的整体效益结合起来,从而获得高知名度与美誉度。这就需要组织对社会公益事业做出一定的贡献,如一定的资助、赞助及捐赠等人力、物力上的支持。但组织参与社会公益活动不应是默默无闻、“好人做事不留名”的单向输出形式,要经过公共关系部门的专门筹划,通过大众传媒广而告之,藉此树立良好的社会形象。要使组织的社会公益事业等活动发挥出最大的公共关系效益应该注意以下几个方面。

1. 明确资助目的

组织应确认赞助能带来社会效益,并且能吸引社会大众的眼球,尤其是新闻媒体的注意。赞助的原则是对社会的宏观需要和长期需要有利有益,并且社会公众、媒介对此有较高的关注度和评价,避免去资助那些打着社会公益事业之名,所行的是庸俗的、低劣的甚至是欺骗之实的活动。一般来说,组织资助的项目有体育事业、文化事业、教育事业、社会福利和慈善事业以及建立某项基金会。

2. 拟定资助计划

组织应对资助的形式、资金预算、传播方式、实施步骤考虑周全,并形成计划书,尤其在财务上要严格管理,以免资金被挪作他用,或被私人侵吞。

3. 监测活动效果

组织应对照目的、计划与预算,对所完成的活动逐一评估,总结经验,分析原因,撰写评估报告并归档。

【素质拓展 3-3】

新媒体时代公关传播

新媒体是在数字技术和网络技术基础上延伸出来的各种媒体形式。相对于报刊、广播、电视等传统意义上的媒体，新媒体的“新”不仅体现在技术上，也体现在形式上。有些新媒体是崭新的，比如互联网；有些是在旧媒体的基础上引进新技术后，新旧结合的媒体形式，比如电子报纸、网络电视等。随着新媒体技术的飞速发展，新媒体呈现出不同于传统媒体的传播特点，对以传播为手段的公共关系工作带来了巨大的影响，在新媒体时代如何进行公关传播已成为公关界目前关注的热点。

利用新媒体可提升公关传播的内容到达率。内容到达率是所有公关主体在进行公关传播时非常看重的指标，它意味着有效传播。新媒体在传播模式上由传统的“点对面”变为“点对点”，这给公关主体进行差异化公关传播提供了可能，即按照公关目标将全体受众按照其特征划分成不同的群体，并向他们有针对性、有区别地传递不同的公关信息。这样做一方面可以让目标受众看到合适的公关信息，这就相当于对症下药，并通过反复传播使内容效果得以强化；另一方面可以避免目标受众遭受无关信息的噪声侵扰，降低影响公关效果达成的负面信息量。

利用新媒体可使公关传播更具个性化。新媒体交互式传播模式的特点在公关传播中所起的一项重要作用是使受众这个角色在整个公关过程中的地位得到提高。受众真正参与整个公关过程成为可能，受众不仅参与的主动性增强，选择的主动性也得到加强。同时，新媒体信息的异常丰富使受众的选择余地非常大。随着新媒体技术向智能化、个人化方向的发展，受众可以在更广阔的领域实现声、图、像、文一体化的多维信息共享和人机互动，自由地传递信息，自由地选择信息。新媒体把“公关到群体”推向“公关到个人”，使公关传播更具个性化。

利用新媒体可使公关传播更具亲和力。在新媒体时代，公关主体对内、对外的沟通可以显得更具亲和力。对内，公关主体可以及时发布各方面的运作情况，并广泛征求员工的意见和建议，及时反馈给领导决策层，从而大大增强员工的主人翁责任感和组织的凝聚力。对外，公关主体可以通过建立自己的网站、在商业网站上建立自己的活动专区等形式积极与外部公众沟通，通过建立服务信息库的方式，对目标公众进行一对一的服务和沟通，由于减少了中间环节、采用的是“面对面”的方式，因此亲和力更强、传播效果更好。

利用新媒体可使公关传播更便于进行危机处理。危机处理的关键是危机发生后组织能够做出迅速的反应，采取正确的公关策略。如何能够做到反应迅速、公关策略正确就涉及信息的反馈速度和准确性。新媒体交互式“点对点”的传播模式可以使公关主体在事件伊始就能搜集到各方反馈信息，据此可以在危机前期做出正确的应对策略；利用新媒体传播速度快、传播范围广的特点积极展开公关沟通工作，防止事态进一步恶化；积极搜集信息反馈并进行分析，不断修正公关措施，将负面影响控制到最小；针对不同群体的差异性进行点对点的沟通，寻求公众的理解和支持。

（资料来源：管文娟，《浅析新媒体时代的公关传播 》，载《新闻爱好者》，2011（20），78~79 页。）

第四节 公共关系评估

一、公关评估的概念

评估是公共关系四步法中的最后一步,也是公共关系项目中一个必不可少的步骤。评估可以让公共关系人员估算活动的有效性,向管理层展示有效性并且策划将来的活动。为了更好地开展公关评估工作,有必要了解一下评估的必要性以及公共关系评估的三个阶段、系统评估的方法等。

(一)公共关系评估定义

公共关系评估就是根据特定的标准,对公共关系策划、实施及效果进行衡量、评价和估计,即在肯定成绩的同时,发现新的问题,不断地调整组织的公共关系目标、公共关系政策和公共关系行为,使组织的公共关系成为有计划的持续性的工作。

(二)公共关系评估调查的必要性及作用

尽管最后才论述评估,但是评估并不是公关关系过程的最后阶段。在实践中,评估往往是一个新活动的开始。调查与策划、行动及评估这几项功能是互相交叉的,这是一个相辅相成的过程,一旦评估在运作中确立,就无所谓开始与结束。

评估调查之所以成为公共关系项目的必要因素,一个重要的原因是评估增强了组织的支持。公共关系从业人员必须承担责任,确保有效性,其他管理部门的同事也应如此。组织的资源总是有限的,各个部门对资源的竞争十分激烈。公共关系经理要想与其他职能部门竞争必须要能够以可测量的方式来展示公共关系的有效性。可以说公共关系评估具有以下作用。

(1)公共关系评估是改进公共关系工作的重要环节。

(2)公共关系评估是开展后续公共关系工作的必要前提。

(3)公共关系评估是鼓舞士气、激励内部公众的重要形式。

(4)公共关系评估能使组织领导人看到公共关系工作的效果,从而重视公共关系工作。

(三)公共关系评估的三个阶段

随着信息技术越趋便捷与高效以及公共关系评估研究的文献资料的迅速发展,信息技术为公共关系职业人员所掌握,这在很大的程度上提高了人们对评估的兴趣与认识。越来越多的行政主管对缺少证据支持的结论持怀疑态度,越来越多的公共关系从业人员意识到评估研究的重要性,评估已成为公共关系实务活动中的四个环节之一。

如何开展评估研究,我们先剖析一下卡特里普等对公共关系评估研究所作的阶段划分,如图 3-2 所示。

1. 实施阶段

在这个阶段,首先对传播在知晓、态度、行为三个层次分别做了定量化的统计。这个阶段组织按预期的行动公众数进行统计,了解有多少公众采取了我们所期望的行为。而对重复相关行为的公众人数的统计,则是统计有多少公众的行为是非偶然的、心血来潮的、受他人影响的因素,已真正认可组织并有良好的评价,再次发生了组织所希望的行为。最后,对组织目标的实现与社会文化的发展是否相一致进行评估,也即公关活动有没有获得良好的社会效益。

有益于社会发展则是组织的最高境界。

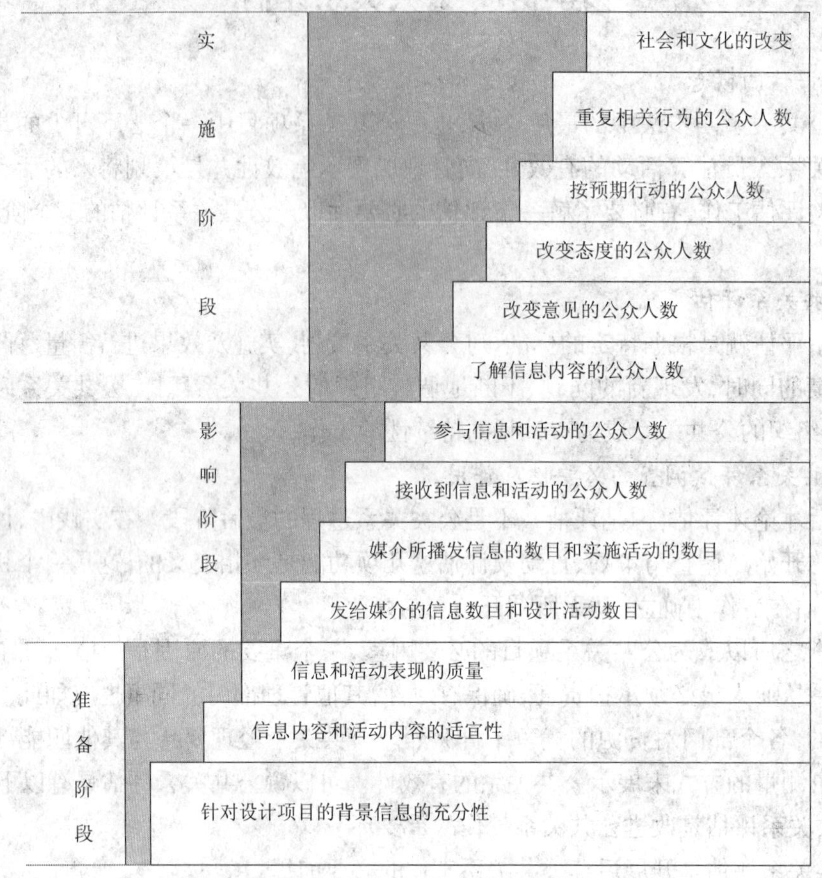

图 3-2 公共关系评估的三阶段

2. 影响阶段

评估研究体现了定量化的特点，需要统计发送信息的数量与信息的实际运用。如果这两个数据差距不大，说明信息内容的合适度、制作的质量还是较高的，反之信息在活动中被采用的少，就要对信息内容、编写与制作水平做客观分析。统计接收到信息的公众数据，可以了解信息传播和活动开展的影响面，再统计参与组织活动的公众数据，信息传播的实际影响面有多大就显现出来了。

3. 准备阶段

这一阶段所要考虑的是：背景材料是否充分？有没有遗漏的目标公众？提供给媒介的材料是否都准备好了？信息内容是否正确？信息表现形式是否恰当？在这一阶段，公共关系从业人员应该对资料的充分性、合理性和有效性有切合实际的把握与评估。

二、公关评估的方法

相对于公共关系活动的其他阶段的评估方法来讲，对公共关系计划的实施、结束阶段的效果评估及有关方法的运用就显得更为重要，本章主要列举出以下几种有关公共关系活动效果的评估方法。

(一)公众意见法

这种方法包括公众意见征询法和公众问卷调查法。所谓公众意见征询法,是在公共关系活动过程中和活动结束后,通过对公众的访问和举行公众代表座谈会,以电话或口头交谈的方式来征求公众的意见。

公众问卷调查法则是在公共关系活动的准备阶段、结束阶段与结束后3~6个月向目标公众发放问卷,通过对问卷的整理、统计、分析来评估本次公共关系活动的效果。

(二)专家意见法

所谓专家意见法,是指聘请那些公共关系知识丰富并有公共关系实践经验的专家就事先拟定的公共关系计划、计划实施时采取的措施及实施的范围等以匿名的方式独自就各项内容发表意见和建议,然后由公共关系人员将第一轮的全体专家意见汇集整理,反馈给每一位专家,请他们再次发表意见,直至意见趋于一致,经过整理和分析得出代表大多数专家意见的评判。

(三)民意测验法

民意测验法在公共关系评估中运用较为普遍。这种方法的基本做法是:按抽查法的要求,在选定的公众群体中选择一定数量的测验对象,用问卷、表格等方式征求他们对指定问题的意见、态度、倾向,再做出统计、说明,分析公共关系活动的效果。

(四)实验法

实验法的实质是利用事物、现象间客观存在的相互关系,通过调节某个变量(如公共关系活动前后某个企业的声誉)测定另一些量(如产品销售量、订货量)的增减。实验法可以在经历和未经历公共关系活动的两组公众之间展开。例如,一家家用日用化学品公司在报上连载宣传夏季正确使用化妆品的方法,旨在向公众传授在不同季节正确选用适宜化妆品的知识。采用实验法对该项活动的效果进行评估:先测验一组报纸订户(实验组)的有关知识,再对另一组未接触过该报的公众(控制组)进行有关知识测验,将两次测验结果做比较,就很容易得出评估结论。实验法的关键在于,在确保实验对象有代表性的同时,尽可能缩小实验范围。

(五)自我评判法

采用这种方法的前提是公共关系人员在公共关系活动的全过程中,或者在组织的日常活动中坚持记录有关指标和数据的变化。例如,通过公共关系活动前后企业的销售额数据、企业的知名度和美誉度的量化指标的记录对比,就可比较准确地评估出本次公共关系活动的成果。不仅如此,全面、准确的活动记录还可以帮助公共关系人员以时间为周期,如按年度评估公共关系活动的整体效应。

三、公关评估的程序

(一)设立统一的评估目标

统一的评估目标是检验公关效果的参照物,有了参照物才能通过比较来检验公关计划与实施结果。即使这一评估目标更多的是定性的而非定量的,仍需制订出一个统一的评估目标。这就需要评估人员将有关问题,如评估重点形成书面材料,以保证评估工作的顺利进行。另外,还要详细规定调查结果的运用。如果目标不统一,则会在调查中收集许多无用的材料,影响评估的效率与效果。

（二）将评估过程纳入公关计划

评估不是公关计划的附属品或计划实施后的事后思考和补救措施，而是整个公关计划的重要组成部分。因此，对评估应该给予足够的重视，对评估的方法、程序等方面予以充分的考虑和周密的筹划。

（三）收集分析评估意见

部门负责人要认识到，即使是公关人员本身也不能一下子就把公关活动没有实物性结果的性质与它的可测量效果联系起来。要给他们足够的时间认识效果评估的作用和现实性，并允许他们通过自己的亲身体验加深这一认识。

（四）将评估的目标具体化

在项目评估过程中，首先应该将项目目标具体化。例如，谁是目标公众，哪些预期效果将会发生以及何时发生，等等。没有这样的目标分解，项目评估就无法进行。同时，目标分解还可以使公关计划的实施过程更加明确化、准确化。

（五）选择适度的评估标准

目标说明了组织的期望效果。如果一个组织将“公众了解自己支持当地福利机构以改善自己的形象”作为公关的目标，那么评估这样的公关标准就不应该是了解公众是否知道当地哪家报纸报道了这一消息，占用了多大的篇幅，而应该了解公众对组织的认识情况以及观点、态度和行为的变化。

（六）确定收集依据的最佳途径

调查并非总是了解公关活动影响的最佳途径，有时组织活动记录也能提供这一方面的大量材料。在某些情况下，小范围的试验也是十分有利的。在收集有关评估资料方面，没有绝对的唯一最佳途径。在这一方面，方法的选择取决于评估的目的、提问的方式以及前面已经确定的评估标准。

（七）保持完整的计划实施记录

这些资料能够充分反映公关人员的工作方式和工作效果，尤其重要的是反映计划的可行性程度，哪些策略是有效的，哪些策略是无力的或者无效的，哪些环节衔接比较紧密，哪些环节还有疏漏或欠缺。

（八）及时、有效地使用评估结果

公关活动的每一个周期都要比前一个周期表现出更大的影响力，这是因为运用对前一个周期评估的结果来对后一个周期进行调整的缘故。由于评估结果的运用，问题确定及形势分析将会更加准确，公关目标将会更加符合组织发展方向的要求。

（九）将评估结果向组织管理者报告

这应该成为一项固定的制度。它的作用一方面可以保证组织管理者及时掌握情况，有利于进行全面协调；另一方面也可以说明公关活动在持续地保持与组织目标一致及其在实现组织目标过程中的重要作用。

（十）强化公关专业知识内容

公关活动的科学组织与效果评估导致人们对这一活动及其效果有更多的理解与认识，效果评估的成果进一步丰富了公关专业知识的内容。通过具体项目效果评估所得到的资料经过抽象化分析，可以得到对指导这一活动有普遍意义的思想、方法与原则，这些原则与知识不断丰富了公关行业的理论与实践。

【素质拓展 3-4】

携程“泄密门”事件

2014 年 3 月 22 日晚间，国内漏洞研究机构乌云平台曝光称，携程系统开启了用户支付服务接口的调试功能，使所有向银行验证持卡所有者接口传输的数据包均直接保存在本地服务器上，包括信用卡用户的身份证、卡号、CVV 码等信息均可能被黑客任意窃取。

正处于央行对于第三方支付表示质疑的关口，加上安全漏洞关乎携程数以亿计的用户财产安全，舆论对于这一消息表示了极大的关注，用户由此引发的恐慌和担忧亦如野火一般蔓延开来。根据中国上市公司舆情中心监测数据显示，从“泄密门”事发至截稿时止，以“携程 + 安全漏洞”为关键词的新闻及转载量高达 120 万篇之多，按照危机事件衡量维度，事件达到“橙色”高度预警级别。

3 月 22 日晚 23 时 22 分，携程官方微博对此予以回应，称漏洞系该公司技术调试中的短时漏洞，并已在两小时内修复，仅对 3 月 21 日、22 日的部分客户存在危险，“目前没有用户受到该漏洞的影响造成相应财产损失的情况发现”，并表示将持续对此事件进行通报。

这一说法引发了用户的重重回击。认证为“广西北部湾在线投资有限公司总裁”的严茂军声称，携程“官方信息完全在瞎扯”，并附上信用卡记录为证。作为携程的钻石卡会员，他早于 2 月 25 日就曾致电携程，他的几张绑定携程的信用卡被盗刷了十几笔外币，但当时携程居然回复“系统安全正常”。他以强烈的语气提出，“携程应该加强安全内测，尽快重视和处理用户问题，水能载舟，亦能覆舟”。这一微博得到了网友将近 900 次转发，评论为 150 条，大多对其表示支持。3 月 23 日，携程官方微博再以长微博形式发表声明称，93 名潜在风险用户已被通知换卡，其余携程用户用卡安全不受影响。

不过，其微博公关并未收到很好的成效，不少网友在其微博下留言，以质问语气表达不信任的态度：怎么证明携程没有存储其他客户的 CVV 号？怎么才能确认用户的信用卡安全？……面对质问，携程客服视若无睹，仅以“关于您反馈的事宜，携程非常重视，希望今后提供更好的服务”等官方话语加以回应。

在舆论对其违规存储用户信用卡信息并未能妥善保存的行为的重重压力下，3 月 25 日，携程发出最新声明承认此前的操作流程中确有违规之处，今后携程将不再保存客户的 CVV 信息，以前保存的 CVV 信息将删除。3 月 26 日，“21 世纪网”直指“携程保存客户信息属于违反银联的规定，携程不是第三方支付机构，无权保留银行卡信息。另一方面，PCI-DSS（第三方支付行业数据安全标准）规定了不允许存储 CVV，但携程支付页面称通过了 PCI 认证，同样令人费解”。

《21 世纪经济报道》更是简单明了地表示，在线旅游网站中，只有“去哪儿网”已经引入该认证标准，“此前携程曾有意向接入该系统，但是公司工作人员去考察之后发现，携程系统的整改难度太大，业务种类多且交叉多，如果为该系统接入而整改会使架构有所变化”。

针对上述质疑，携程一直保持着沉默，而不少业内人士已经忍不住跳出来指责其“闭着眼睛撒谎”。3 月 27 日，《中国青年报》更是发表题为《大数据时代个人隐私丢哪儿了》的署名文章，谴责企业“在用户不知情的情况下收集有限的数据，在一定程度上忽略了人的权利”。

（资料来源：http://www.028brother.com/344.html）

本章小结

公共关系已成为一种运用科学理论和有效方法来解决问题的程序化活动。本章介绍了公共关系实务的四步活动过程，即公共关系的调查、公共关系的策划、公共关系的传播、公共关系的有效性评估，以及其他相关概念的界定、相关内容的介绍等。

巩固练习

1. 请分析公共关系调查的具体内容。
2. 如何理解公共关系传播的概念？
3. 简述公共关系策划的程序。
4. 结合实际阐述进行公共关系调查要遵循什么原则。
5. 公共关系评估的方法有哪些？

案例研讨

【背景素材一】

如此公关，情何以堪？

有一家宾馆新设了一个公共关系部，开办伊始，该部就配备了豪华的办公室，漂亮迷人的公关小姐，现代化的通信设备……但该部部长却发现无事可做。后来，这个部长请来了一位公共关系顾问，向他请教“怎么办”，于是这位顾问一连问了以下几个问题。

“本地共有多少宾馆？总铺位有多少？”

“旅游旺季时，本地的外国游客每月有多少？港澳游客有多少？国内的外地游客有多少？”

“贵宾馆的‘知名度’如何？在过去三年中，花在宣传上的经费共多少？”

“贵宾馆最大的竞争对手是谁？贵宾馆潜在的竞争对手将是谁？”

“去年一年中因服务不周引起房客不满的事件有多少起，服务不周的症结何在？”

对这样一些极其普通而又极为重要的问题，这位公共关系部部长竟张口结舌，无以对答。于是，那位被请来的公共关系顾问这样说道：“先搞清这些问题，然后开始你们的公共关系工作。”

（资料来源：选自《公共关系案例精选精析》，张岩松、王艳洁、郭兆平，编著）

思考：

1. 你是如何理解公关顾问的话“先搞清这些问题，然后开始你们的公共关系工作”的？公共关系调查对组织有何意义和作用？

2. 公关顾问所提的五个问题体现了公关调查的哪些内容？

【背景素材二】

四川会理县“PS”照片事件

2011 年 6 月 26 日，一位网民在天涯论坛发帖称，登录四川省会理县政府网站时，看到一张领导视察的新闻图片，里面的三位当地官员好像是悬浮在一条新修马路的上方。这位网民在网络发帖称，“这样的照片连我这个业余得不能再业余的都知道是 PS（图片处理）的。”会理县县委宣传部外宣办副主任张永志事后解释，真相是几名县领导视察工作后，随行负责拍照的宣传人员感觉背景不好看，便将三位领导的形象合成到了一条崭新的柏油马路上。

这则令人啼笑皆非的新闻很快点燃了网民们“恶搞”的热情：平时仅有千余点击率的县政府网站当晚即告瘫痪。网民们找到原图，开始“欢乐的”PS之旅。一夜之间，三位官员的头像开始穿梭于阿富汗战场、侏罗纪公园、里约热内卢基督像的手臂等各种场景之中。在网友们的帮助下，三位官员甚至和当时的美国总统奥巴马、即将卸任的美国国防部长盖茨等人一起观看了美军突袭本·拉登住所的行动。在一片笑骂声中，几乎所有人都以为会理县从此将与“丑闻”二字相伴，“永世不得翻身”。

然而，转折却发生了。第二天下午5时，会理县县政府在其官方网站上挂出了《向网络媒体、各位网友致歉信》。20分钟后，天涯论坛出现相同的致歉信。晚上6时27分，会理县在新浪微博上开通官方微博进行道歉。几乎同一时间，一个ID为“会理县孙正东”的微博闯入公众视野，作为道歉信中“悬浮照”的制造者，“会理县孙正东”在贴出道歉信后，开始了与网友的轻松互动。他贴出了一系列会理当地的风景摄影图片，并风趣地表示：“感谢全国热心网友，让会理县领导有机会在短短的时间内免费‘周游世界’，‘旅行’归来后，领导已回到正常的工作轨道，也希望网友把关注的焦点转移到会理这座古城上来，看看镜头下美丽的会理吧，绝对没有PS哦。”这条微博很快便获得了上万次的转发评论，而评论的主流声音也意外地从嘲笑变成了理解和宽容。

（资料来源：http://www.people.com.cn/GB/209043/212786/15108205.html）

思考：

1. 在四川会理县“PS”照片事件中都有哪些公关手段？

2. 论述该危机事件公关活动的工作方法。

第四章　公共关系的类型

学习目标

【知识目标】掌握公共关系的分类原则、各类公关活动的特征与实施策略。

【素质目标】培养公关意识、合作理念，提升公关素养，传播沟通观念。

【技能目标】熟悉各类型公关活动特征，运用公共关系知识分析解决问题。

案例导入

【公关类型】

松下的内部公关

松下电器公司是日本第一家有精神价值观和公司之歌的企业。在解释“松下精神”时，松下幸之助有一句名言：“如果你犯了一个诚实的错误，公司是会宽恕你的，把它作为一笔学费；而如果你背离了公司的价值规范，就会受到严厉的批评直至解雇。”正是这种精神价值观的作用，使得松下公司这样一个机构繁杂、人员众多的企业产生了强劲的内聚力和向心力。见过松下电器的人都知道“NATIONAL”，它不仅是松下公司电器产品的商标，而且成为日本产品形象和经济起飞的象征。

与此同时，松下电器公司建立的“提案奖金制度”也是很有名的。公司不仅积极鼓励职工随时向公司提建议，而且由职工推举成立了一个推动提供建议的委员会，在公司职员中广为号召，收到了良好的效果。资料显示，在 1986 年全公司职工一共提出了 663 475 个提案建议，其中被采纳的多达 61 299 个，约占全部提案的 10%。公司对每一项提案都予以认真地对待，及时、全面、公正地组织专家进行评审，视其价值大小、可行性与否，给予不同形式的奖励。即使有些提案不被采纳，公司仍然要给予适当的奖励。仅 1986 年一年，松下电器公司用于奖励员工提案的奖金就高达 30 多万美元。当然，这一年中合理化提案所产生的效益则远远不止 30 万美元。

松下幸之助经过常年观察研究后发现按时计酬的职员仅能发挥工作效能的 20%~30%，而如果受到充分激励则可发挥至 80%~90%。于是松下十分强调“人情味”管理，要求各级主管学会合理的“感情投资”和“感情激励”，即拍肩膀、送红包、请吃饭。

（资料来源：https://doc.mbalib.com/view/fb831b546c1a6a841631a7d7a8ddc5d7.html）

【案例分析】

上述案例告诉我们，松下的成功取决于富有特色的内部公关。由此可见，组织与内部公众的充分交流与沟通以及尊重员工、激励员工对组织发展尤为重要。

第一节　主体型公共关系

一、企业公共关系

（一）企业公共关系的概念

企业公共关系是指企业在运营过程中，有意识、有计划地与社会公众进行信息双向交流及行为互动的过程，以增进社会公众的理解、信任和支持，达到企业与社会协调发展的目的。这里所指社会公众是特指对企业具有直接影响与作用的社会群体，具体可分为企业外部公众和内部公众。企业公共关系包括企业内部公共关系和企业外部公共关系。

（二）企业内部公共关系

1. 企业内部公共关系的特点

企业内部公共关系是指企业与员工、经营管理者、企业各部门以及股东之间的关系。它具有以下四个方面的特点。

1）紧密性

组织内部公众的利益相连、目标一致，并且置身在同一个工作、生活、学习环境，需要频繁借助信息的沟通和交流保持合作互助的紧密关系，共同围绕目标而不懈努力。在公共关系公众中，内部公众之间的关系紧密程度最高。一旦组织内部关系隔阂、疏远，必然会因矛盾、摩擦致使组织陷入形象受损、效益低下的困境。

2）稳定性

组织内部公众是组织环境中的成员，在一定时期和条件下，组织内部关系是稳定的。只要组织能为员工提供宽松、愉快且有利益保障的工作环境，组织内部的公众就能处处为集体利益着想，并为维护良好的组织形象献力献策。

3）可控性

组织内部公众在组织管理体制设置范围内，需要服从组织的统一调配，其行为也需要受到组织的约束。同时，围绕共同目标，员工身上本能的自控能力也能形成内部公共关系的可控能量。

组织要通过健全管理体制，推行计划、预算管理，加强对员工的宣传教育和培训，促进员工意识、行为同组织的目标要求保持一致。

4）逆向性

良好的内部公共关系能增强员工之间的协作互助精神，提高组织的综合效率。而组织内部排斥、敌意的公共关系将激化组织内部矛盾，削弱组织的团体竞争力，制约组织的健康发展。

2. 企业内部公共关系的功能

企业内部公共关系是传递信息、促进沟通、增进员工凝聚力和协作精神的桥梁，在组织中发挥着重要的能动作用，具有导向、规范、激励、辐射、凝聚五大主要功能。

1）导向功能

企业内部公共关系是一种集体关系，它依附组织群体文化而存在，反映了广大员工的共同价值、共同利益和共同目标，组织中任何一个个体和小团体都必须融入群体文化中，维护组织形象，为既定的目标共同努力。为此，组织要确立统一的价值观念和行为规范，正确地引导员工的思想、行为，充分发挥公共关系的感召力，使员工的一言一行都尽可能同组织的目标、利益联系起来。

很多组织都在强调团队精神、呼吁配合，但对于一个群体而言，实现配合的最有效方式是加强组织管理。在组织中，资源需要管理者去整合，否则就会群龙无首，再优秀的个体都将变得无所适从。

2）规范功能

组织内部通常由不同文化、风俗背景的群体构成，这些群体的文化、风俗大部分是自发的、分散的、非正式的、不成文的。因为意识、形态、习惯等差异，自发、分散、非正式的文化、风俗会在一定程度上形成群体帮派，影响组织团结，不利于组织资源的整合。为使员工的价值观念、言语行为同组织目标实现的要求趋于一致，组织在尊重个人情感、文化的基础上，需要制订一套成文的行为准则，让员工能在彼此了解、相互融洽的公共关系环境中工作，减少摩擦、提高效率。

3）激励功能

激励是通过外部刺激，使个体、集体产生荣誉和进取精神的行为。为表彰先进、鼓励开拓、使员工始终保持高昂的斗志，组织需要通过公共关系活动，建立激励机制，让每个员工和每个团体的进步、成绩都能受到肯定和奖赏，以诱导、激发员工启动潜在的工作热忱和动力，培养员工热爱集体、争创佳绩的开拓精神。

4）辐射功能

企业内部公共关系活动以营造相互信赖、精诚合作、亲密融洽、积极进取的人文精神，优化资源配置，提升组织形象，提高组织效益为职责。良好的内部公共关系，不仅能对组织中各个员工产生影响、起到积极的带动作用，还能对社会公众产生影响，提高组织在社会中的知名度和美誉度。

5）凝聚功能

企业内部公共关系活动能通过正确的引导和宣传使员工的意识、行为、目标同组织的要求、目标高度一致，并能通过营造积极、进取、团结的人文氛围增强员工的集体观念，积聚组织的向心力，使组织在和谐、紧密的团体中创造绩优的经济和社会效益。

3. 企业内部公共关系的分类

1）员工关系

员工关系是指企业内部的人际关系。员工关系是企业内部公共关系中最基本、最重要的关系。在组织内部表现为：领导者与被领导者的关系；员工同员工的关系；生产部员工同行政部员工的关系等。这是一种特殊的、隐蔽和自发形成的、以情感为纽带的关系。员工关系决定着企业各项目标的实现，体现着企业的素质和形象，决定着企业的管理效能。

根据对内部和谐、团结的影响程度，员工关系可以细分为以下三种。

第一，融合的员工关系。这是内部员工志趣相投、文化习性相近、目标利益统一、交往密切融洽的一种关系环境。

第二，中性的员工关系。这是内部员工无争议纠纷、交往平淡、利益责权分割明确的一种关系环境。

第三,排斥的员工关系。这是内部员工矛盾突出、缺乏配合、利益独立、信息闭塞、情感游离的一种关系环境。

企业内部公共关系的工作就是要根据物以类聚的人文特点,实现员工层次结构、情趣的合理搭配,营造团结、互助、荣辱与共的文化氛围,正确引导员工对关系的认识,增强关系矛盾的调和能力,促进人际关系的融洽。促进内部公共关系典型的工作方法有:满足员工物质和精神需求;实行民主管理,调动员工积极性;加强信息沟通,减少矛盾与摩擦;培育企业文化,增强企业凝聚力等。

2)权力关系

权力关系即企业经营管理者之间的人际关系。权力是指由组织赋予、能直接影响他人行为的能力。一个组织的权力相对于群体而言总是自上而下行使的。不同的组织结构会形成不同的权力关系。同时,不同领导风格形成的权力关系也有差异。领导层内部关系对企业各方面的影响重大。

根据权力对员工的影响方式,权力关系可细分为以下几个方面。

第一,专制式。这是一种集权制的行权方式,权力掌控在高层领导者手中,对员工的行为约束性强,上下级之间缺乏沟通,下级是在完全被动的条件下开展工作,管理体制呆板、低效。

第二,民主式。此种方式权力仍集中在高层领导手中,但决策层注重同下级沟通,乐意征集员工意见,善于建立公平、积极、竞争的激励机制,使优秀员工能获得奖励和晋升的机会。

第三,分权式。这是按行政隶属关系实现层层负责的行权方式。其主要特点是:决策权和经营权完全分离,管理体制灵活,各职能机构都具有较大的自主权,并且奖励分配形式多样,能充分调动团队的能动性、积极性。

企业内部公共关系的工作对权力关系影响的能力往往较弱,但可以积极向领导层提出意见和建议,以利于组织团结,提高组织工作效率,以促进权力关系的和谐。

权力关系中典型的工作方法有:明确职责范围,分工又合作;互相尊重、互相信任;沟通情况,增进理解。

3)部门关系

企业内的职能部门是企业与员工联系的纽带,更是企业运营的关键环节。加强部门之间的关系协调,关键在于信息的沟通。

部门关系中典型的工作方法有企业职工大会、文件传达与情况通报、个别谈话、内部刊物、座谈会、茶话会等诸多形式。

4)股东关系

股东关系是股份制企业内部关系的一种形式。这种关系处理得当与否,对企业的发展有直接的影响和制约作用。

股东关系中典型的工作方法有:开展良好的股东关系活动,通过各种形式保持企业和股东密切的信息沟通和情感联系,使股东关心和支持企业发展。

(三)企业外部公共关系

企业外部公共关系是指企业与社会公众,主要是与消费者之间的关系。企业外部公共关系是组织或企业与其运行过程发生一定联系的所有外部关系的总和。

1. 基本工作方法

1)口头联系

企业可设立消费者来访接待室,欢迎消费者上门反映他们对企业产品和服务的意见。企业还可以派出专业人员直接走访重点用户,征求消费者意见。

2)消费者通讯

此种方法通过定期或不定期、一家或几家企业出版通讯小刊物,提供即时的发展情况、使用消费品的知识等,为消费者提供了解企业和产品的途径。

3)印刷手段

印刷手段主要包括制作发送各类印刷品、宣传小册子、产品说明书以及直接向顾客散发、邮寄各种资料、画片等。

4)视听手段

本方法为利用广播、电视播放有关本企业的新闻纪录片、广告片,资助放映电视节目等。

5)组织消费者参观

本方法为通过联系各类社会团体,组织各类消费者到企业参观,让他们亲眼观察厂内的生产环境、工人的劳动情景、产品生产过程,以加深其对企业形象的了解。

6)信函联系

企业当收到消费者给企业的来信之后,无论是关于哪一方面的内容,都要有善意的回信。

7)广告和公告

本方法为用大众传播媒介上出现的广告和设在厂区或消费者居住区的公告栏,向消费者介绍新产品的性能和用途,宣传一种新的更完善的生活方式。

8)组织专题公关活动

本方法为通过组织消费者同乐联欢会、消费者建议有奖征询等新颖的专题活动,增进企业同消费者的感情。

2. 企业外部公共关系的分类

1)顾客关系

顾客关系是企业外部公共关系中最重要的关系,良好的顾客关系是建立和维系稳定的经济利益关系的基础。企业与顾客不仅仅是商品交换上的经济利益关系,同时还存在诸如信息交流、情感沟通等多方面的社会关系。处理好顾客关系对企业的生存发展具有重大意义。凡是提供某种产品或服务供大众消费的组织,都有顾客关系,顾客是企业组织生存的基础。因此,设法满足顾客的需要、建立起良好的顾客关系,是企业组织生存和发展的前提和保证。

顾客关系中典型的工作方法有:提供优质商品与服务;创新经营,指导消费;妥善处理顾客投诉;强化信息交流与情感沟通。

【素质拓展 4-1】

一位顾客在喝酸奶时,从中吸出一小块碎玻璃。他怒气冲天地找牛奶公司去投诉,心里想着把对方狠狠责备一通,因为他觉得自己是为全市人民负责。如果牛奶公司不服,就要告到报纸舆论界或消费委员会。于是一开口,他的言辞就非常咄咄逼人:“你们难道就只顾赚钱,置别人的健康于不顾?”“你们考虑过这碎玻璃足以致命吗?”……

接待投诉的公关人员并不因此而恼怒。他表情十分关切,认真耐心听完陈述,第一句话就问:“那碎玻璃伤着您没有? 舌头、喉咙有没有问题? 用不用去医院检查一下?”当知道顾客并未受伤之后,他才转忧为喜:“那真是不幸中之万幸。要是老人,特别是小孩吃到这酸奶,后果可就不堪设想了!”

这话不多,却句句为顾客着想,紧张的空气顿时缓和下来。接着,公关人员又认真听取了顾客对牛奶公司的建议。双方就如何采取措施保证不再出现类似事故讨论起来,一来二去,他们越谈越融洽,竟然完全走到了一起。

由此可见,能否设身处地为顾客着想,对于顾客纠纷的化解确实很重要。顾客的纠纷有的是出于误解,不管意见正确还是误解,他都是感到他自己的权益受到损害,是怒气难抑有备而来的。仅仅就事论事,稍有不慎就可能火上加油,即使是火上浇水,也远不如釜底抽薪来得迅速和稳妥。保护顾客利益就是抽出了釜底之“薪”。

(资料来源:刘军,《公共关系学》,机械工业出版社,2006)

2)社区关系

社区关系主要是指企业或组织与周围相邻的工厂、机关、学校、商店、旅馆、医院、公益事业单位及其他社会组织、居民的相互关系。社区对企业而言,既是企业的生存空间,又是企业的服务对象,社区公共关系对企业的重要性不言而喻。

社区关系中典型的工作方法有:增进相互了解;维护社区环境;支持社区公益活动;促进社区繁荣。

【素质拓展 4-2】

在美国市场日趋饱和的情况下,可口可乐公司的第二任董事长伍德鲁夫提出了一个惊人的设想,就是“要让全世界的人都喝上可口可乐”。为了打开国外市场,赢得各国民众的认可,伍德鲁夫制订了“当地主义”战略。他在各地投资建厂,招收当地的工人,在缓解当地就业压力和推动当地经济发展的同时,也轻松赢得了当地人的认可和接受。当地人也给予了可口可乐公司极大的支持和协助,为其创造了良好的发展环境。可口可乐就这样在攻下了一个个社区堡垒之后,完成了全球可乐王国的组建。

(资料来源:https://baike.baidu.com/item/%E7%A4%BE%E5%8C%BA%E5%85%B3%E7%B3%BB/5102350?fr=aladdin)

3)新闻界关系

新闻界关系是指企业与新闻传播机构、新闻界人士的关系。新闻界关系区别于其他公共关系的特征主要体现在:第一,非经济性,也就是除商业广告外,企业与新闻界的关系是非经济导向的;第二,舆论导向性,新闻媒体能帮助企业提高知名度、美誉度并树立企业形象。

新闻界关系中典型的工作方法有:企业主动提供新闻;适时召开新闻发布会;利用新闻媒体做广告;保持长期联系。

【素质拓展 4-3】

美国最大的医药公司约翰逊联营公司有段时间曾受到“泰莱诺尔”药物中毒事件的困扰。在查出事件与公司无关的真相后,为消除人们的疑虑,公司决定推出更加坚固的3层密封包装的新型“泰莱诺尔”镇痛胶囊。如何才能让公众接受新产品呢？公司决定发挥好新闻媒介的作用。公司在纽约举行了规模盛大的电视记者招待会，有30个城市的记者参加，通过卫星向全国播送实况。虽然当天发生了勃列日涅夫逝世和航天飞机升空这两件大事，招待会还是获得了巨大成功，美国各大电台、电视台和报纸都做了报道。一年后，公司及其产品重新获得了公众的信任，“泰莱诺尔”镇痛胶囊重新获得了原有市场份额的95%。对此，美国的新闻媒介又进行了大量报道，如《华尔街日报》刊登了以“迅速复原，‘泰莱诺尔’重新赢得市场上的率先地位，使厄运断言者们惊诧不已”为题的文章，《时代周刊》刊登了《“泰莱诺尔”神奇般重返市场》的文章。约翰逊联营公司与新闻界通力合作，开展高度透明化的宣传活动，不但走出了困境，还重新树立了良好的声誉，赢得了社会各界广泛的合作与支持，开拓了更广阔的市场。

（资料来源：刘军，《公共关系学》，机械工业出版社，2006）

4）政府部门关系

政府部门关系是企业以政府为主导、以企业为主体利用各种信息传播途径和手段与政府进行双向的信息交流，以取得政府的信任、支持和合作，从而为企业建立良好的外部政治环境，促进企业的生存和发展。具体而言其主要包括企业与政府主管部门（如工商、税务、物价、环保、审计等）之间的关系。

政府部门关系中典型的工作方法有：企业照章纳税，守法经营；加强与政府各部门的信息沟通，为政府决策提供支持和帮助；与政府人员建立良好、健康的亲密合作关系，尽可能熟悉政府职能部门的办事程序和方法；由专人负责与政府公众的联系等。

5）竞争者关系

竞争者关系是指与本企业提供的产品或服务相似，并且所服务的目标受众也相似的其他企业之间的关系。

竞争者关系中典型的工作方法有：树立公平竞争的观念，用公平竞争的方式参与竞争，杜绝不正当的商业竞争手段等。

【素质拓展 4-4】

红罐凉茶之争

10罐凉茶，7罐加多宝。在加多宝的对外宣传中，彰显了其市场一家独霸、品牌有口皆碑。但加多宝的内心却是忧伤的。渠道维护成本和宣传成本在不断上升，不但赖以成名的中国好声音赞助权花落别家，而且在法庭上连环官司有一个输一个，王老吉诉讼的赔偿金额已高达29.3亿元。加多宝和王老吉这一对冤家，是谁欢喜是谁愁，真不好评判。

（资料来源：http://www.sohu.com/a/146103957_539411）

6）社会名流关系

社会名流关系是指企业与那些对公众舆论和社会生活有较大影响力的公众人物之间的关系。

此关系中典型的工作方法有：聘请社会名流做企业形象代言、产品代言；与社会名流合作开展社会公益活动等。

【素质拓展 4-5】

“3·15”曝光“饿了么”

一年一度的“3·15”消费者权益保障日,是企业品牌公关的一个重要节点。在 2016 年的“3·15”晚会中,风头正劲的 O2O 领域中的“饿了么”中招被打了脸。“饿了么”平台供应商中有大量黑作坊的事实被曝光,平台引导商家虚构地址、上传虚假实体照片,甚至默认无照经营的黑作坊入驻等问题被揭了出来。

有趣的是,和以往被曝光企业先“认错悔罪”的套路不同,“饿了么”最先诉诸舆论的动作竟是:“对不起,今天忘记给 ××(暗指某强势媒体)续费了。”这是由一个微博认证为“饿了么”的员工的微博发出来的。这样挑衅的态度真让不少人惊讶了一把,相关图文就迅速在社交平台上传播发酵。然后才是在媒体和各方压力下,“饿了么”进入认错环节,正式发布公告:“‘饿了么’高度重视央视‘3·15’晚会报道的问题,已紧急成立专项组,下线所有涉事违规餐厅,并连夜部署,核查在全国范围内的餐厅资质。”

(资料来源:http://news.qudong.com/article/311203.shtml)

二、政府公共关系

(一)政府公共关系的概念

政府公共关系是指政府与社会公众之间的传播管理。政府公共关系包含三个层面的内容:一是政府机构与社会公众之间的双向传播沟通活动;二是政府与公众之间的一种信息交流、沟通与传播的行为和状态;三是政府组织对这种公共关系传播行为与状态的监督和管理。

(二)工作内容与方法

1. 政府形象分析

所谓政府形象分析是指政府组织明确政府职能,树立政府勤政爱民、服务大众的形象,以获取公众对政府工作的支持所采取的自我完善的过程。

政府形象分析中典型的工作方法有:政府实态分析,明确工作方针政策;社会公众分析,了解公众满意度;强化干部队伍建设等。

2. 政务公开

政务公开是指行政机关公开其行政事务,提高行政运作的透明度,增强公众对政府的了解,方便人民群众办事。

政务公开中典型的工作方法有:设置政府信息查阅场所、政府公报、政府网站、新闻发布会、报刊、广播、电视、电子信息屏等,以便于公众知晓的方式公开政务。

【素质拓展 4-6】

李荣玲等诉富民县住房和城乡规划建设局案

2014 年 5 月 14 日,李荣玲、刘斌、胡琼(以下简称李荣玲等三人)向富民县人民政府提交《查询申请》,要求查询“关于富民县永定供销社违法建设综合楼的调查报告的办理情况的回复”的政府信息。2014 年 5 月 19 日,富民县人民政府办公室书面答复:“你三人送交的《查询申请》已按《中华人民共和国政府信息公开条例》转县监察局、县住建局、县城管局,由三部门按相关规定办理。”2014 年 5 月 27 日,富民县住房和城乡规划建设局(以下简称富民住建局)作出《关于申请人李荣玲、刘斌、胡琼三人提出要求查询昆城管(2014)4 号 < 关于富民县永定

供销社违法建设综合楼项目调查情况的再次报告>回复的答复意见》(以下简称《答复意见》)。李荣玲等三人对富民住建局作出的《答复意见》不服,提起本案行政诉讼,要求判令富民住建局依法公开李荣玲等三人申请的政府信息。

一审法院认为,李荣玲等三人要求富民住建局向其公开的"关于富民县永定供销社违法建设综合楼的调查报告的办理情况的回复",是富民住建局在工作中获取的内部信息,不属于《中华人民共和国政府信息公开条例》所指的应公开的政府信息。李荣玲等三人要求判决富民住建局向其公开,不予支持,遂判决驳回李荣玲等三人的诉讼请求。李荣玲等三人不服,提出上诉。二审法院认为,富民住建局虽依李荣玲等三人提交的《查询申请》作出了《答复意见》,但是该答复针对的内容并非李荣玲所申请的内容。富民住建局应当根据李荣玲等三人所提交《查询申请》上要求公开的政府信息进行审查并作出针对性的答复。遂判决:一、撤销一审判决;二、撤销富民住建局作出的《答复意见》,责令富民住建局重新作出答复。该案例对督促行政机关认真负责履行政府信息公开职责具有示范意义。

(资料来源:http://www.360doc.com/content/17/0117/22/31803965_623143193.shtml)

3. 协商对话

所谓协商对话是指围绕公众关心的重大问题,由政府有关机构的负责人与公众群体进行平等、直接、公开的对话,面对面地听取公众的意见,回答公众问题的方式。

协商对话中典型的工作方法有:建立社会协商对话制度,领导约见,提案征集等。

4. 危机处理

政府公关危机是指突然发生的、造成严重经济损失或严重损害政府形象的事件。

危机处理中典型的工作方法有:事前建立预警系统,完善管理,模拟准备;事中成立专门机构,制止事态扩散,调查情况,安抚受害方,统一新闻口径;事后发布处理全过程,及时改进,利用媒介消除影响等。

【素质拓展 4-7】

麦当劳过期食品风波

2012 年 3 月 15 日,中央电视台"3·15"晚会报道了位于北京三里屯的一家麦当劳发生鸡翅超过保温期后不予取出、甜品派以旧充新及食材掉地上不加处理继续备用等违规情况。

当晚 9 点左右,北京市卫生监督所数名工作人员赶到现场,对麦当劳三里屯店进行突击检查。记者跟随检查人员进入后厨,发现其卫生情况并不乐观,夹道等处有不少面皮,且记者未在操作间发现任何计时设备。

约一个小时后,卫生监督所工作人员向媒体公布了检查结果,发现麦当劳后厨有数处问题违规,并相应给出了《卫生监督意见书》。检查人员介绍,检查期间发现麦当劳操作间的垃圾桶没有加盖,冷库内存放的食品有些未上架存放,食品和外包装材料有混放情况,且在夹道内发现数批面包坯子,它们未存放在食品专用库内。

麦当劳公司方面相关负责人也赶到现场。面对媒体,其公关部相关负责人田女士没有提供央视报道中提及的员工手册,她表示,麦当劳对此事十分重视,将借此契机加强内部管理,并启动系统自查,如果查明属实,将对相关员工进行处罚。

当天晚上 9 点 50 分,距被曝光违规操作仅一个小时,麦当劳新浪官方微博作出回应:"央视“3·15”晚会所报道的北京三里屯餐厅违规操作的情况，麦当劳中国对此非常重视。我们将就这一个别事件立即进行调查，坚决严肃处理，以实际行动向消费者表示歉意。我们将由此事进行深化管理，确保营运标准切实执行，为消费者提供安全、卫生的美食。欢迎和感谢政府相关部门、媒体及消费者对我们的监督。”

对于麦当劳的这种解释，不少网民指责其态度敷衍。麦当劳作为一家世界500强企业，在销售环节中出现这样的问题必须承担相应的责任并彻底自查，而不是拿“个别事件”的理由来敷衍公众。麦当劳食品卫生手册制定要求高，实际操作起来困难，尤其是成本控制，但不能因此高标准宣传、低标准操作，这涉嫌欺骗。

3月16日，麦当劳三里屯店关门歇业。麦当劳中国一名负责人对媒体表示，目前麦当劳已经对三里屯门店进行了停业整顿处理，将追究相关人员的责任，并同时对其全国1 400多家门店重申了餐厅操作标准，要求各门店进行彻底自查。

3月16日上午，国家食品药品监管局食品安全监管司主要负责人对麦当劳中国负责人进行责任约谈，要求麦当劳（中国）有限公司对“3·15”晚会媒体曝光的问题高度重视，认真汲取教训，采取有效措施，立即进行整改，强化诚信教育，严防此类事件再次发生，有效维护消费者的切身利益。

3月22日，麦当劳三里屯店恢复营业。该店不仅门上贴上了“用心承诺”的字样，在门前还摆放了一封致歉信。“深表歉意”“监督”“批评”“产品质量”等字均用了大号字体。北京麦当劳方面表示，在停业期间，餐厅积极接受并配合了相关部门的检查。之后麦当劳三里屯餐厅完成内部自查和培训，恢复对外营业。

（资料来源：http://www.emkt.com.cn/article/591/59184.html）

5. 民意调查

民意调查又称舆论调查，是指运用科学的调查与统计方法，如实反映公众舆论倾向的一种社会调查行为。

民意调查中典型的工作方法有：实行公众参与、例行公示、举办听证会、问卷调查以及个别访谈等。

三、服务业公共关系

（一）服务业公共关系的概念

服务业公共关系泛指饮食、服务企业塑造和维护企业的良好形象，协调与公众的关系，改善经营环境的意识和策略。

（二）工作内容与方法

服务业企业公关活动的最终目标是在消费者中塑造良好的形象，以优质的服务赢得消费者的信任，从而赢得利益。其工作内容包含满足消费者生理享受方面需求的要素和满足消费者精神需求方面的要素。

其典型的工作方法有：完善服务设施、美化服务环境、增加服务项目、端正服务态度、提高服务水平等。

【素质拓展 4-8】

联想与戴尔"报价门"

2004 年,IBM 把 2 000 元的笔记本康宝光驱错标成了 1 元出售,最后按照 1 元向订购用户发了货。2006 年 8 月 7 日,戴尔中国网站价格出错,价值 8 000 余元的双核服务器,有消费者通过自选配置以 976.56 元的价格成功确定订单。戴尔中国网站短短 3 小时内收到了 3 000 余份类似订单。8 月 10 日,订单客户接到戴尔的通知称,由于报价错误,订单被取消。戴尔表示将对每位客户提供原价基础上 25% 的优惠,但每名客户得到优惠的台数不超过 5 台。

2008 年 1 月 9 日,联想美国网站出现系统错误,售价 1 700 美元的联想 ThinkPadT61 笔记本电脑 264 美元便可以买到。联想的应对之策是发一封取消订单的邮件,然后便始终保持沉默。2 月 15 日,戴尔官方网站爆出超低价显示器广告,原价 8 999 元的 27 英寸液晶显示器标价 2 515 元,网民们随后马上开始互传、抢购。2 月 26 日,戴尔公司高调发布声明,对显示器售价出错正式道歉并按错误的报价执行发货。

(资料来源:http://www.wendangku.net/doc/49925ee80975f46527d3e109.html)

四、公众人物公共关系

(一)社会公众人物公共关系的概念

社会公众人物公共关系泛指具有一定社会影响力和号召力的公众人物与大众和社会组织之间的联系。由于公众人物身份特殊、声誉很高,其社会影响也很大,通常我们把社会公众人物作为一类特殊的社会组织来看待。

(二)工作内容与方法

社会公众人物公共关系的主要工作内容包括:利用自己的社会声望组织并参与社会公益活动;严格要求自己,维护自身形象;与媒体保持密切合作。

其典型的工作方法有:参与各类社会公益宣传、援助孤残儿童、扶贫济困敬老、联系媒体等。

【素质拓展 4-9】

乐于社会公益事业的体坛巨星姚明

姚明,作为一名中国人,他不仅以精湛的篮球技术在强势文化存在的美国 NBA 中站稳了自己的脚跟,而且以高度的责任感与爱心征服了全世界许多观众与球迷,成为新时代的超级偶像。姚明曾多次参加"抗击艾滋,关注儿童"的公益活动。这些孩子大都因父母感染艾滋病去世而成为孤儿,其中有些孩子自身也携带艾滋病病毒。姚明与孩子们游园联欢,共进午餐,并与孩子们相约 2008 年去北京看奥运。姚明在接受记者采访时说,这些孩子不仅需要物质上的救助,也需要心理上的帮助。他呼吁那些关注他的球迷,在关注他的同时也来关注他参加的公益活动,关注艾滋病孤儿。

与此同时,姚明还接受香港特别行政区政府和香港艾滋病基金会等单位的邀请,到香港向人们宣传帮助艾滋病人,给他们捐款、捐物等。当一名学生问他为什么抽出自己宝贵的时间到香港宣传公益事业时,姚明回答说:"时间本身是没有宝贵不宝贵的区别的,把'宝贵'的事情填补到时间里,这样的时间才可以称之为宝贵;宣传防治艾滋病这份工作在我看来是一件很有意义的事,所以我愿意为之付出我的时间。"姚明作为颇具影响力的社会公众人物,其深度参与社会公益事业的行为是社会公众人物公共关系活动的典范，值得人们学习和称赞。

（资料来源：http://www.xywy.com/jksh/1676392.html）

五、媒介公共关系

（一）媒介公共关系的概念

媒介关系又称为新闻界关系，是指组织与新闻传播机构及其工作人员的相互关系。新闻公众被称为“无冕之王”，是一种特殊的公众，具有双重性。一方面新闻媒介是组织与公众实现广泛、有效沟通的必经渠道，具有工具性；另一方面，新闻媒介又是组织必须特别重视的公众，具有对象性。

（二）工作内容与方法

1. 大力支持新闻界的工作

组织应本着热情友好、实事求是、以诚相待的原则，对记者的来访提供必要的支持和帮助；不能隐瞒事实真相，欺骗社会公众；遇到有损组织形象的事件，应积极与新闻界配合，采取危机公关策略，力争挽回影响，重塑组织形象。

2. 主动争取新闻界的关注

搞好媒介关系，公共关系人员应通过“制造新闻”去争取引起新闻界的注意。所谓“制造新闻”就是由组织以健康正当的手段，有意识地采取既对自己有利、又使社会和公众受惠的行动，去引起社会公众和新闻界的注意。

3. 正确对待媒介的批评报道

当媒介发表了不利于组织形象的批评报道后，组织应虚心接受并及时采取补救措施，挽回不良影响，并恳请再予传播，切不可对媒介的批评报道置若罔闻，甚至反唇相讥。如果媒介的批评报道有失实之处，亦应诚恳地向媒介提供真实情况，澄清事实真相，切不可剑拔弩张、兴师问罪，或得理不饶人。

【素质拓展 4-10】

可口可乐“含氯门”

2012 年 4 月 17 日，可口可乐（山西）饮料有限公司的员工对媒体的爆料引发热议。该员工称公司在管道改造中将消毒用的含氯处理水误混入饮料中，涉及 9 个批次、12 万余箱可口可乐，价值可能高达 500 万元，目前这部分被疑含氯饮料可能已经流入市场。

新华网报道称，记者就此事向可口可乐（山西）饮料有限公司核实时，该公司给记者提供了一则声明，称所谓“公司内部信息”经查并不符合事实，并保留依法追究的权利。该公司声明称，鼓励员工通过合适的渠道向公司反映其关心的问题，并确保该渠道畅通。该公司公共事务及传讯部经理高旭峰表示，公司不接受当面采访，对于记者提出的任何疑问，可以通过电子邮件提问并予以答复。从 16 点 40 分通过电子邮件提出采访问题，新华网记者等待近两个小时，该公司未做任何答复。

4 月 17 日 22 时，山西省质监局向媒体通报对可口可乐（山西）饮料有限公司 9 批次存疑产品核查的初步情况。4 月 18 日凌晨 3 时许，两家国家级检测中心——山西省食品质量安全监督检验院、山西出入境检验检疫局检验检疫技术中心出具了检验结果。

4 月 18 日早间，山西省质量技术监督局就可口可乐（山西）饮料有限公司 9 批饮料疑混入含氯消毒液事件召开第二次新闻情况通报会,向媒体公布了山西省两家国家级检测中心的检验结果和山西省食品安全协调委员会办公室组织专家组论证后得出的意见。专家组认为:送检样品检验结果符合国家标准要求,该9批次产品不会对人体健康造成危害。4月18日,可口可乐(山西)饮料有限公司发声明称所有出厂产品都经过严格的质量保障体系的检验,符合国家有关质量的法律法规。所谓"公司内部信息",经查并不符合事实。

山西省质监局网站4月28日通告称,针对媒体披露的"可口可乐(山西)饮料有限公司含氯软化水混入部分批次饮料产品"中的问题,山西省质监局于4月19日组成调查组,通过现场检查、抽检样品、查阅记录、询问员工等方式,认定媒体报道情况属实。同时在调查中,还发现该公司存在个别生产条件不符合相关规定的问题。根据相关法律法规规定,4月28日,山西省质监局对可口可乐(山西)饮料有限公司做出了停产整改的行政处罚。

4月30日,可口可乐(中国)公司通过微博发声明致歉并称媒体有误读,但其对于已流入市场的可口可乐饮料没提及是否要采取召回或退货措施。对于"含氯门"事件,可口可乐(中国)公司在官方微博上发出声明,对此前未经严谨调查发出的声明及生产过程中出现的操作失误,向消费者表示歉意。山西装瓶厂已采取了整改措施,以杜绝此类事情再次发生。同时,可口可乐(中国)公司还指出被"媒体误读",称可口可乐山西装瓶厂使用的包装清洗用水(生产辅助用水)绝不是消毒用水,其水质符合世界卫生组织以及欧美各国的生活饮用水标准,可以放心饮用。

5月2日,可口可乐(中国)公司做出了"换回"产品的决定,但仍坚称不是召回,并且不可退货。面对持续升温的"含氯水"事件,可口可乐(中国)公司放下了姿态。5月4日下午,可口可乐大中华及韩国区总裁鲁大卫(David G. Brooks)在事发地山西分公司召开媒体沟通会并向公众道歉,同意退货,将回收的产品及同批次库存产品销毁。

(资料来源:http://www.emkt.com.cn/article/592/59299-2.html)

六、网络公共关系

(一)网络公共关系的概念

现代公共关系提供了新的思维方式、策划思路和传播媒体,而网络公共关系(以下简称网络公关)思维,即公共关系意识也可以理解为公共关系观念、公共关系思想,是一种现代化经营管理和危机公关管理的思想、观念和原则,是一种开明的经营和管理观念,是一种全新的思维方式和交往方式。网络公共关系思维有四个要素,即信任感、吸引力、依赖感和服务性。

(二)网络公关的传播方式

网络普及与自媒体信息时代的到来标志着人类传播史上又一次重大的媒介革命,这场革命在改变人们思维方式、工作方式和生活方式的同时,也为现代公共关系提供了全新的策划思路和公关传播媒介。网络公关的传播方式主要有以下几种。

1. 主页浏览

主页是上网企业或组织为自己在网络上建立的一个窗口。通过这个开放的窗口,企业可以向全世界发布自己的信息,树立自己的形象。访问者使用多媒体电脑,通过网络,就可以查阅到相关文字、图像和声音等多媒体信息,从而更好地了解各个主页的相关内容及信息。

2. 电子邮件

电子邮件是因特网上使用最广泛的沟通方式,通过它用户之间可以进行快速、简便、安全、可靠、低成本的联络。它是一种有效的新闻发布渠道。根据个人定制的电子邮件信息,人们有时会收到来自相关企业的最新广告信息或是感兴趣的组织通过邮件发送的公关活动的邀请。企业可以通过电子邮件的直投业务对目标及潜在客户群体进行企业信息的互动沟通。

3. 电子公告栏

电子公告栏是因特网上大众化的信息服务方式。它可以接受很多用户参加,进行多项交流,分享有益的经验。电子公告栏将大量的信息存储于站点的服务器中,用户可以从那里获取信息,也可以向那里传送信息。它比电视之类有组织形式的交流系统更加迅速,也更为有效。利用电子公告栏,企业可以更好地进行内部公共关系的沟通。

4. 聊天室

聊天室是一个动态的、交互式交流信息的手段。它使公关传播、沟通观念发生革命性变革。遍布世界各个角落的成千上万的人同时交谈,结交也许从未谋面的朋友,传递相互感兴趣的信息及话题。这种传播和沟通的规模、效率超出常规媒体。许多企业都利用企业网站设置的聊天室发展、扩大客户群,并通过这个互动的平台,充分了解用户的需求,及时调整相关产品的供需矛盾和其他问题。

5. 视频路演

视频路演是近几年兴起的一种企业常用的公关传播手段。企业利用视频信息技术,将传统的路演节目通过网络进行实时性传播,互联网上的人们可以在网络终端各个角落同时看到。通过此种方式,企业及组织或是媒体可以跨地域、跨时空地进行新闻或是重大信息的传播。

6. 网络论坛

网络论坛实现了传统媒体所难以做到的互动性,将一种由上至下的信息流通方式延伸为"滚雪球"式的平行传播。在这种平等开放的交流平台上形成的舆论影响超过了传统媒介中组织告知式的接收效果。每个人都可以自由地发表自己的言论,自己的言论又会受到他人的重视和传播,这种被尊重、被认同的心理优越感大大地减少了企业信息流通过程中公众的抵触情绪。

7. 博客传播

"博客"一词是从英文单词 Blog 音译而来,意译为"网络日志",是一种个人传播自己思想、带有知识集合链接的出版方式。博客在企业上的公关应用基本分为两部分:一是用于内部管理,即用于沟通交流、团队协作、组织管理、打造企业文化;二是用于公开传播,包括消费者沟通、品牌打造、市场调查、推广新产品、售后服务、媒介关系处理、公关辅助等。

8. 实时聊天工具

QQ、微信等日常聊天工具被广泛地用于即时沟通。充分利用这种实时的聊天软件进行交流沟通,可有效节省时间和开支,显著提高工作效率。这也是一种卓有成效的公共关系传播方式。

(三)网络公关的注意事项

搞好网络公关需注意以下几方面的问题。

1. 成立专门机构

由于互联网具有技术含量高、地域覆盖广、传播速度快、社会影响大等特点，组织的公关部门内应当成立一个专门的机构，专项负责处理网络公关的问题。这个专设机构是组织网站的建设者和维护者，只有它才能够代表组织在网络上发布新闻，对组织与公众之间存在的问题进行官方解释，及时收集网上有关本组织的一切信息，并得到组织领导的授权，可以及时处理有害信息。这个专门机构由网络工程师、网络编辑、页面设计人员、IT 策划及顾问等组成。

2. 建设门户网站

网站就是组织在网络世界的形象代言人，设计一个具有良好形象的网站，就占领了一个至高点。根据组织网络信息的多少，组织网站可以采用专线上网、主机托管、虚拟主机等几种形式。但不论采用哪种形式，网站的主页面必须经过专业美工的设计，新颖美观。

3. 提供专业化、个性化服务

与传统媒介相比，网络作为一种新型的传播媒介，它不具有强迫性。网络不能像人际传播那样指定与某些公众的沟通；也不能像报刊那样强加于订户；更不能像广播、电视那样在文艺作品中插入广告，强迫公众接受。网络信息只能依靠自身的专业性、个性化服务，吸引网民的点击。

4. 加强对反馈信息的管理

互动性是网络的显著特色，但互动必须得到及时的管理。如果公众在组织网站的信箱上向组织提出了问题，而组织却迟迟没有回音，那就会使公众感到自己受到了冷落，不被组织重视，甚至是受了组织的欺骗。那么他就有可能在网上论坛或公告牌上发表不满的言论或抱怨。这种不良信息在网上一传十、十传百，会对组织形象造成极大的伤害。有时公众回馈的信息也可能包含着巨大的商机，没有及时回复，就是坐失良机。

5. 加强网络舆论的监控

搞好网络公关除了办好自己的网站，还要注意对整个网络世界的监控。有时公众对本组织的意见并不一定反映在组织自己的网站上，而是在其他地方。因此要通过搜索工具，及时发现网络中所有有关本组织的信息。

6. 网络媒体与传统媒体相互配合

尽管近年来中国的网络事业发展迅速，但与人口总数相比还有很大的差距。所以要提高公关宣传的质量、扩大宣传的影响必须注意网络公关与传统媒体相互配合。比如，公众在广播中听到了某一消息，还可以在广播电台的网站上重复收听，甚至将其下载，永久保存。

7. 遵守网络礼仪

人们在网络上交往除了要遵守一般人际交往礼仪外，还要注意遵守网络世界特殊的网络礼仪。比如，网络礼节建议人们使用简单的文本格式，因为复杂花哨的格式并非都能在每个读者的电脑上显示出来。

8. 秉持诚信原则

组织在网络上除了要遵守国家的相关法律法规外，还要注意自己的行为也必须遵守诚信的原则。网络是无形的，一些组织在网络上对公众承诺了各种服务，刊登了许多美丽的产品图片，但是一旦公众接受了它们的订单，交了预付款，到手的产品与网上的承诺却有很大的差距。

这样的行为只能得逞于一时，组织失信的行为迟早要被揭露，对其形象造成不可挽回的损失。

9. 防范网络风险

网络媒体的优点有目共睹，但是由于网络媒体还是一个很年轻的媒体，无论在技术上，还是在法律上、道德上，有很多问题亟待解决。从技术角度看，应如何防范黑客的攻击，如何防范不负责任的网民在组织的网站上散布虚假信息或诽谤言论；从法律角度看，网络上的金融安全、版权保护、言论责任等，法律规范都不够严谨；从道德伦理的角度看，在网络这个虚拟的世界中如何恪守诚信的原则，如何将现实世界人际关系中的道德准则转化成网络道德准则，人们也都在探索。

【素质拓展 4-11】

霸王洗发水致癌事件

回顾几年前的夏季，香港媒体报道，霸王 (01338.HK) 旗下产品含有被美国列为致癌物质的二恶烷。消息一出，危机的狂潮即刻掀起，各大主流媒体、各大网站开始进行疯狂的报道，各种批判性很强的网络专题也随之推出。霸王股价一天之内暴跌 14%。强大的危机激流将霸王打了一个措手不及，但事件很快又柳暗花明。

继报道之后两天，广东省质监局发布新的检测报告称，霸王的二恶烷含量是安全的。对于霸王产品的合法性来说，质监部门的检测报告代表了官方对事件的定调。但对于市场与消费者的信心来说，质监部门的报告却非金枪良药，无法在短时间内迅速重振消费者信心。

在当今互联网及媒体发达的时代，即使是媒体的错误报道也会触动消费者的敏感神经，在网络媒体的放大与推动下，对于任何公司或产品的负面报道都可能引发一场大的危机风波，这正是新市场环境下，每一家企业都可能遭遇到的挑战。消费者信心的崩溃如山倒，但消费者信心的重建却如抽丝剥茧般需要漫长的过程。

认知就是事实。公众对事物认知就是最高的事实，是超过事件本身的印象事实。在霸王处理此次危机时，措施基本只停留在官方声明的层面上，不能与公众良好地沟通，危机威胁仍然存在。新浪网的网络投票调查结果：超过七成的网民不再相信霸王，不愿意再使用该品牌产品，即使官方无毒的检测报告高悬其上。

霸王品牌的网络公关主要由如下三方面形成。

(1)名人代言。名人广告是借助大众对名人的崇拜和信任，并把这种信任迁移到广告的特定品牌商品上去，真实性才是信任的重要基石；广告宣传的信息网站内容应务求真实，所推荐的商品一定要质量过硬，不可滥用公众对名人的信任，不负责任地宣传产品或服务。因此，为霸王代言的明星由于其代言的数例广告出现过度宣传等问题，损害了消费者对明星的信任，出现了形象危机问题。

(2)广告宣传很强，公共关系建设很弱。毫无疑问，铺天盖地的广告宣传使霸王产品的知名度提高，但其公司的透明度却甚低。这也反映了霸王在公共关系建设方面的缺失，只以强大的广告投入去提升消费认知，却未能以良好的公共关系活动去建立消费信任，未能以社会责任去建立品牌美誉度以及未能建立彼此价值认同的全国性的媒体关系。当危机忽然来临时，透明度很低、媒体关系很差、品牌声誉不好的企业必然受到巨大的冲击。

(3)霸王单向思维的错误危机应对策略。在危机刚爆发之时，霸王董事长一方面坚决否认产品出现问题，称二恶烷是所有洗发水产品都含有的物质，此言论引发其他洗发水品牌及媒体的抨击；另一方面则指责事件是竞争对手策划，目的在于打击霸王品牌声誉。在事件扑朔迷离的情况下，霸王这么简单地下结论，难免令人怀疑霸王此举纯粹是为产品避责。

在危机应对价值排序中，社会利益应该高于企业利益。在此次危机应对之中，霸王自始至终未曾体现出对社会利益及公众利益的关注，只是站在企业利益的立场上进行辩解与推责。所以，即使最后官方声明认可其产品"无罪"，但公众仍然会认为霸王"有罪"。

许多残酷的案例告诉我们，危机事件的爆发对企业造成的巨大伤害并不仅仅取决于事件本身的严重性，许多时候取决于企业面临危机时的决择，取决于企业能否正确制订危机管理的策略，能否快速有效地与媒体沟通，善后在恢复中是否有效获得消费者信任等。

（资料来源：http://www.wanglouweiji.com/news/gongsixinwen/2017/1130/337.html）

第二节　功能型公共关系

一、日常事务型公共关系

（一）日常事务型公共关系的概念

日常事务型公共关系是指在组织运行中各个环节要注意形象问题，始终如一地贯彻公共关系目标，争取公众，扩大影响，努力树立形象的公共关系活动模式。

（二）日常事务型公共关系的特征

1. 多样性

就公共关系的工作范畴而言，组织所有的公关工作都可以看作是日常事务型，也可以说公关工作离不开日常性的事务工作。日常公关工作的范围极其广泛，几乎涉及组织与社会交往的方方面面。

2. 长期性

这是日常公关工作最显著的特征，也是区别于专门公关事务的突出特点。专门公关活动是短期的、阶段性的，而日常公关工作则是长期的、不间断进行的，是组织每一天都要面临的工作事务。

3. 整体性

无论何种日常事务，其作用是大还是小，社会影响是否广泛，都是公关工作的组成部分，是不可或缺的，也是局部与整体的关系。组织的全部公关工作是组织整体工作的重要组成部分，所以日常的公关工作必须与组织的其他工作相互协调，相互配合，在整体工作事务的统筹下发挥公关工作的重要作用，以提升组织的整体工作质量。

4. 目的性

尽管日常公关事务多种多样，且都有自己的具体目的，但最终目的都是为了建立、协调和改善组织与公众的关系，提高组织的知名度和美誉度，树立组织的良好形象。具体公关工作的目的必须服务于组织总的公关目标。组织的公关工作作为组织整体工作的组成部分，其目标也受制于组织的总目标。

5. 技术性

日常的公关工作看似简单、琐碎,但是要想真正做好并非易事,需要掌握和运用一系列专门的技术、技巧。如开展公关调查以期收集信息,不同的调查方法需要不同的技术。在进行与公众面对面的访谈调查时,要发挥公关人员的主观能动性,分析受访者的心理活动,采取相应的问话技巧,争取对方的配合。访谈技巧的运用好坏将直接影响到收集信息的可靠性。并非所有的人都可以胜任公关工作,公关对公关人员的素质有较高标准的要求。

(三)工作内容与方法

日常事务型公共关系的主要工作内容几乎涉及组织与社会交往的方方面面,概括起来包括:沟通协调组织与重要公众的关系;处理公众咨询和投诉,接待与安排公众来访;收集、整理、监测和分析与组织形象有关的公众信息;提供组织形象管理的咨询建议;策划各类专题公关活动;编辑、制作和发行组织的宣传材料;协助处理突发危机事件等。

在日常事务型公关工作中需要注意以下几点。一是培训和强化全体员工的公关意识,如果没有公关意识,其公关行为也会形似而神不似。二是将公共关系行为规范化、制度化。三是组织对所属各职能部门、各工种等必须制订合理、全面的规章制度,强化公关效果。

【素质拓展 4-12】

扎克伯格·花式秀跑

腾讯体育 2018 年 3 月 18 日讯:Facebook 创始人兼 CEO 马克·扎克伯格今天在晒出照片,跑步经过天安门广场。他表示,回北京太棒了,造访中国先跑步。看到扎克伯格在雾霾天下跑步的照片,许多网友纷纷前来点赞回复,有人调侃:"今天早晨壕小扎在北京替我们吸霾…… 多么伟大的国际主义精神……"

扎克伯格在社交网络上表示:"回到北京真是太棒了! 我访问中国的第一件事,是跑步经过天安门广场、故宫,最后到达天坛。"此外,他还配上了一张自己跑步的照片,照片中陪同扎克伯格跑步的还有几名外国人,据猜测应该是扎克伯格的保镖。今年 2 月 26 日, ISIS 支持者组织发布视频,声称要灭掉 Facebook 和 Twitter,还有它们的创始人,因为 Facebook 和 Twitter 最近加大力度封杀恐怖主义分子账号。

扎克伯格还表示,他今年已经跑完了 100 英里(约 161 千米)。扎克伯格年初时宣布今年执行跑步计划,每天坚持跑 1 英里,一年总共完成 365 英里。他说:"感谢每一个和我一同跑步的人,无论是在我身边,还是在全世界的其他地方!"作为媒体名人,马克·扎克伯格深知企业形象公关的重要性,他通过花式秀跑的方式吸引公众对自己公司产品的关注,提升组织的公众影响力。

(资料来源:http://www.sohu.com/a/64190901_130969)

二、宣传型公共关系

(一)宣传型公共关系的概念

宣传型公共关系是指运用各种传播媒介向社会各界公众有意识、有目的地传播有关组织的信息,以影响和改变公众的态度、意见和行为,扩大组织的社会影响,形成对组织有利的舆论环境的一种公共关系活动模式。

（二）工作内容与方法

宣传型公共关系的主要工作内容是利用媒介进行自我宣传，包括按照本组织的意图在报纸、杂志、广播、电视等新闻媒介上宣传自己、树立形象，争取有关公众的好感。

其典型的工作方法有：恰当运用公关广告形式；策划专题活动"制造新闻"，吸引新闻界报道；举办各种纪念会、庆祝典礼；利用名人、明星等特殊人物代言等方式提高组织知名度和美誉度。

【素质拓展 4-13】

董明珠的宣传公关

如论2016年第一网红企业家，除了董明珠，也是没谁了。董明珠痛骂国产电饭煲，两会期间请人吃饭，开微信公号——董明珠自媒体，上格力手机开机画面，为格力电器代言，甚至成为转型之下的中国制造业的最佳代言人。

董明珠单为格力一年省下的公关费近亿元。董明珠频繁登陆央视《对话》《遇见大咖》等主流庙堂，其做销售的励志传奇在微信朋友圈广为流传，与雷军从对赌到两会的互动，董明珠总能制造足够的话题。

董明珠把自己亲自上阵作代言的原因归结于"可以节约成本"，她甚至认为，动辄花几千万元请一个明星代言"是一种浪费"。在笔者看来，董明珠此举不仅省钱，而且是超值，更是顺应潮流的时髦做法，她才是格力电器的"最佳代言人"。

虽然说，企业老总代言自己的产品难免是王婆卖瓜，但谁又有王婆那样了解自己的瓜呢？从销售一线干上来的董明珠可以脱口说出空调的所有性能，代言的明星却对代言产品了解甚少；董明珠能为产品的安全负责，明星往往都没去过生产线，这使得明星代言很难具有说服力。相比明星那些PS后完美的脸，董明珠眼神中流露出的坚定和不妥协更能打动人。

由此不难看出，董明珠是聪明的，她把人们对她能干的印象转移到对产品的信任上。这笔账一算清，相信在未来的广告业，企业家亲自上阵是比高价请明星更常见的选择。

（资料来源：http://www.360doc.com/content/16/1112/00/33717282_605776504.shtml）

三、交际型公共关系

（一）交际型公共关系的概念

所谓交际型公共关系就是指不借助其他媒介，而只在人际交往中开展公关活动，与公众直接接触，建立感情，以获取关键性公众或某些重要公众对组织的支持而实施的社交型公共关系工作模式。

（二）交际型公共关系的特征

交际型公关活动的特点是直接、灵活、富有人情味，一旦与公众建立了真正的感情联系，往往相当牢固，甚至能超越时空限制。

（三）工作内容与方法

交际型公共关系是一种有效的公关方式，它使沟通进入情感阶段，具有直接性、灵活性和较多的感情色彩。交际型公共关系的工作内容主要是通过人与人的接触进行感情上的联络，为组织广结良缘，建立广泛的社会关系网络，形成有利于企业发展的人际环境。

其典型的工作方法有开展团体交往和个人交往。团体交往包括各式各样的招待会、座谈会、宴会、茶话会、慰问、舞会等联谊活动以及参观活动和社交活动;个人交往有交谈、拜访、祝贺、信件往来等方式。

【素质拓展 4-14】

情感营销小故事

有这样一个真实的小故事。一个人乘坐北方航空公司的飞机去长沙出差。飞机降落之后,他提着随身带的一捆资料走到了机舱门口。空中小姐在向他微笑道别的同时,递给了他两块小方布,说:“先生,请用小方布裹着绳子,不要勒坏了您的手。”人非草木,孰能无情!这位先生备受感动,从此每次出差或带家人出门,总是首选北航。一句话和两块小方布,换来了一生的光顾,真是划算。我不知道这算不算是一种情感营销,只是觉得这种营销是那样的润物细无声,所激发的力量大得可怕。

(资料来源:https://zhidao.baidu.com/question/2077530032254517588.html)

四、征询型公共关系

(一)征询型公共关系的概念

所谓征询型公共关系是通过特定目的的公关调查活动收集关于社会情况、公众意向等与组织有关的信息,并进行整理、分析、研究,为组织的经营管理提供科学依据,以促进组织经营决策科学化、民主化。

(二)工作内容与方法

此方法通过信息采集、舆论调查、民意测验等工作,加强双向沟通,使组织了解社会舆论、民意民情、消费趋势,为组织的经营管理决策提供背景信息服务,使组织行为尽可能地与国家的总体利益、市场发展趋势以及民情民意一致;同时,也向公众传播或暗示组织意图,使公众印象更加深刻。

其典型的工作方法有:利用专门调查了解公众意向;利用大众传播媒介了解公众意向;采取免费咨询、走访、座谈、信访、设立意见箱、举报电话等方式开展企业内部公众意见征询。

【素质拓展 4-15】

信访小常识

信访,是指公民、法人或者其他组织采用书信、电子邮件、传真、电话、走访等形式,向各级人民政府、县级以上人民政府工作部门反映情况,提出建议、意见或者投诉请求,依法由有关行政机关处理的活动。为保护信访人的合法权益,维护信访秩序,2017 年 12 月 4 日,国务院颁布施行了新修订的《信访条例》。通过解读《信访条例》,可以了解信访小常识。

《信访条例》第十六条规定信访人采用走访形式提出信访事项,应当向依法有权处理的本级或者上一级机关提出;信访事项已经受理或者正在办理的,信访人在规定期限内向受理、办理机关的上级机关再提出同一信访事项的,该上级机关不予受理。

《信访条例》第二条界定信访是指公民、法人或者其他组织采用书信、电子邮件、传真、电话、走访等形式,向各级人民政府、县级以上人民政府工作部门反映情况,提出建议、意见或者投诉请求,依法由有关行政机关处理的活动。随着网络的发展,信访方式更加多样化,比如有网上信访、手机 APP 信访、网上视频接访等信访形式。

信访人在信访过程中应当遵守法律、法规,不得损害国家、社会、集体的利益和其他公民的合法权利，自觉维护社会公共秩序和信访秩序；提出信访事项，应当客观真实，对其所提供材料内容的真实性负责，不得捏造、歪曲事实，不得诬告、陷害他人。

行政机关及其工作人员办理信访事项，应当恪尽职守、秉公办事，查明事实、分清责任，宣传法制、教育疏导，及时妥善处理，不得推诿、敷衍、拖延。

（资料来源：https://baike.baidu.com/item/%E4%BF%A1%E8%AE%BF/2706114?fr=aladdin）

五、危机型公共关系

（一）危机型公共关系的概念

所谓危机型公共关系是指当组织形象受到损害时，组织立即采取一系列的有效措施，做好善后或修正工作，挽回声誉，重建组织形象的一种公关活动方式，又称为补救型公关或矫正型公关。

（二）危机公共关系的特征

危机型公共关系实务相对其他公共关系实务有以下几个典型特征。

第一，危机属于一种突发性和偶然性事件，具有不可测性，并且来势快猛、发展迅速，公共关系组织要处理好此类事件必须具有很大的灵活性和随机应变能力。

第二，危机型公共关系涉及的社会公众面广，具有强烈的社会影响性，极易引起社会舆论关注，危机公共关系是一项复杂和棘手的工作。

第三，危机事件内容往往与公众有直接关系，特别是当危机涉及人身安全时，更能引起公众关注，一经媒体报道，瞬间就会在大街小巷广泛传播，公众也由潜在状态变为行动状态，使企业组织措手不及，公共关系危机具有很强的冲击力。

第四，公共关系危机处理不当可能会使组织好不容易树立起的良好的企业形象毁于一旦，造成广大社会公众对组织的强烈不满，甚至可能导致组织无法正常地在社会体系中运营发展，具有巨大的危害性。

（三）工作内容与方法

组织的形象与声誉遭受损害的情况有两种：一种是由于外界的某种误解，甚至是人为的破坏所致；另一种是由于组织内部不完善或过失所致。对前者，公关部门应迅速查清原因、公布真相、澄清事实、采取措施来消除损害组织形象的因素。对后者，应迅速采取行动，与新闻界联系，控制影响面，平息风波，只有这样，才能尽快恢复公众信任，重新树立良好形象。

其典型的工作方法有：树立正确的危机意识；拟订应急反应计划；信息发布准确及时；引导媒体真实报道，掌握信息的控制权；沟通主要公众，做好善后工作，降低危机损失等。

【素质拓展 4-16】

取缔余额宝风波

2014 年 2 月 21 日，央视证券资讯频道执行总编辑兼首席新闻评论员钮文新发博文《取缔余额宝！》称："余额宝是趴在银行身上的'吸血鬼'，典型的'金融寄生虫'。"

钮文新认为，余额宝冲击的是整个中国的经济安全。因为，当余额宝和其前端的货币基金将 2% 的收益放入自己兜里，而将 4% 到 6% 的收益分给成千上万的余额宝客户的时候，整个中国实体经济、也就是最终的贷款客户将成为这一成本的最终买单人。

对此，网友纷纷予以驳斥。网友康宁 1984 表示：钮文新错在高估了余额宝的破坏力、低估了银行体系的适应能力。余额宝只是一条金融系统中的鲶鱼而已,尽管由于第三方支付做个人金融业务处于三不管地界,仍然只是短期的监管套利,并没有在总量上影响到国家金融体系安全,更何况从近来腾讯微信给予支付宝的压力看,互联网公司同样不能免于被互联网颠覆的风险,没有必要急于对这些尚未深入金融市场的创新做出严格限制。

2 月 22 日凌晨,支付宝官方发长微博《记一个难忘的周末》幽默回应。支付宝表示,余额宝加上增利宝,一年的管理费是 0.3%、托管费是 0.08%、销售服务费是 0.25%,利润只为 0.63%,除此之外再无费用。并对"吸血鬼"一说加以调侃称:"老师您能别逗了吗? 我查了下, 2013 年上半年, 16 家国内上市银行净利润总额达到 6 191.7 亿元人民币,全年起码翻一番,12 000 亿吧?"

2 月 22 日,阿里小微金融服务集团首席战略官舒明称:即使与总规模约 10 万亿元的银行理财产品相比,货币市场基金也不到其总规模的十分之一。很难想象,规模如此之小的货币市场基金会对市场整体利率水平产生巨大的影响,会"严重干扰利率市场"。

2 月 23 日下午,证券时报记者对钮文新进行独家专访,他回应称:我质疑的不是余额宝,而是类似于余额宝的这样一种商业模式。钮文新认为,在判断对错之前,首先应该具备一个正义的、全社会的立场,而不是所谓狭义的"提高了老百姓收益"的问题。如果在商品市场或股票市场中出现类似的操纵行为,那无疑会得到几乎一致的指责,监管层也会迅速干涉。钮文新说,现在商业银行也在做类似的事,但这都是被逼无奈的。银行不这样做是"等死",做了可能是"找死"。银行才是"钱"的最终经营者,因为有贷款在经营链条上,各种风险都包含其中。所以说,余额宝这样的模式是一种"金融寄生虫"。

(资料来源:https://baike.baidu.com/item/%E5%8F%96%E7%BC%94%E4%BD%99%E9%A2%9D%E5%AE%9D%E4%BA%8B%E4%BB%B6/13129017)

本章小结

本章知识点主要包括公共关系的分类,按照公共关系的作用对象和功能定位,公共关系分为主体型公共关系和功能型公共关系。本章中各类公共关系的概念、工作内容、典型工作方法都是重点内容,需要熟练掌握。

巩固练习

1. 企业公共关系的工作内容有哪些?
2. 政府公共关系的主要工作内容是什么?
3. 结合所学知识简要阐述危机公共关系的工作方法。
4. 如何做好企业内部公共关系?

案例研讨

【背景素材一】

"3B 大战"的公关思考

在国内互联网公司中,早前红衣教主周鸿祎爱打口水战,与百度、腾讯以及其他公司都有过争斗。"3B 大战"是奇虎公司(360)新推出的搜索引擎与百度相互争夺搜索引擎市场的一场网络资源战争。战争始于 2012 年 8 月 21 日,当天, 360 将 360 浏览器默认搜索引擎由谷歌正式替换为 360 自主搜索引擎,战争就此爆发。一时间,大量关于 360 泄密、侵犯隐私及四大券商封杀 360 产品等新闻同时出现在报纸、互联网甚至一家地方卫视中，在微博及一些论坛上，这类信息转发量陡增。

360 方的反击则是推出了多篇关于百度泄密的新闻，并直指关于他们负面报道的背后“推手”是蓝色光标，甚至将后者视为“黑公关”，并悬赏征集“黑公关”线索。在 2012 年末的《创业家》杂志的年会上，周鸿祎直接向赵文权提出，蓝标在“3B 大战”中收取了百度 8 000 万元的公关费。赵则在会上回应：百度是我们的客户，我们替百度提供服务，8 000 万严重失实，事实上 1/10 可能也没有。蓝标作为百度的公关公司，一时也陷入纷争。

（资料来源：http://www.sohu.com/a/146103957_539411）

思考：

1. 在这起公关事件中双方采用了哪些公关措施？
2. 面对“黑公关”的质疑或者中伤，蓝标公司可采取的公关策略有哪些？

【背景素材二】

2007 太湖蓝藻事件

2007 年中国江苏太湖爆发了严重的蓝藻污染，对太湖的环境与水质产生了极其不利的影响，引起全国上下高度重视。

事件回顾。2007 年“五一”黄金周期间，不少太湖区域的水面漂着一层绿膜，最厚的地方像覆盖了一层绿油漆。由于天气持续高温，降雨不多，太湖水体的自净能力减弱，水源水质恶化，城区出现了大范围的自来水发臭现象，市民生活用水受到影响。不久之后，无锡全城生活用水和饮用水严重短缺，超市、商店里的桶装水被抢购一空，纯净水每桶上涨到 50 元。5 月 30 日，无锡市启动危机事件应急预案。

事件控制。太湖蓝藻污染危机爆发后，江苏省无锡市紧急启动应急预案，开通纯净水运输绿色通道，从常州、苏州等周边城市大批量调运纯净水，紧急启用已封的地下深井，千方百计保证洁净饮水的市场供给。同时加大引水力度，采取各种措施，除臭除藻。几日后，无锡制水厂出水的臭味逐渐消除，水质开始好转，污染物浓度开始降低。6 月 3 日，无锡市政府宣布已经达到恢复正常供水的阶段性目标，市民除饮用和做饭仍依赖纯净水外，其他生活用水已经正常。6 月 5 日，无锡市委书记、市长带头喝烧开的自来水，进一步让市民放心。然而，太湖降污排污工作并未停止，后来连续半个月的抗污备战才使得蓝藻基本消除。6 月 13 日，市政府最终宣布自来水各项指标均达到国家饮用水标准。

太湖蓝藻污染事件持续了半个月之久，无疑是一次巨大的环境危机。从官方报道的事件经过来看，无锡市政府在此次危机处理上沉着冷静，最大的优点在于危机决策和灾后处理方面，及时发挥政府宏观协调、整合资源的作用。危机爆发的第一时间，政府就全面调衡水资源，做到最大保证量和最广泛的合理分配，这样的一体化指挥、调度体系是政府能够有效抑制危机、将危机损失降到最低的重要保证。

（资料来源：https://wenku.baidu.com/view/4e23af21524de518974b7db8.html）

思考：

1. 在此次危机事件中，无锡市政府采用了哪些公关措施？
2. 试根据所学知识，分析该危机事件的公关策略的不足之处。如何改进？

第五章　公共关系礼仪沟通

学习目标

【知识目标】掌握公共关系礼仪和沟通的基本概念、基本原则、基本职能。

【素质目标】培养形象观念、尊重他人观念、合作观念、传播沟通理念。

【技能目标】掌握公共关系常用礼仪和沟通原则，能进行恰当的公关沟通。

案例导入

【公关礼仪和沟通】

Facebook 数据泄露事件

2018 年 3 月，著名的美国社交网络平台公司脸书（Facebook）爆出了数据泄露丑闻。由此，引发了客户和官方的质疑和不信任。2018 年 4 月 10 日至 11 日两天时间里，首席执行官扎克伯格（Mark Zuckerberg）接受了近 100 名美国议员长达 10 小时的质询。扎克伯格当日身穿深色西装，打着领带，彬彬有礼地回应着"国会议员"或"国会女议员"的每句问话。他在周三出席听证会时，显得比周二更谨慎。他忍住不讲笑话，脸上露出微笑。

Facebook 2008 年从谷歌挖来桑德伯格出任 COO，请来了埃列特·施拉奇出任公司负责全球公关、市场和公共政策的副总裁，组建了 Facebook 的华盛顿政府关系团队。

在此次国会山听证会之前，扎克伯格在数百位公关和政府关系专家组成的专业团队帮助下，事先对国会车轮战式的盘问进行了精心准备。在听证会的过程中，媒体也拍到了扎克伯格面前的准备材料，上面就各种问题列出了回答提纲。其中最尖锐的问题对策包括：如果要求分拆 Facebook 怎么答？回答：分拆不利于美国互联网竞争力，会给中国科技公司带来帮助。如果要求扎克伯格辞职怎么答？回答：我创办了 Facebook，我犯了错误，我必须承担责任，面对这个挑战。

面对累计达 10 小时的"车轮战"，扎克伯格在质询中反复、多次对脸书数据泄露事件表示道歉，在回答国会议员们尖锐的提问的同时，"抱歉"和"责任"成为了他发言中最高频的词汇。因此，扎克伯格颇为从容的应对方式和诚恳的态度似乎已得到了市场的认可：在国会听证进行的两日，Facebook 股价分别上涨 4.5% 和 0.78%，其中 4 月 11 日当天还赶上了美股震荡下行、科技股普遍收跌的情况。

（资料来源：https://baijiahao.baidu.com/s?id=1595448217009282856&wfr=spider&for=pc）

思考：

以上案例素材中体现了怎样的公关礼仪要求？

【案例分析】

上述案例中 Facebook 对通过公共关系建立与政府的良好关系、维护公司良好的公众形象非常重视。公司设立有专门的公关事务办公室，公司创始人扎克伯格在参加国会质询前在公关专家的帮助下从着装礼仪、对待质询的态度以及具体问题的回答方面均做了非常精心的准备。质询后 Facebook 的股价止跌回升，公司的市值上升，一定程度上可以说扎克伯格在国会接受质询的礼仪、态度和具体沟通的内容获得了客户和市场的认可，使公司度过了一场公关危机。

第一节　公共关系礼仪

一、礼仪与公关礼仪概述

（一）礼仪的概念

礼仪是人类文明的产物，是人们进行社会交往的行为规范与准则，具体表现为礼貌、礼节、仪表、仪式四个方面。

礼貌是指人们在交往过程中表示敬重、友好的行为规范，如尊老爱幼、热情待客等。

礼节是指人们在交际活动中待人接物的形式，如拜会、回访、挥手致意等。

仪表是指人的外表，如容貌、服饰、表情、姿态等。如本章开头的案例中，扎克伯格一般的着装都是休闲服饰，但在参加国会质询时即穿上了西装，打上了领带，且发型也做了改变，让人产生一种稳重、严肃的感觉。

仪式是指在一定场合举行的具有专门程序的活动，如开业典礼、迎送仪式等。

礼仪在社会生活中作用巨大。虽然它不再是维护社会等级秩序的工具，但是它也渗透到社会各个环节、各个角落，是社会交往、事业成功、家庭幸福、组织兴旺、国家富强、国际间交往必不可少的手段。

社会是一个具有高度组织性的系统，它的存在与发展具体表现在人与人之间、组织与组织之间的交往过程中。交往是相互的，无论何种形式的交往都离不开交往双方或多方之间的彼此认同与互相尊重。交往者为了实现彼此的认同与尊重，必然会选择一定的、共同认可的参照标准，这种参照标准的主要表现形式之一就是礼仪。

（二）公关礼仪的概念

公关礼仪是社会组织的公共关系工作人员在公共关系活动中，为了塑造个人和组织的良好形象而应当遵循尊重他人、讲究礼节、注意仪表、仪式等的规范和程序。

公关礼仪对于公共关系人员来说，起着进行社会交往、发展公共关系的重要作用。懂得公关礼仪，他们出入各种正式或非正式的社交场合就会更加受到欢迎与尊重，获得更多的支持与理解，由他们所代表的组织的形象也就会随之高大起来。公关礼仪既是公关人员的必备修养，又是公关人员的基本手段。

（三）公关礼仪与一般礼仪

公关礼仪与一般礼仪有共性，也有一些差别，体现在以下几方面。

（1）一般礼仪注重体现自身修养、素质，而公关礼仪更注重宣传性、影响性。

（2）一般礼仪注重继承性，而公关礼仪更注重时代发展性。用最能打动人心的方式进行使人接受的礼仪活动是紧跟时代需要而变化发展的。

(3)一般礼仪主要目的在于塑造自身形象,而公关礼仪的主要目的在于树立组织形象。

(4)一般礼仪具有民族性,而公关礼仪除民族性外,还具有国际性。如和其他民族交往,就要熟悉他们的风俗习惯,以利于共同的发展。

二、公关礼仪的原则

(一)真诚尊重原则

真诚是对人对事的一种实事求是的态度,是待人真心真意的友善表现,真诚和尊重首先表现为对人不说谎、不虚伪、不骗人、不侮辱人,所谓“骗人一次,终身无友”;其表现为对他人的正确认识,相信他人,尊重他人,所谓心底无私天地宽,真诚的奉献才有丰硕的收获,只有真诚尊重方能使双方心心相印,友谊地久天长。

(二)平等适度原则

平等在交往中表现为不骄狂,不自以为是,不厚此薄彼,不以貌取人,不以职业、地位、权势压人,而是应该处处时时平等谦虚待人。

适度的原则是交往中把握分寸,根据具体情况、具体情境而行使相应的礼仪。如在与人交往时,既要彬彬有礼,又不能低三下四;既要热情大方,又不能轻浮谄谀;要自尊不要自负,要坦诚但不能粗鲁,要信人但不要轻信,要活泼但不能轻浮。

(三)自信原则

自信是社交场合的一种很可贵的心理素质。一个有充分信心的人,在交往中不卑不亢,落落大方;遇强不自惭,遇弱不自骄;遇到侮辱敢于挺身反击,遇到弱者会伸出援助之手。

(四)信用原则

孔子说:民无信不立,与朋友交,言而有信。在社交场合,尤其要讲究守时、守信、守约。一是要守时,与人约定时间的约会,会见、会谈、会议等,绝不应拖延迟到。二是要守约,即与人签定的协议、约定和口头答应的事,要说到做到,即言必信,行必果。

【素质拓展 5-1】

罗永浩砸西门子冰箱事件

从 2011 年 9 月开始,罗永浩连续发布微博称,家中先后购买的三台西门子冰箱都存在“门关不严”问题,但是西门子“回避问题”。针对罗永浩的屡次投诉,西门子家电官方微博曾在 2011 年 10 月 15 日表示歉意,承诺免费上门维修,但始终否认冰箱存在质量问题:“近日网友反映西门子冰箱门偶有不易关闭的现象,我们立即与生产、质控等部门进行了核查,确认不属于质量问题。尽管如此,我们将对遇到有类似情况的用户提供上门检测和维护服务。”

这样的处理方式并未让罗永浩等使用者满意。2011 年 11 月 20 日,罗永浩和其他一些志愿者来到西门子公司北京总部进行维权,现场砸了三台冰箱,分别是音乐人左小祖咒、作家冯唐、罗永浩自己的冰箱。在现场,罗永浩提出西门子公司立即改正拒不承认产品问题、推卸责任、忽视消费者诉求的做法,并召回有问题的冰箱,“如果西门子继续回避问题,还有后续行动。”

当天晚间,西门子(中国)有限公司通过官方渠道发表声明称:“11 月 20 日有自称为西门子冰箱产品的消费者在西门子(中国)有限公司位于北京的总部大楼前进行‘维权’,西门子理解并尊重消费者为维护合法权益所采取的措施,但主张此类活动应在合理、合法的范围内开展,以切实保护消费者合法权益为出发点,以理性的沟通为基础,从而使问题得到有效解决。"

西门子(中国)有限公司同时称,其在中国的冰箱产品由博西家用电器独立生产、销售并提供售后服务,博西家电"始终积极设法与消费者沟通,了解并解决问题"。对于在使用西门子家电产品过程中遇到的问题,建议消费者"通过西门子家电的服务热线获得服务支持"。

本来是一件售后服务的小事情,因为西门子公司的傲慢,导致公关失败,最终酿成一件影响恶劣的公共事件。

(资料来源:观点中国,http://opinion.china.com.cn/)

第二节 公关人员的礼仪修养

一、公关人员礼仪修养的重要性

公关人员的工作对象是公众,公关的目的就是树立个人和组织的良好形象。首先公关人员要树立个人的美好形象,增强人际吸引,从而去影响他人对组织的认识;通过日常细致周到的工作赢得他人好感;利用传播媒介、专题活动来宣传自己,树立形象;处理好组织内部的各种关系,换来团结、和谐的工作环境;尊重不同民族、不同地区、不同国家的风俗习惯,以求顺利开展工作。

二、公关人员的形象礼仪修养

(一)仪容

仪容以面部的美化为主。在社交中,人们常常以化妆品及艺术描绘手法来装扮自己,以达到振奋精神和尊重他人的目的。

男士应保持面部清洁,不留长发,不留胡须,不戴首饰;女士不留过分个性化的发型,不佩戴夸张的首饰,化淡妆。要使化妆达到美的效果,首先必须了解自己的脸各个部位的特点,清楚怎样化妆和矫正才能扬长避短,使容貌更迷人;其次化妆要自然,它能使妆后的脸看起来真实而生动,其效果要使化妆说其有、看似无,就像被化妆的人确实长了这样一张脸;还要注意化妆部位的色彩搭配、浓淡协调。

(二)仪表

1. 服饰与形象

社会交往中,给人的第一印象就是仪表和服饰。给对方留下的第一印象是美感还是反感,这对以后的交际会产生积极或消极的影响。一个出色的公关人员,除具备公关工作的各种技能外,还应讲求自身的穿着打扮。展示一个人的涵养,追求气质美、风度美、仪表美,均离不开服饰的讲究。着装得当可以提升一个人的气质,相反,不合适、不美的服饰会破坏其应有的形象。

人的形象主要由几大因素决定,即素质(内在因素)、服饰(外在因素)、行为举止、言谈等。同一个人身着不同的服饰,可以给人留下不同的印象。公关人员应注意学习服饰搭配的方法和技巧。

2. 服饰的审美

服饰美是多种多样的,有活泼美、华贵美、朴实美、时髦美、端庄美等。每个人应根据自身的素质、气质、性格、职业选择最适合的服饰基调，在选定基调的基础上装扮自己，追求高雅大方的形象。

有两种服饰趋向是不足取的，一种是过于追求华丽，以奢侈为荣；一种是过于随便，不修边幅，以不拘小节为“脱俗”。服饰上的过于追求“超群”或“脱俗”的个性化，会给人留下不美的印象，妨碍社会交际的正常进行。

服饰美实际上只要做到得体即可，即合身、合意、合时、合礼、合俗、合规。

3. 西装穿着礼仪

西装是目前世界上最常见、最标准、男女皆用的礼服。西装与衬衫、领带、皮鞋、袜子、皮带等是一个统一的整体，它们彼此之间统一协调，使穿着者显得稳重高雅、自然潇洒。

女士西服套装作正规礼服时，色彩款式要沉稳大方，以素雅的单色和简单的条格面料为主；作日常工作服穿着时，可视个人爱好，在色彩款式、面料、图案上随意些，但色彩不能太鲜艳。

（三）仪态

在公关社交活动中，人的姿态呈现传递着各种各样的信息。举止稳重大方，神情亲切自然，风度潇洒自如，表达在社会交往中的真情，会吸引四方宾朋。得体的站姿、坐姿和走姿给人以美感，同时会以非语言的形式向外传递某种信息。

“站如松、坐如钟、行如风”是我国古代对良好仪态的要求。良好的仪态形象也是对现代公关人员的基本素质要求。

良好的站姿像松柏一样，给人以挺拔、稳重的感觉。标准的站姿，从正面观看，全身笔直，精神饱满，现代公关人员两眼正视，两肩平齐，两臂自然下垂，两脚跟并拢，两脚尖张开 60°，身体重心落于两腿正中；从侧面看，两眼平视，下颌微收，挺胸收腹，腰背挺直，手中指贴裤缝，整个身体庄重挺拔。

为了维持较长时间的站立或稍事休息，标准站姿的脚姿可作变化。如两脚分开，两脚外沿宽度以不超过两肩宽度为宜；或以一只脚为重心支撑站立，另一支脚稍曲以休息，然后轮换。但像身体斜靠在物体上，两手叉腰或两臂交叉放在胸前，双腿分得很开或两腿交叉，双手插入衣袋或裤袋，身体不停抖动，这些动作会给人没有精神、不尊重对方、不稳重的感觉，从而影响个人形象，影响公关效果。

标准的坐姿是全身保持站立时的标准姿态，两腿平行于椅子前，弯曲双膝，挺直腰背坐下。落坐时声音要轻，动作要缓，落坐过程中腰、腿肌肉要稍有紧张感。坐立时，两肩平正，两臂贴身下垂，两手可随意摆放在大腿上，两腿外沿间距与肩宽大致相等，两脚平行自然着地；坐立时，应避免靠椅子背、两腿叉开、把脚藏在座椅下或勾住椅子脚、翘二郎腿、趴在面前的桌子上等。

标准的走姿是双眼平视，臂放松，以胸领动肩轴摆，提髋提膝小腿迈，跟落掌接趾推送。上身基本保持站立的标准姿势，挺胸收腹，腰背笔直；两臂以身体为中心前后自然摆动，前摆约 30°，后摆约 15°，手掌朝向体内；起步时身子稍向前倾，重心落前脚掌，膝盖伸直；脚尖向正前方伸出，行走时双脚踩在同一条线缘上。行走时，应避免摇晃身体、两肩一高一低、脚步声太大、身体乱晃乱摆、双手反背或插在衣服袋子里等。

公关礼仪还有一些待人接物的说话及行动礼仪,很多公共关系教材和礼仪教材均有论述,本书不做详细阐述。

【素质拓展 5-2】

小张是一位年轻的煤老板,由于自己忽视了社交中的礼仪,在一次某外企的西式周年酒会上,就闹出了笑话。

小张收到请柬十分激动,因为这是自己第一次受到这种酒会的邀请。为了配合这次酒会,小张特意去 Armani 为自己挑选了一身黑色的西装。为了彰显尊贵,小张还特意保留了西服袖口上的商标。买完西服,小张又觉得一身黑色的西装配着黑色的皮鞋显得太过单调,于是挑选了一双白色皮鞋,又买了一个领带夹。买好了装备,小张像往常一样,系上象征本命年的红腰带将自己的手机别在腰上,钥匙往腰上一挂,就开车出发了。小张到达酒会现场,所有见到他的人都笑了。小张心里正泛着嘀咕,突然有人上前和他交谈想要交换名片,两人换了名片之后,小张直接装到了自己的口袋里。小张看到有人在排队拿着盘子取东西吃,于是他拿起盘子挤到了最前面,装满盘子吃了起来。从这之后,小张意识到再也没人理会他,觉得无聊就自己先走了。

(资料来源:https://wenku.baidu.com/view/c179b02e915f804d2b16c1c7.html)

第三节 公关沟通

一、公关沟通概述

传播沟通论的公共关系定义认为公共关系是组织的一种特定的传播管理行为和职能,认为公共关系离不开传播沟通。英国著名公关学者弗兰克·杰夫金斯指出:“公共关系就是一个组织为了达到它与公众之间相互了解的确定目标,而有计划地采用一切向内和向外的传播沟通方式的总和。”

1. 公关沟通根据对象和范围可分为内部公关沟通和外部公关沟通

公关的对象是“公众”,但公众并不等于外界,组织内部成员也包括在内。企业的股东、员工、员工家属、顾客、新闻界、政府机构、社区、竞争对手、批发商、零售商、合作单位、银行、保险公司、能源供应商、原材料供应商以及整个社会公众都是企业的公关对象,与任何一个公众之间关系恶化,都会对企业的生存造成威胁。

本章主要介绍内部公关沟通。

2. 公关沟通可分为宣传性公关沟通和危机性公关沟通

宣传性公关沟通侧重从诚实信用出发,对外界公众做出品牌形象、社会责任等承诺,正面突出组织的优点、优势和特色。组织成立初期及转型时期为树立形象而进行的正面宣传推广属于宣传性公关沟通。而当组织遭遇一些事件可能对组织形象和声誉带来一定负面影响时,为挽回组织形象、消除公众对组织的不信任甚至是敌对情绪而进行的沟通属于危机性公关沟通。危机性公关沟通的出发点应当是坦诚、勇于承担责任,不推脱,积极地、有建设性地解决问题,化解危机。沟通不善,组织就会在危机的泥潭里越陷越深。

二、公关沟通的原则

1. 真诚沟通

公关沟通中的开诚布公容易取得沟通受众情感上的认同。宣传性公关沟通中正面宣传不要过分夸大,危机沟通时的真诚体现了组织敢于面对问题的态度,是树立组织负责任的形象的需要。特别是在出现危机问题时,真诚的态度是寻找问题原因、以解决问题为目标的建设性沟通的基础。

西门子公司在处理罗永浩冰箱的售后问题上就给公众留下了不真诚的印象,导致公司和品牌形象受损。从 2011 年 9 月开始,罗永浩连续发布微博称,家中先后购买的三台西门子冰箱都存在“门关不严”的问题,但是西门子“回避问题”。针对罗永浩的屡次投诉,西门子家电直到 2011 年 10 月 15 日才在官方微博表示歉意,承诺免费上门维修,但始终否认冰箱存在质量问题。而脸书公司的扎克伯格面对国会质询坦言是公司没有做好数据保护,因此获得了公众的理解和认可。

2. 诚信沟通

公共关系实务的本质是获得公众的信任,而要赢得公众的信任首先是说实话。说实话不是泄露组织的秘密,而是不能撒谎。美国公共关系协会和国际商务沟通者协会所指定的行为准则的本质都是将诚实和公正视为公共关系实务的核心。公关人员的底线必须是在符合组织的最佳长远利益的基础上提供建议和做事。

美国前总统克林顿及其公关人员在处理莱温斯基性丑闻事件中,沟通顾问采用编造莱温斯基故意捏造丑闻中的事实来辩解,以求维护总统及白宫公众形象。后克林顿被调查,被控做伪证和妨碍司法,最后在司法部门的证据下,克林顿不得不对全国发表公开讲话,承认性丑闻,向人民道歉。不久后美国众议院通过总统弹劾条款,虽然之后又被参议院否决,但克林顿总统及其政党的声誉都受到了影响。

3. 及时沟通

及时沟通对公关沟通也非常重要,尤其是在发生危机事件后,组织应第一时间与媒体和公众进行沟通。时间是最宝贵的,组织应该在最短的时间内与利益相关方进行沟通。危机发生后,公众急需组织发出声音,了解事情的真相。及时沟通能够展示组织良好的负责任的形象,同时也能够很好地避免谣言的产生,多个案例表明谣言产生的原因是组织没有及时发出声音。

西门子公司在罗永浩砸冰箱事件发生后,没有在 2011 年 9 月罗永浩微博发声的第一时间与罗永浩和整个社会公众进行公关沟通,直到 2011 年 10 月 15 日才在官方微博表示歉意,显然不符合公关沟通的及时沟通原则。由于罗永浩是一位公众人物,导致后面各种媒体对北京西门子总部门前的砸冰箱事件都进行了报道,而且将期间西门子公司与罗永浩沟通的过程也报道了出来。西门子称在中国内地该品牌是授权博西公司管理的,这一声明被公众理解为西门子公司在推脱责任,导致事态越发严重,其品牌形象严重下滑。

4. 主动沟通

宣传性的沟通本身就是一种组织主动对外公开公布信息的方式。在危机沟通中,危机发生后,组织应该主动披露信息、主动道歉、主动赔偿,越主动越能获得公众的认同和接受。越被动发出的信息越不能让人信服,越值得怀疑。

2014 年初,美国通用汽车公司因十余名通用汽车驾驶员的死亡被归因于点火开关故障的事件陷入危机。公司新任首席执行官玛丽·巴拉一再向受害者致歉,态度坚决地召回了 160 万辆缺陷汽车。不仅如此,该公司还主动发布消息称召回另一批 170 万辆安全气囊有缺陷的汽车。玛丽·巴拉选择主动把坏消息发布出去,是为了立即吸收巨大的打击以便更快地消除通用汽车声誉所受到的影响。

三、内部公关沟通

(一)内部公关沟通的概念

内部公关沟通是指组织对内部公众的沟通,内部公众是组织内部公关沟通、传播的对象,包括组织内部全体员工构成的公众群体,如企业内部的员工、员工家属、股东以及政府部门内部公务员、工作人员等。内部公众是与组织利益关系最密切的公众,是组织内部公关工作的重要对象,又是外部公关工作的主体。

(二)内部公关沟通的意义

传统公共关系中,组织内部公关沟通相对于针对组织外部、媒体、社会公众及投资者的外部公关沟通被视为次要工作。随着人本经济和企业文化管理模式的深入,企业内部公关沟通日益具有重要的战略意义:良好的内部公关沟通可以使组织获得自身成员的认可和支持,提高组织的凝聚力;良好的内部公关沟通可以让组织内部防止内耗,提高管理的效率;良好的内部公关沟通可以使组织通过全员公共关系来增强外部公关影响力。

(三)内部公关沟通的目标

1. 传递信任

如果组织的内部员工不信任组织,组织对自己的内部员工不信任或者让员工产生不信任组织的感知,那么组织的外部公关也很难达到良好的效果。进行有效的、可信赖的内部公关沟通是公共关系的一个非常重要的责任。一个组织的员工愿意表达不满,高级管理层能让员工接触到并和蔼可亲,关于组织的信息优先在内部沟通,让员工有一种组织把他当做了自己人的认识,这是组织获得员工信任的表现。

2. 畅通信息

管理层要让员工们相信,管理层不仅希望与其沟通,而且希望以真诚而坦率的态度进行沟通,这是内部沟通的挑战。组织内部公关沟通有效,可以帮助组织领导者了解内部情况,有助于做出正确的决策。

(四)内部公关沟通的途径

内部公关沟通的途径有正式途径和非正式途径。正式途径有文件沟通、会议沟通;非正式途径有内部交流群(如微信、QQ 群)沟通、小群体沟通、电子邮件沟通、意见箱和建议箱沟通等。

现代公共关系应重视内部沟通。美国克莱斯勒公司总裁艾柯卡认为,一个好的经理人员不仅应该具有向董事会说明自己脑子里的想法的本领,而且花在倾听上的时间起码要与花在讲上的时间一样多,真正的交流必须是有来有往的。经理人员只有善于听取意见,才能调动员工的积极性,一个普普通通的公司和一个干得出色的公司的区别就在这里。作为一个经理人员,艾柯卡最得意的事情就是让被看作中等或平庸的人受到赏识,使他们感到自己的意见被采纳，并发挥了作用。

会议沟通是组织内部正式沟通最常见的方式。但很少有人喜欢开会，这可能与组织会议的方式有关。成功的会议应当在会议中实现信息的有效传达，在讨论和决策型的会议中应该提前让与会者知晓会议议题。一次成功的讨论性会议应当是这样的：预先准备；把会议议题及日程至少提前一天通知参与者；让参与者问自己对他们有什么期望，怎样准备；限制出席人数，指派一名会议主持人；会议室放一面钟，定出具体的开始和结束时间；坚持日程的情况下，鼓励每个人发言；尊重每个人的意见，促使进行充满生气的讨论、辩论和头脑风暴；利用视觉工具，如 PPT；会议主持人或领导应该让所有参与者知道会议结果；结束时评价会议，并征集建议。

【素质拓展 5-3】

"史上最实诚招聘"引领诚信主流

"学校很一般很一般……不是双一流……人才引进政策待遇一般……""评职称容易……学校教授数量急待增加，校长为这事儿特别上火；工作压力不大，没有科研要求……"

贵州兴义民族师范学院"最实诚招聘启事"2018 年 4 月底刷爆网络，半个多月后，"实诚"效应就已显现。2018 年 5 月 15 日，该校教师工作处副处长张贵强告诉《澎湃新闻》记者，目前该校正在面试国内各大高校前来应聘的人才。

"投简历情况很好，质量不错，有北京大学语言学博士、云南大学民族学博士、中国传媒大学传播学博士、山东大学文献学博士、复旦大学文学博士，业务素养都很不错，都是我院需要的人才。"发布该启事的雷励老师 2018 年 5 月 13 日对《澎湃新闻》记者说，该院共收到近 20 份相关专业的简历，经学校人事处初步筛选之后，学院又进行了第二次筛选。

"'最实诚招聘'能够引起社会反响，反映了一种价值倾向，未来将用人们更喜欢、更易接纳的方式去对外交流、沟通和推介。"5 月 12 日，贵州省黔西南州人民政府副州长李杰接受《澎湃新闻》记者采访时表示。

因发布"最实诚招聘启事"而被称为"佛系院长"的兴义民族师范学院文传学院院长雷励告诉《澎湃新闻》记者，目前，他已经面试了多名前来应聘的博士，其中不乏北大、复旦、山大等名校毕业生，接下来还有来自台湾一些大学的博士面试。

张贵强表示，在面试应聘者过程中，学校做到了"坦诚相待"。"地方高校基础较弱，这也是我们的优势，来这工作便是创业，像是'开山鼻祖'，有较多机会。"他说，兴义生活环境较好，"博士们的整体评价还是不错的。"

（资料来源：http://edu.sina.com.cn/l/2018-05-16/doc-ihapkuvm5727041.shtml）

本章小结

公共关系是社会组织为了塑造良好的组织形象，通过传播、沟通手段来影响公众的科学与艺术。本章介绍了公共关系中礼仪的基本概念、公关人员礼仪形象的基本要求、公共关系沟通的原则等内容。

巩固练习

1. 如何理解公共关系礼仪与沟通在公关中的作用？

2. 结合实际阐述怎样从个人礼仪方面提升公共关系的效果。

3. 公关人员应怎样提升沟通能力?

案例研讨

【背景素材一】

鸿茅药酒案

2017 年 12 月 19 日,谭秦东在“美篇”上发布一篇名为《中国神酒“鸿毛药酒”,来自天堂的毒药》的帖子,并将该文分享到微信群。谭秦东在文章中指出,人在步入老年后,心肌、心脏传导系统、心瓣膜、血管、动脉粥样等发生变化,而有高血压、糖尿病的老年人尤其注意不能饮酒。鸿茅药酒的消费者基本是老年人,该酒的宣传具有夸大疗效的作用。截至 2018 年 1 月 16 日,谭秦东的妻子刘璇屏蔽该账号,帖子阅读量为 2 241。谭秦东的账号只有 5 个粉丝。

2017 年 12 月 22 日,内蒙古鸿茅国药有限公司一员工受公司委托报案。该员工称:近期多家公众号对鸿茅药酒恶意抹黑,甚至宣称鸿茅药酒是毒药,大肆散播不实言论,传播虚假信息,误导广大读者和患者,致多家经销商退货退款,总金额达 827 712 元,造成公司产品销量急剧下滑,市场经济损失难以估量,严重损害了公司的商业信誉。受这篇帖子影响,在深圳、杭州、长春三地,共两家医药公司、7 名市民要求退货。这两家公司为吉林省海山医药有限公司、杭州萧山保康医药有限公司,两公司分别退货 14 000 瓶、43 200 瓶,涉及货款 827 000 元、2 983 392 元;7 名市民分别要求退货 1 瓶到 12 瓶不等。内蒙古丰镇兴丰会计师事务所《会计鉴定书》结论称,若两家医药公司履行合同,鸿茅药酒方能赢得净利润 1 425 375.04 元。2018 年 1 月,内蒙古凉城警方以损害商品声誉罪将谭秦东跨省抓捕。4 月,内蒙古检察院认为鸿茅药酒声誉案因为事实不清、证据不足,退回警方补充侦查并变更强制措施。

连日来,鸿茅药酒始终处在舆论的强烈质疑下,很多机构纷纷发声,药监部门对鸿茅药酒涉嫌虚假宣传也发了监管函;尤其是发表于 2001 年《临床急诊》杂志的一篇题为《中毒致急性肾功能衰竭 37 例分析》论文 ,被有心的网友翻了出来。文中 37 例中毒所致的急性肾功能衰竭,就有 2 例是因为饮用鸿茅药酒引起的,算是确凿证据了。

(资料来源:https://baike.baidu.com/item/%E9%B8%BF%E8%8C%85%E8%8D%AF%E9%85%92%E4%BA%8B%E4%BB%B6/22492086?fr=aladdin)

思考:

1. 此案例中鸿茅药酒公司的做法在公关方面有哪些问题?

2. 你还能提出一些帮助鸿茅药酒公司修复企业形象的公关方案吗?

【背景素材二】

川航 3U8633 挡风玻璃破裂脱落迫降成都事件

2018 年 5 月 14 日早上,由重庆经停成都飞往拉萨的川航 3U8633 飞机,在重庆起飞后不久驾驶舱右座前风挡玻璃破裂脱落。当时飞机已处于万米高空,航班机长刘传健在驾驶舱失压、气温降至零下二十几度、自动化设备失灵的危急关头,依靠二十年飞行经验和良好的心理素质、过硬的专业素质,手动操纵飞机,于 2018 年 5 月 14 日 7 时 40 分左右成功让飞机备降在了成都双流机场,保证了 119 位乘客和 9 名机组人员的生命安全,避免了一次重大的航空灾难,整个备降过程前后仅仅 20 分钟。

一位民航业界专家称赞川航本次备降“是一个奇迹”,网友也称这是一次“史诗级”的备降。

（资料来源：https://baijiahao.baidu.com/s?id=1600451973584591125&wfr=spider&for=pc）

思考：

1. 针对这次事件，思考川航的公关沟通方案及内容。

2. 试阐述公关沟通对于危机实践处理的重要性。

第六章 公共关系专题活动

学习目标

【知识目标】掌握公共关系活动的特征、目的、实施策略以及主题策划要求。

【素质目标】培养公关专题活动策划能力、团队协作意识、传播沟通观念。

【技能目标】掌握组织策划公关活动的能力，运用公关知识分析解决问题。

案例导入

【专题活动】

"壳牌全球品牌活动'壳'动未来"2017中国站落幕

2017年12月16日，"壳牌全球品牌活动'壳'动未来"的中国站在上海宏慧·盟智园迎来了本年度的收官活动。本次活动以"壳"动未来，各尽奇"能"——智慧能源创想大会为主题，携手《第一财经》，邀请到了当下活跃在能源领域的专家学者、企业代表、媒体代表以及创客代表，为现场观众呈现了一场"火花四溅"的能源盛会。

面临严峻的能源挑战，壳牌认为需要联合怀着同样梦想的投资者、公众以及有影响力的人士共同努力，才可能"壳"动能源发展的未来。"壳"动未来全球品牌活动2016年于巴西里约热内卢正式启动，以壳牌与全球六家智慧能源初创企业的合作为契机，融合来自不同地区的能源创新理念，在全球范围内开启了一场横跨五大洲的"能源接力"。在中国，"壳"动未来品牌活动今年已先后在成都、西安和天津登陆，掀起一次又一次的智慧能源热潮，也吸引了当地消费者的广泛关注和参与。

（资料来源：https://www.shell.com.cn/zh_cn/media/press-releases/2017-media-releases/2017-make-the-future-closing-event.html）

【案例分析】

上述案例告诉我们，壳牌公司紧抓时代脉搏，以"清洁能源"和"能源转型"为主题的能源发展战略研讨会是一项卓有成效的专题公关活动，成功展示了壳牌公司新能源创新和清洁能源理念的企业担当。

公关专题活动又名"公关专门事件"，是社会组织围绕某一明确的目标而开展的活动，是一项操作性、应用性和技术性很强的工作。利用特定的时机举办富有新鲜感和纪念意义的专题活动，能使参与者在融洽和谐的气氛中感受到活动组织者的各种意图，接受各种信息，增强对组织者的亲善感，达到提高组织知名度和美誉度的目的。公共关系专题活动是一个有计划地进行准备、实施和总结的过程，策划和举办成功的专题活动要求公关人员不仅要有广博的知识，而且还要熟练掌握进行专题活动的技能。

第一节 公关专题活动概述

一、公关专题活动的概念

(一)公关专题活动的定义

公关专题活动是社会组织围绕某一明确的目标,以公共关系传播为目的,有计划、有步骤地组织参与协调的社会活动。社会组织举办各种类型的公共关系专题活动有利于协调组织与各方面公众的关系,有利于树立良好的组织形象。所以,社会组织应该经常举办各种公共关系专题活动。

(二)公关专题活动的特征

公共关系的专题活动具有以下特征。

1. 活动主题明确

任何公共关系专题活动都应该有明确的主题,如企业举办青年职工联谊会,属于组织内部的公关活动,其主要目的是增强青年职工的组织认同感和归属感,促使青年职工更快融入组织的大家庭。这类活动比较易于引起组织内部职工的情感共鸣,产生轰动效应,增强企业的凝聚力。

2. 具有创新性

公共关系专题活动应策划得新颖别致,富有特色,大胆创新,力戒平淡。公共关系专题活动创新的主要表现是:在创意上新,在形式上新,在内容上新,在方法上新。

3. 具有影响力

一般情况下,公共关系专题活动的影响越大,说明其专题活动办得越成功,如果没有什么影响,则说明公共关系专题活动是失败的。

4. 时效性较强

公共关系专题活动通常会吸引新闻媒体的关注和报道,合理利用新闻媒体可以在较短时间内实现活动信息快速扩散,迅速增加公关专题活动的影响力。

(三)公关专题活动的策划要求

1. 明确活动目的

任何公共关系专题活动都应该有明确的日的,要设定影响哪方面的公众,要达到怎样的公共关系目标,要取得哪方面的效果以及公共关系专题活动的主题是什么,这些都应事先确定。

2. 细化实施方案

应该把公共关系专题活动作为一个整体和系统工程来设计、规划。对于时间、地点、参加者、活动方式、环境、交通、经费、宣传报道、效果评估等各方面因素和细节都要考虑周全,事先要制订实施方案并请有关人士论证批准,然后按照活动方案进行操作实施。

3. 制订传播计划

应根据活动主题设计有利于传播的公关活动口号或标题。标题或口号既要反映公关活动的主要内容,又要有创意,让公众产生耳目一新的感觉。在公共关系专题活动开始之前,要将有关专题活动的消息传播出去,以便渲染气氛,营造良好的媒体氛围,诱导公众舆论。预先与新闻媒介密切沟通,为媒体采访报道提供一切便利条件。

4. 落实专人负责

公共关系专题活动不仅要请专家精心策划,而且要有专人负责实施,最好是组成专门机构一抓到底,善始善终。

二、公关专题活动的目的

通过公关人员独具匠心的公共关系专题策划活动可以使公关日常工作高潮迭起,为组织创造有利的公共关系时机。策划实施公共关系专题活动主要为了达到以下目的。

(一)制造新闻

制造新闻是公关人员在真实的、不损害公众利益的前提下,有计划地策划组织举办具有新闻价值的活动和事件,吸引新闻界和公众的注意,争取被报道的机会,并使本组织成为新闻报道中的主角,以达到提高组织知名度的目的。公共关系专题活动一般都有明确的主题,创新设计的活动内容往往会成为新闻媒体和社会公众关注的"焦点"。

(二)增强好感

利用社会传统的重大节日或组织自身富有意义的纪念日举办公关专题活动,可以表达组织对社会公众的善意,改变组织的社会舆论和关系环境,改善组织内部的人际关系。

(三)联络感情

通过策划和举办公关专题活动,与社会各界广泛联络交往,增强组织与公众的信息交流。

(四)挽回影响

当组织形象受到损害时,需要运用多种手段加以矫正,通过巧妙地设计和有效实施公关专题活动,改善公众既有的印象,使受到损害的组织形象得以恢复。

三、公关专题活动的实施原则

1. 符合时代精神

公关活动的主题应与社会大环境相适应,紧跟时代发展步伐,符合时代精神,与时俱进,符合当前的国际国内形势。

2. 遵守国家法律法规

公关活动的内容和实施形式应当遵守国家的法律法规,严禁组织实施违反国家法律法规的公关活动。

3. 遵守社会公德

公关活动的内容应符合社会公德,违背社会公德的公关活动势必会引起人们的非议,遭到社会舆论的谴责,对组织形象造成负面影响。

4. 有利于社会文明

精神文明建设是各级政府都极为重视的一项重要工作。只要有利于社会的精神文明建设,各级政府都会积极支持。公关活动如果能得到政府支持,活动的效果往往会事半功倍。

5. 具有新闻价值

公关活动的主要目的是扩大组织的知名度和社会美誉度,媒体的参与至关重要。这就要求公关活动在策划时必须有所创新,公关活动的主题和内容要有新意。创意新颖、内容独特的公关活动才具有新闻报道的价值。

6. 具有可操作性

公关活动不能脱离社会现实。策划组织公关活动需要考虑国情、民情和民风，充分考虑操作中可能会遇到的种种困难，制订好相应的应对措施。与政府部门或权威部门合作可以大大降低操作难度，提高活动成功率。

7. 提升组织形象

提升组织形象是举办公关活动的主要目的之一。正面、积极、与时俱进、符合时代精神、遵守国家法律和社会公德、有利于社会物质文明和精神文明建设的公关活动可以迅速提升组织形象。有损组织形象的公关活动无疑是搬起石头砸自己的脚。

【素质拓展 6-1】

康师傅赞助重庆马拉松赛

重庆马拉松于 2017 年 3 月 19 日鸣枪起跑，参赛选手在组委会和赞助企业的支持下顺利完赛。作为 2017 春节后国内首个大型马拉松赛事，重庆马拉松吸引了 30 000 名国内外跑者参加，最终来自埃塞俄比亚的选手 Afewerk 以 2∶09′49″的成绩获得冠军，打破“重马”2∶10′33″的赛会纪录。

康师傅继去年为多站马拉松赛事提供服务后，再次为“重马”提供运动营养膳食支持，不但参赛跑者都领到了赛前早餐面和赛后补给面，工作人员也享受到了热腾腾的面条美食。此外，康师傅还贴心地在装备包中放置了马拉松营养卡，不仅在“重马”期间，而且在以后的马拉松赛事中跑者都可以参照这张营养卡进行科学的运动营养膳食准备，在运动、跑马、坚持梦想的路上，康师傅始终一路陪伴。

“重马”期间，很多跑者都领到了康师傅发放的号码扣、发带、马拉松主题 T 恤等马拉松文化纪念品，兼具纪念性和实用性。“重写”结束后，康师傅还为部分跑者颁发了奖牌，以此表彰那些坚持跑马梦想的跑者，这块制作精美的康师傅专属奖牌也是康师傅打造自身马拉松文化的一项举措和回馈跑者的特别方式，除了营养膳食层面，在精神层面也一路陪伴跑者。值得一提的是，康师傅马拉松专属奖牌在设计形式方面也有所创新，集齐十站奖牌的跑者将有惊喜。中国面食企业的代表者、方便面领军品牌康师傅为“重马”提供了全程马拉松营养膳食服务，广受国内外选手赞誉。

（资料来源：http://sports.sohu.com/20170319/n483842886.shtml）

第二节 公关专题活动类型

一、社会赞助

（一）社会赞助的概念

社会赞助是指通过提供资金、产品、设备、设施以及免费服务的形式资助社会事业的公共关系活动，是大众传播和沟通的方式之一，其主要目的是为了获得社会好感，进而提高组织的知名度和美誉度。

（二）社会赞助的原则

社会组织无论是主动选择赞助对象，还是接到赞助邀约时考虑是否赞助，都应当遵循以下基本原则。

1. 社会效益原则

赞助活动要着眼于社会效益，即赞助对象和赞助项目应具有较强的社会意义和社会影响，具有良好可靠的社会背景和社会信誉，如社会救助、扶贫济困、希望工程等。

2. 社会关注原则

组织开展社会赞助的根本出发点是为了扩大组织的知名度和美誉度，提升组织的社会关注度。因此，开展社会赞助需要调查和分析社会公众和新闻界是否关注、程度如何等。

3. 经济效益原则

赞助活动直接提供了资金、物质或者服务，因此，社会组织无论开展什么形式的赞助活动都应讲究传播效果与经济效益，应当量力而行，不要超过自己的承受能力。赞助经费的支出也要留有余地，以备意外之用。

4. 合理合法原则

赞助方和赞助对象都应符合法律道德，符合社会利益和公众利益，必须坚持原则，严格遵循法律规章制度，杜绝人情赞助、人情广告等不正之风。

（三）社会赞助的作用

社会赞助是一种既可赢得社会认同感和美誉度，又可提高组织知名度的公共关系专题活动。赞助活动在现代社会中十分普遍。试想如果没有商业赞助，许多大型的公益活动将很难开展。在我国，随着组织公共关系意识的提高，社会组织的赞助数量越来越多，金额也越来越大。有的组织为“扶贫济困”捐款捐物，不遗余力；有的企业赞助体育事业而一掷千金。社会赞助的作用主要表现在以下几方面。

（1）通过赞助活动，既可达到宣传的目的，又可增强说服力和组织影响力。

（2）通过赞助活动，制造新闻效果，扩大社会组织的知名度，提高组织在公众中的美誉度。

（3）通过赞助活动，表明社会组织勇于担当，借此树立组织关心社会公益事业的良好形象。

（4）通过赞助活动，建立组织与公众的关系，增强社会组织与外界交流的和谐度。

（四）社会赞助的实施步骤

1. 明确赞助目的

每次赞助活动都有它特定的目的。通常赞助活动的目的主要有以下几类。

（1）追求新闻效应，扩大组织的社会影响。

（2）增强广告效果，提高组织的经济效益。

（3）联络公众感情，改善组织的社会关系。

（4）提高社会效益，树立组织的良好形象。

2. 选择赞助对象

社会组织可以主动选择赞助对象，也可接受邀约而开展赞助活动。不论是什么情况，都要依据组织自身的发展战略和公共关系目标来选择和确定赞助对象，不能盲目而为之。

3. 制订计划与具体实施

提供赞助的社会组织要根据赞助类别和有关赞助活动的政策法规，充分考虑组织的经济实力，拟定年度赞助计划，明确赞助对象的范围、经费预算、赞助形式、组织管理办法等，以做到有计划、有控制地开展社会赞助活动。计划制定好以后，要派专门的公共关系人员负责各项赞助方案的具体实施，运用公共关系技巧去扩大组织的社会影响。如果遇到不正当赞助要求和摊派时，应坚决拒绝，必要时可诉诸社会舆论和法律。

4. 评估赞助效果

赞助活动结束之后，组织应对赞助效果进行调查评估。可以对照计划检测赞助活动的完成情况，可收集社会公众、新闻媒体和赞助者的意见和建议，找出差距，评定效果，以利于日后更好地开展赞助活动。

（五）社会赞助的类型

社会赞助的类型归纳起来主要包括赞助体育活动、文化活动、教育事业、慈善福利事业、主要纪念活动以及特殊领域赞助活动等。

1. 赞助体育活动

赞助体育活动是最常见的一种赞助形式。体育活动的影响面广，公众参与的愿望强烈，并且超越了民族、国界和政治因素的影响，特别是奥运会和世界杯足球赛这样的世界范围的大型体育比赛，其影响是十分巨大的。如果社会组织赞助这一类的体育活动，会扩大自身的知名度和美誉度，增强自身的广告效果。

【素质拓展 6-2】

李宁·中国大学生足球联赛

为了全面贯彻落实党的教育方针和政策，自 2000 年中国大学生足球联赛被推出，其已成为全国大学生足球项目基本赛制。当下，大学生足球联赛已发展成国内最大规模、最受全国大学生欢迎的联赛之一。在教育系统中，大学生足球联赛属于最高级别联赛，占据关键性位置，与校园足球联赛也有着某种必然联系，其扮演着重要的“火车头”角色。

在赞助中国大学生足球联赛过程中，李宁公司采取了多样化的营销策略，塑造全新的李宁品牌形象，打造品牌效应，赞助的同时，自身经济效益也能有所提高。赞助权益营销策略便是其可以采用的重要手段之一。在赞助过程中，李宁公司借助排他性原则，也就是说，出资赞助中国大学生足球联赛的同时，便可以独家享有联赛的相关赞助权益，比如冠名权、同类产品广告权，有效垄断参赛者、教练员、裁判员等服装与装备的提供权，有效防止赞助的大学生联赛中出现和自己同类产品的广告以及参赛者、裁判员等穿其他品牌服装等。

李宁公司借助这一重要的营销手段更好地维护了自身的合法权益。出资赞助大学生足球联赛举办的同时，也能在全国各地区大学生乃至不同层次观众面前更好地展示自身产品，无形中促使更多的人全方位地了解李宁品牌，在大众心中塑造了良好的形象，不断提高自身在市场中的销售量，有效提高了自身市场核心竞争力。

（资料来源：郭振东，《李宁公司赞助中国大学生足球联赛的营销分析》，载《经济研究导刊》，2017（28），61~62 页）

2. 赞助文化活动

赞助文化活动不仅可以培养组织与公众的友好感情，还能通过知名度的扩大来创造良好的社会效益，许多组织对电影、电视剧、文艺演出、音乐会、演唱会、画展的赞助已经获得了成功。无论是对文化活动本身的赞助,还是对文化艺术团体的赞助,都是既繁荣和发展文化事业、又树立良好组织形象的有效形式。比如,2017 年 2 月,北汽集团独家冠名中央电视台黄金档热点文化节目“朗读者”,就是一次典型的赞助文化活动。

3. 赞助教育事业

赞助教育事业是一种效益长远的活动。它不仅有利于教育事业的发展、有利于全民族素质的提高,也有利于赞助者自身的人才培养和选拔,为组织建树良好形象,其形式有设立奖学金、成立基金会、捐赠图书设备、出资修建教学科研楼馆、赞助科研项目等。比如,邵逸夫先生在我国许多学校捐资修建了逸夫楼。

【素质拓展 6-3】

北京大学教职工足球协会获得李宁公司装备赞助

2017 年 5 月 26 日下午,“李宁公司赞助北京大学教职工足球协会启动仪式”在北京大学工会老生物楼 108 室举行。李宁集团 CPMO 室内运动事业部北京区域经理生岩、教职工足球协会部分会员以及教职工户外健身协会、教职工羽毛球协会、教职工网球协会、青年教工篮球协会、教职工自行车协会等体育类社团代表 20 余人参加了此次活动。活动由校工会副主席刘杉杉主持。

北京大学工会负责人在交流中谈道,李宁是中国体育事业的杰出代表人物之一,也是北大众多杰出校友的代表之一,由李宁先生创办的李宁体育用品有限公司已经是国内体育产业的领军品牌、在国际上拥有一定知名度的民族企业。他希望双方能够在群众健身等多领域开展合作,促进北大校园群众体育的全面发展,通过强强合作,支持校友企业和民族品牌的发展。生岩表示,李宁公司作为国内体育品牌的代表企业正处在转型期,希望通过支持北京大学群众体育工作,走进校园,营造氛围,树立李宁品牌健康向上的形象。

(资料来源:http://pkunews.pku.edu.cn/xwzh/2017-06/02/content_298086.htm)

4. 赞助慈善福利事业

赞助慈善福利事业是促进组织与社区、与政府融合关系,赢得良好社会声誉的重要途径。它能表明组织的社会责任感和高尚品格,容易博得社会公众的好感,常见的做法有救济残疾人、资助孤寡老人、捐助灾区人民、捐赠儿童福利等。比如,2008 年“5·12”地震期间许多国家和企业都向我国地震灾区捐赠了大量的医药物资和资金,协助地震灾区恢复重建,并对灾区孤残儿童和广大灾民开展心理健康咨询疏导等。

5. 赞助纪念活动

此类型为赞助重大事件和重要人物的纪念活动,以期树立组织的光辉形象,展示组织的文化内涵,如赞助建国周年庆典、大型社会经济成就展览、历史伟人的事迹展览和纪念活动等。

6. 赞助特殊领域

此类型为赞助某一特殊领域,可以使组织在某一方面获得一定的知名度或美誉度,增强在这方面的形象竞争力,如赞助学术理论活动和学术著作的出版,赞助生态资源保护和文物古迹的开发等。

除以上几种赞助类型外,还有赞助社会培训、赞助竞赛活动、赞助宣传品的制作等多种社会赞助形式。

【素质拓展 6-4】

香港马会全资赞助社体培训

凤凰体育讯:“这是一片深蓝的海洋”,伴随着中国社会体育指导员秦吉宏的这句话,“深海”激荡出一片掌声。这是“相约动起来健康中国人”社会体育指导员专项技能培训南京站出现的一幕。

参加培训的 600 名队员身着统一的蓝色制式运动衫齐聚在一起,热情洋溢的神情涌动着蓬勃向上、积极进取的阳光态势。其实,每站的服装均由香港马会全资赞助;此外,每站参加培训的 8 个省每个省都获得了由香港马会赠送的 1 套 4 本的社会体育指导员丛书 200 套。

社会体育指导员是全民健身的重要抓手,但更多的时候,他们常年默默无闻地奉献在全民健身第一线。提高他们的社会认知度,让社会知道他们的存在,了解他们的工作,以至愿意跟随他们,愿意接受他们的科学健身指导,是推进全民健身深层次展开的重要一环。从这个角度看,统一服装就是“亮出”身份,使社会体育指导员在社会上有存在感。

2015 年,国家体育总局群体司主导、社体中心经办为 11 000 多名一线国家级社会体育指导员配发了一套八件的制式服装,反响强烈。香港马会顺势而为,扎扎实实做公益,办实事之一即为社会体育指导员提供“身份”服装,实实在在地助力全民健身。香港马会公司事务执行总监麦建华表示:“香港马会支持全民健身,是在用心做公益事业,目的是通过这样的益举带动其他机构,对全民健身多一些关注。”香港马会“取之于民,用之于民”的非牟利经营模式和他们的公益行为,为“全社会参与”全民健身创立了一种新的模式。推广这种模式,形成氛围,单从推动社会体育指导员培训工作常态化、社会化而言,意义深远。

(资料来源:http://sports.ifeng.com/a/20150918/44683580_0.shtml)

二、新闻发布会

(一)新闻发布会的概念

新闻发布会是社会组织在发生重大具有积极影响的事情时,向新闻界公布信息,借助新闻提升该组织或者与该组织密切相关东西的形象的公关专题活动。

(二)新闻发布会的类型

一般而言,新闻发布会的类型有主动型新闻发布会和防御型新闻发布会两种。

1. 主动型新闻发布会

所谓主动型新闻发布会是社会组织向社会公众通告组织的新的变动或发展业绩,如企业转型、高层人事变动、新产品下线、收购、上市等,以此来提高公众的关注度,加强与公众的联系。

2. 防御型新闻发布会

所谓防御型新闻发布会则是组织为处理突发性的、有争议的事件而采取的公关活动,其目的是向公众说明原委、求得谅解或争取舆论支持。所谓“成也萧何,败也萧何”,如果在活动开展的环节上有疏漏,准备不充分,发言人举止言行不稳妥,反而会直接影响组织声誉。

(三)新闻发布会的特点

1. 庄严规范

这主要体现在新闻发布会的形式正规,档次较高,地点精心安排,邀请记者、新闻界(媒体）负责人、行业部门主管、各协作单位代表及政府官员。

2. 沟通活跃

这主要体现在组织与公众之间双向互动，先发布新闻，后请记者提问回答。

3. 传播优势

这主要体现在新闻传播面广，报刊、电视、广播、网站集中发布（时间集中，人员集中，媒体集中），迅速扩散到公众。

（四）新闻发布会的关键环节

1. 会前的计划和准备

筹备新闻发布会要有周密的计划，并做好会前的各项准备工作，如会址的布置，日期的确定，与会记者的邀请，会场音响、照明、电话传真等设备的齐备与无障碍保障，宣传辅助资料的印制与整理，明确组织人员与服务人员的分工等。

2. 会议议程的制订

新闻发布会的会议议程主要包括：来宾签到、贵宾接待、主持人宣布发布会开始和会议议程、按会议议程进行会议、会后聚餐交流、有特别公关需求的人员的个别活动。

3. 确定主持人与发言人

主持人与发言人人选的正确选择是发布会能够获得预期效果的基本前提。他们必须善于辞令，反应灵敏，有较高的文化修养和专业水平，在会前要进行必要的演练，预设可能出现的种种问题，并考虑怎样回答是妥帖的。

主持人的作用是调度和控制会场气氛，语言要幽默，能够察言观色，要避免出现紧张沉闷或嘈杂无序的会场气氛。发言人是组织的代表，态度要庄重，要成竹在胸，从容不迫，措辞准确、精当，问题的回答应具有权威性，必要时也可风趣幽默。面对难题不便回答时，注意回答技巧，巧妙转移话题；如遇故意发难的，应仍保持镇静、温和、礼貌的姿态，有礼有节地予以必要的答复。

4. 灵活运用信息发布的两种形式

在记者招待会上发布信息至少有两种形式：其一是陈述、说明或解释一定的事实；其二是表露一定的态度和立场。一般来说，前一种形式比较能让听众满足，因为在对事实的陈述、说明或解释过程中往往包含了说话者的态度和立场。通常，能用前一种形式时，就尽量采用前一种形式。当这种形式由于种种原因不能充分运用时，采用后一种形式同样可达到信息发布的目的。

5. 材料收集归档

新闻发布会后一要整理出记录材料，分析得失，并将总结材料归档。二要搜集与会记者在各媒体对发布会的报道，检查是否达到了预期的目标，并撰写总结分析报告再归档。

【素质拓展 6-5】

国资委发布“最美央企人”

2016 年 1 月 25 日上午，国务院国资委在京发布首批“最美央企人”。张崇峰、杨爽、薛梅、陈牧云、王炳益、王萍、张晞、曹锟、曹保刚、中国移动三沙网络建维团队等 10 名个人和团队榜上有名，中国航天科技集团公司等 20 家单位获“最美央企人”评选活动优秀组织奖。

自 2014 年以来，由国资委发起，中央企业全面开展了“践行核心价值观，做最美央企人”的主题实践活动，旨在进一步践行社会主义核心价值观，弘扬优秀的企业文化，展示央企员工良好形象。“最美央企人”评选活动经过推荐筛选、微信投票、专家评审等环节，从各企业推选的 500 名候选人中选出 10 位员工获此殊荣。

首批“最美央企人”，有的勇于开拓、实干创新，用执着的追求书写对事业的无限忠诚；有的恪尽职守、默默耕耘，在平凡的岗位上彰显生命价值；有的热心公益、乐于助人，体现了央企人的大爱情怀和社会责任，集中展示了新时期国有企业和中国工人阶级的优秀品质和时代风貌。为进一步学习宣传他们的先进事迹，特授予他们“最美央企人”荣誉称号，并号召广大央企员工向他们学习，把理想信念与祖国命运紧密相连，把人生价值与人民利益紧紧相连，唱响正气歌。

（资料来源：http://www.wenming.cn/xj_pd/yw/201601/t20160126_3110171.shtml）

三、庆典活动

（一）庆典活动的概念

庆典活动是组织利用自身或社会环境中的有关重大事件、纪念日、节日等所举办的各种仪式、庆祝会和纪念活动的总称，包括节庆活动、纪念活动、典礼仪式和其他活动。通过庆典活动，可以渲染气氛，强化组织的影响力；也可以广交朋友，广结良缘；成功的庆典活动还可能具有较高的新闻价值，从而进一步提高组织的知名度和美誉度。

（二）庆典活动的作用

庆典活动的作用概括起来有以下三个方面。

1. 引力效应

所谓引力效应是指组织通过庆典活动吸引公众的关注，提高组织的知名度。

2. 实力效应

所谓实力效应是指通过举办大型庆典，显示组织强大的实力，以增加公众对组织的信任感。

3. 合力效应

合力效应是指组织通过开展大型庆典，能增强组织内部职工、股东的向心力和凝聚力，提高公众对组织的信任感和认可度。

（三）庆典活动的类型

1. 节庆活动

节庆活动是利用盛大节日或喜庆事件而举行的表达快乐或纪念的庆祝活动。不同国家甚至同一国家不同地区，都有自己独特的节日。节日又有官方节日和民间传统节日之分。常见的官方节日有元旦、妇女节、消费者权益保护日、国际劳动节、儿童节、国庆节等；民间传统节日有春节、元宵节、清明节、端午节、中秋节等。还有些地方根据自身文化传统、风俗习惯等，筹办一些具有地方特色的节庆活动，如彝族火把节、傣族泼水节、潍坊风筝节、啤酒节等。

节庆日是公共关系部门开展公共关系活动的绝好时机。因此，每年 6 月 1 日前后，大小商店都会在儿童商品上绞尽脑汁；中秋节前，则会爆发一轮又一轮的月饼大战；“五一”和“十一”长假前夕，旅游胜地和饭店就会大张旗鼓地宣传和推介其优质的特色服务。

2. 纪念活动

纪念活动是利用社会上或本行业、本组织的具有纪念意义的日期而开展的公关活动。可供组织举办纪念活动的事件较多，如历史上的重要事件发生纪念日、本行业重大事件纪念日、社会名流和著名人士的诞辰或逝世纪念日。而本组织的周年纪念日、重大成就的纪念日等更是举办纪念活动的极好时机。通过举办这样的活动，可以传播组织的经营理念、经营哲学和价值观念，使社会公众了解、熟悉进而支持组织的各项事务。

3. 典礼仪式

典礼仪式包括各种典礼和仪式活动，如开幕典礼、开业典礼、项目竣工典礼、毕业典礼、颁奖典礼、就职仪式、签字仪式、捐赠仪式等。在实际工作中，典礼仪式的形式多样，并无统一模式。有些仪式非常简单，如某个企业办公楼的奠基典礼，有的邀请名流挥锹铲土，有的是企业老总简单致辞，仪式便宣告结束。有些仪式却非常隆重、庄严，如英国女王登基、国外皇室婚礼及葬礼等，甚至还有一套严格的程序和繁文缛节。

【素质拓展 6-6】

一方有难八方支援　缅怀汶川十周年

2018 年是“5·12”汶川特大地震 10 周年。10 年前的那场大地震，山崩地裂，满目疮痍，给人民的生命财产造成巨大损失。其中，极重灾区共 10 个县（市），较重灾区共 41 个县（市），一般灾区共 186 个县（市）。截至 2008 年 9 月 18 日 12 时，“5·12”汶川地震共造成 69 227 人死亡，374 643 人受伤，17 923 人失踪，是中华人民共和国成立以来破坏力最大的地震，也是唐山大地震后伤亡最严重的一次地震。

当时的汶川遭受了大自然无情的摧残，有多少人失去了兄弟姐妹，又有多少父母失去了孩子，在他们最悲伤、最需要帮助的时候是解放军不顾艰难险阻，打通了通往灾区的道路，解救了无数的人民群众，被称之为“最可敬的人民卫士”；同时祖国各地也纷纷伸出了援助之手，又涌现出了多少无名的爱心志愿者，用他们的爱抚慰了灾区人民受伤的心。在这场突如其来的大地震中，涌现出许许多多可歌可泣的舍己救人的感人故事和情景，感动得人热泪盈眶。正在家探亲的江苏公安都江堰籍消防战士、27 岁的党员班长黄恒，在父母失踪、没有接到任何指令的情况下，积极投入抗震救灾中。他连续 6 天 6 夜奋战在灾区一线没休息，只身救出 200 多人，还组织小分队救出一批乡亲。他在救人时不幸被钢筋刺成重伤住进了医院。他的英雄事迹深深感染着我们每个人。

虽然事情已经过去十年了，灾区已经重建，很多人都从沉痛中走出来，重新有了自己的家庭。但是汶川精神我们要永远牢记：一方有难八方支援。

（资料来源：http://dy.163.com/v2/article/detail/DH0AM8BQ0511V8Q1.html）

四、展览会

（一）展览会的概念

展览会是一种综合运用各种媒介、手段，通过实物、文字、图片、示范表演等方式，展现组织的成果、风貌、特征，宣传企业形象和建立良好公共关系的大型活动，如纺织展、电子展、航空展、新产品新技术推介会等。

（二）展览会的特点

1. 传播手段多样化

展览会上既有面对面的交谈、讲解和示范，也有文字材料，还有图片、幻灯、录像带等影视资料。多种传播手段的结合能给观众留下深刻印象。

2. 沟通宣传效果好

展览会通过直观的实物、精致的艺术造型、亲切动人的解说、悦耳的背景音乐，营造出一种绝佳的宣传环境。在这种环境中，组织与公众最容易沟通和交流。

3. 效率高，省时省力

展览会可集中不同行业的同一产品或服务，也可集中同一行业的不同产品或服务，给公众提供了选择、比较的机会。这为组织的宣传促销节省大量时间和费用，是一种高度集中和高效率的沟通方式。

4. 深受新闻媒介关注

展览会是一种综合性的大型公共关系专题活动，是新闻报道的好题材，是新闻媒介关注的焦点。因此，展览会往往会成为传媒采访的热点，对提高展览组织的知名度和美誉度有很大的帮助。各社会组织都非常重视利用这一形式来塑造和展现它们的最佳形象。

【素质拓展 6-7】

比亚迪亮相北京国际新能源汽车成果展

2017（第五届）中国国际节能与新能源汽车展览会暨节能与新能源汽车产业发展规划成果展览会在北京国家会议中心隆重举办。比亚迪商用车携 T7 纯电动卡车、T3 纯电动货车、K8 纯电动公交车和 e5 纯电动出租车等多领域新能源汽车产品亮相，为中国第一大节能与新能源汽车专业展带来了公共交通、物流运输及环卫等各交通领域的创新成果，以领先科技和完善战略有力助推“中国制造 2025”，助推建设制造强国。

比亚迪凭借强大的研发能力及垂直的整合实力，自主掌握电池、电机、电控三大新能源车辆核心技术，为纯电动卡车的整车研发与制造奠定了雄厚的基础。为深化新能源汽车“7+4”全市场战略，比亚迪推出了覆盖全面的 T 系纯电动卡车产品，以经济、品质、环保的突出优势，引领行业走上一条绿色发展之路。在环卫领域，比亚迪带来的是 T7 纯电动卡车。T7 整车采用电机驱动，具有零排放、低噪声等特点，可连续作业 7 小时以上。同时，其车载电池具有 DC—AC 逆变技术，在户外无充电桩的情况下，车辆间可以互相充电，增大续航里程。车辆还拥有 360° 监控影像技术，可实现车辆作业过程中的全过程、全方位监控。此外，T7 还改变了以往清扫车用盘刷清扫的传统方式，全部采用气流运动方式将粉尘和垃圾收集存储起来，吸净率高达 99%，无二次扬尘，实现真正的绿色环保。

节能与新能源汽车是“中国制造 2025”的重点发展领域，也是中国成为汽车制造强国的必由之路。在发展新能源汽车的道路上，比亚迪坚持在公交、出租、物流、环卫等多个领域开拓，并始终走在新能源汽车技术创新和产品应用的最前沿，比亚迪新能源车的足迹已遍布全球 50 个国家和地区，200 多个城市。未来，比亚迪将继续保持多领域发力，打造出更多高品质的新能源车产品，推动交通行业实现绿色可持续发展，用新理念、新技术助力“中国制造”由大变强。

（资料来源:http://www.sohu.com/a/198717580_376066）

五、公关谈判

（一）公关谈判的概念

公关谈判指双方或数方组织就一项涉及各方利益的问题,利用协商的手段,经反复调整各自的目标,在满足己方的利益下取得一致的过程,其含义包含四个方面的内容。

（1）具备两个或两个以上的谈判参与者。

（2）各方都有自己的谈判目标和利益诉求。

（3）谈判所采取的主要手段是协商。

（4）谈判获得成功的前提是各方利益大部分都得到满足。

（二）公关谈判的原则

1. 友好协商原则

公关谈判是在矛盾冲突中寻求双方目标交集的过程,寻求利益的最大公约数。因此,双方必须以友好协商的态度为前提,任何违背友好协商的态度,如欺骗、强制等都会使谈判失败。

2. 平等互利原则

平等互利原则是指谈判双方主体资格的平等、经济和政治上的互利。纵然谈判双方的组织有大小、实力有强弱,但在谈判桌上地位是平等的。

3. 合法性原则

合法性原则是指谈判过程和内容都必须符合法律的要求。凡是不合法的谈判过程（如强制、恐吓）和内容,都是无效的。

4. 时效性原则

所谓时效性是指在谈判中讲求工作效率。在相对短的时间内达到谈判的目标,最忌讳马拉松式的拉锯式谈判。

5. 最低目标原则

最低目标原则是指在不违背总体利益的前提下,制订谈判的最低目标。谈判中最忌讳向对方提出过高的要求和苛刻的条件,因此,多为对方着想,双方各退一步,是谈判成功的基本前提。

（三）公关谈判的策略

1. 模棱两可法

所谓模棱两可,就是对事件不明确表态,既不肯定也不否定。该方法在谈判初期经常使用。

一个成熟的谈判者要善于使用模糊语言,善于控制自己的情绪;切忌使用“肯定是”“毫无疑问”“一定”之类的语言,应该用“我认为”“是否可以这样”的语言来表达自己的意思。实践证明,模棱两可的语言和态度可以较好地表达自己的真实意图,减少失言和错误。

2. 察言观色法

所谓察言观色,指的是注意观察对方的谈吐、举止、神情、姿态,从中捕捉到对方的思想动态,并根据其思想动态采取相应的对策。这种方法在明示阶段和交锋阶段使用最多。

3. 抛砖引玉法

所谓抛砖引玉,指的是设计一些特殊的问题,通过对方的回答了解对方的意图和底线,为己方赢得更大的利益。

4. 先苦后甜法

在公关谈判中,如果先向对方提出苛刻的条件,制造一种艰苦谈判的假象,然后选择适当的时机,做出让步以使对方获得满足感,这往往容易取得谈判的主动。先苦后甜法一般是在自己处于优势和主动的情况下使用。需要引起注意的是,所提条件不能过于苛刻,更不能超出对方的底线,否则对方会停止谈判。

5. 避实就虚法

避实就虚法是指谈判的一方为了达到某个目的,有意识地将谈判的内容引向无关紧要的问题上,转移对方的注意力,在对方不察觉时实现自己的目标。

6. 情感沟通法

情感沟通法是指通过情感交流,在人与人之间唤起心灵的共鸣,利用情感因素去影响对方,达到联络感情、增进友谊、促成谈判顺利发展的目的。在谈判前,需要深入了解对手的兴趣、爱好以及所面临的困难等,做到有的放矢。

【素质拓展 6-8】

不按套路出牌的商务谈判

曾经有一个日本客户与东北某省外贸公司洽谈毛皮生意,条件优惠却久拖不决。转眼过去了两个多月,原来一直兴旺的国际毛皮市场货满为患,价格暴跌,这时日商再以很低的价格收购,使我方吃了大亏。

另据记载,一个美国代表被派往日本谈判。日方在接待的时候得知对方需于两个星期之后返回。日本人没有急着开始谈判,而是花了一个多星期的时间陪她在国内旅游,每天晚上还安排宴会。谈判终于在第 12 天开始,但每天都早早结束,为的是客人能够去打高尔夫球。终于在第 14 天谈到重点,但这时候美国人已经该回去了,已经没有时间和对方周旋,只好答应了对方的条件,签订了协议。

(资料来源:https://wenku.baidu.com/view/5cc228862f60ddccdb38a03c.html)

六、公关广告

(一)公关广告的概念

公共关系广告是为扩大社会组织的知名度,提高信誉度,树立良好的形象,以求得社会公众对组织的理解与支持而进行的广告宣传。公关广告既属于公共关系活动的一部分,又属于广告的范畴,它集公共关系的特点与广告的特点于一身。

(二)公关广告的类型

1. 经济组织广告

经济组织的广告就是指企业广告,其重点是宣传企业的自然状况,介绍企业的经营方针,解释生产经营目的和消除误解。其目的是让更多的社会公众了解企业,树立良好的企业形象。

2. 响应广告

响应广告是指组织或企业为响应社会或其他企事业单位的号召,支持公益事业的发展,以求社会各界公众的理解与支持而进行的广告。其强调的是企业与社会生活各方面的关联性和公共性。响应型广告又可细分为三种形式。

(1)对政府的政策、措施或者当前社会活动中的某项重大事件以组织或企业的名义表示响应。

(2)对某新开张或有重大庆典活动的组织或企业,以同行的身份刊登广告以示祝贺。

(3)邀请行政部门相关人员出席自己的庆典等重要活动,以行政部门的公信力提高自己的形象和影响力。

3. 创意广告

创意广告是组织或企业以自身的名义率先发起某种社会活动或提倡某种有意义的新观念的广告。通常,创意广告具有明确的主题和目标,以表明组织或企业对社会活动的关心、支持。

4. 企业形象广告

企业形象广告是塑造企业的形象,以建立某种观念为目的的广告。

这类广告的宣传目的是要建立或改变一个企业或一个产品在社会公众心目中的固有地位,建立或改变消费者的消费意识、树立一种新的消费观念,而这种新消费观念的树立可以使社会公众倾心于某个企业或某项产品。

(三)公关广告的原则

1. 合法性原则

公共关系广告也是广告的一种,必须遵守《中华人民共和国广告法》的有关规定和行业政策约束。如不得发布虚假广告、不得违反国家禁令、不得有损国家和民族尊严等。公共关系广告必须本着树立组织良好社会形象、遵纪守规的原则开展公关广告活动。

2. 实事求是的原则

实事求是的原则即公关广告应避免弄虚作假,要真实地、客观地进行公关广告设计、编写与制作,以争取得到更多的社会公众的信赖。

3. 独具风格的原则

独具风格的原则即应在特定的公关主题下形成组织或企业自己独特的风格,以加深社会公众对本组织或企业的印象。

4. 富于创新的原则

富于创新的原则即要求公关广告在具体内容、分析角度、运用手法等方面,新颖别致、富于创新意识,以给予社会公众一种清新的活力感和奇特的美感。

5. 寻求佳时的原则

寻求佳时的原则即公关广告必须选择恰当时机,否则将导致事倍功半。

6. 注重效果的原则

注重效果的原则即公关广告必须注重效果。这里的效果是指声誉目标的实现、企业或组织自身的发展和社会整体效益的扩大。

【素质拓展 6-9】

绿色麦当劳

环境污染和恶化问题正引起世界各行各业的关切和重视。全球闻名的快餐王国麦当劳也积极、主动地加入了有益于环境保护的行列。

在美国,速食业已有饱和之说,但麦当劳(快餐食品)却以其无坚不摧之势风行世界,几乎在无处不受欢迎。时过境迁,到了20世纪末期,麦当劳因其每天都制造垃圾——废弃的包装物,又逐渐成为环保人士攻击的对象。麦当劳采用的是"保丽龙"贝壳式包装。这种包装既轻又保温,且携带方便,是速食业理想的包装。但这种包装难以处理,加之外带食用的比例过高,废弃包装物的清理就成了威胁环境的问题。富有环保意识的人们尤其是年轻的一代纷纷向其总公司寄来了抗议信。公司当局意识到这些抗议将威胁到企业未来的生存,而且包装可以说是速食业的灵魂,速食业致力于包装的开发,其重要程度并不亚于菜单的本身。

许多企业面对环保问题应付的办法不外乎是推、拖、拉,但麦当劳没有这样做。它得罪不起消费者,不仅必须有所行动,而且要公开地做。为了平息抗议,它不得不寻求环保人士的协助。1990年8月,麦当劳和"环境防卫基金会"(EDF)签署了一项不寻常的协定。EDF是美国一个很进步的环保研究及宣传机构。

麦当劳之所以寻求与EDF的协作,是因为当其拟定环保政策时,发现环保的复杂程度远远超过其认识。起初,麦当劳以为主动回收废弃的贝壳包装似乎就能平息消费者的不满。1988年,麦当劳在10个店铺做过小试验,证实将贝壳包装回收再制成塑料粒子作为它用,技术上是可行的。但翌年将此设计扩大为1 000个店铺时,却出了问题,主要是其外带量是店内量的6~7倍,这么大量的废弃物已非麦当劳所能控制。另外,在店内食用的、废弃的包装物虽然可以回收,但清理工作十分麻烦。回收不是灵丹妙药,特别是美国有些城市已全面禁止使用贝壳包装。

在实在很难满足不同环保目标要求的情况下,麦当劳不得不寻求外援,与EDF携手合作。在与EDF合作之初,麦当劳领导层人士还期待着在美国的8 500家店铺全面实施回收来解决包装问题,但EDF确信减少包装才是治本之道。

麦当劳至此决心改弦易辙,宣布取消贝壳包装,代之以夹层纸包装。随后麦当劳自己还进行了一项研究,发现贝壳包装从制造到废弃的全过程耗费的天然资源比夹层包装纸大。夹层包装纸虽然无法回收再制,但不像贝壳那样蓬松,其储运与丢弃所占的空间只是贝壳包装的1/10。整个研究得出的结论是"减废比回收更重要"。

取消贝壳包装只是麦当劳整个环保努力中的一个小进步,主要的成就还是在实现环保目标上。为了实现环保计划,麦当劳同意按减废、重复使用、回收再制的顺序进行。在削减废物上从三个方面着手:一是减少包装;二是减少使用有损环境的材料;三是使用较易处置、能物化成肥料的材料。麦当劳的这一公关举措,体现了公司的社会责任担当,契合了时代环保理念。

(资料来源:http://www.wendangku.net/doc/11cb6a1014791711cc7917da.html)

七、公关演讲

(一)公关演讲的概念

公关演讲在企业公共关系活动中起着重要的作用。如果说公共关系是传播、沟通、信息交流,演讲就是传播、沟通、信息交流的工具或具体方式。演讲人通过语言的表达把自己的思想、对某一具体事件的看法,同时也把自己的情感作为强有力的信息传播给公众,使公众对演讲人及其所代表的企业有更深入的了解,使公众在一定程度上接受自己的观点和感情。

(二)公关演讲的特征

1. 面对观众

演讲必须面对观众。演讲不同于个别人之间的交谈,是在大庭广众之下,面对观众,就某个问题发表见解和主张。演讲要面对观众,就要考虑听众的心理,准确地理解听众,并运用各种手段,控制观众的心理变化,满足观众的心理需要,使观众理解和接受演讲的内容。

2. 条理清晰

演讲要有中心、有条理,结构要比较完整。演讲不是漫无目的的闲谈,而是一种有目的的活动。为了达到演讲的目的,必须有一个中心论点,并围绕这个论点,有层次、有条理地展开,使演讲有一个比较完整的结构。

3. 有感召力

演讲是一种富有说服力、鼓动性的说话方式。演讲者面对着众多的观众,要使其接受演讲的内容,从而影响人的行为,就必须采用丰富典型的材料,通过严密的逻辑论证,用富有说服力、鼓动性的艺术化口语打动观众。演讲是一种有声语言和体态语言相结合的语言表达方式。演讲不同于播音,而是运用有声语言和无声语言声情并茂地感染观众。

(三)公关演讲的类型

1. 宣读演讲

所谓宣读演讲是指演讲时按照已准备好的演讲稿宣读,适用于一些比较严肃的重要会议或宣布某些重要决定等。其优点是事前能做充分准备;但是也有演讲者与听众缺乏情感联系,显得程式化,给人以呆板枯燥的印象。

2. 背诵演讲

背诵演讲就是将已经准备好的演讲稿全都背下,演讲时凭记忆背诵出演讲内容,适用于演讲经验不足的演讲者,可以避免其紧张而出现心理失控,有时也会出现“卡壳”现象,与观众难以进行感情交流。

3. 提纲式演讲

这类演讲是指在充分收集、研究有关资料的基础上,列出演讲提纲,演讲时按照提纲进行。这种方式的优点:其一,易于做到中心突出、层次清楚、详略得当;其二,无需全部背下,易于记忆;其三,易于同观众交流感情。

4. 即兴演讲

即兴演讲是指事先无准备,但由于主观上对某事物有所感触、发生兴趣,或者是客观需要而临时进行的演讲。这种演讲方式难度较大,需要演讲者具有丰富的经验和娴熟的技巧。一般来说,人们并不要求演讲者在即兴演讲中发表宏大精辟的演讲主题,只要做到演讲内容得体、有益有趣、言简意赅、恰到好处就可以了。

【素质拓展 6-10】

2018 全球智慧物流峰会

商界奇才马云总是乐于在各重要场合发表各类演讲,一方面宣扬自己励志创业的完美人生,另一方面提升阿里巴巴的公众关切度以及知名度。2018 年 5 月 31 日,“2018 全球智慧物流峰会”在杭州召开，阿里巴巴集团董事局主席马云现身并做开场演讲，然而这并不在原先的议程当中。

马云在演讲中解释道：“今天的物流大会也是我昨天下午自己主动要求来参加的，主动要求来发言的。我好像很少有主动的事情，但是我觉得物流对中国经济、对中国未来、对世界经济和世界未来极其重要。”

马云现场表示：物流对中国经济、世界经济、中国未来和世界未来至关重要。中国快递包裹、快递企业从零开始，如今做到了业务量世界第一。菜鸟诞生5年来，物流越来越智能，速度越来越快，当日达、次日达覆盖1 500个城市，其中的核心是数据，是计算，是物流界通力合作创新的结果。

马云说，中国快递的幸运是进入了最好的时代，不幸运的是包裹数量越来越多，即将进入每天十亿个包裹的时代；做任何事业必须有未来观、全球观、全局观；未来的物流必须是脑力劳动，必须是智慧驱动。菜鸟的使命是做物流业的大脑，帮助物流公司送货；菜鸟的担当是成为世纪公司，而不是物流公司。“菜鸟要做的是一张物流网络，菜鸟要做的是别人做不了的事”。

马云认为，物流业是制造业中的服务业，服务业中的制造业，是利润的担当；没有现代物流不可能有新零售、新制造。为此其在现场宣布：“菜鸟将全力以赴建设国家物流骨干网，为此阿里投入上千亿，如果上千亿不够，我们愿意投入更多；用技术、智慧、机器，将中国物流成本降低到5%以下。”

马云进一步表示，菜鸟要搭建的这张网络包括国际国内两部分：做到24小时货通全国，72小时货通全球；这是国际与国内的合作，也是所有物流公司的合作。这张网络由菜鸟发起，但不仅仅属于菜鸟。菜鸟不仅要自己飞，还要让自己的伙伴飞。

马云总结说：“阿里会投上千亿来打造国家智能物流骨干网，如果千亿不够，我们会投资几千亿，把阿里巴巴可以有的投资绝大部分投向物流，因为我们相信只有物流的基础设施好，只有整个物流骨干网好，整个制造业才会发生天翻地覆的变化，整个实体经济才会真正变成社会的支撑、国家的支撑、世界的支撑。”

（资料来源：https://baijiahao.baidu.com/s?id=1602046556685294607&wfr=spider&for=pc）

本章小结

本章知识点主要包括公共关系专题活动的概念、特征以及开展公关专题活动的目的、意义。几类典型的公共关系专题活动各自的特征、作用、基本工作策略等内容需要熟练掌握。

巩固练习

1. 公共关系专题活动的定义是什么？
2. 公共关系专题活动的基本类型有哪几类？
3. 如何策划组织一场新产品推介的新闻发布会？
4. 如何开展社会赞助活动？

案例研讨

【背景素材一】

零时男装品牌的商务谈判

在零时男装品牌发布会暨招商会上，时任休闲男装区域经理一职的李浩负责横贯东西七省的业务。公司高层很重视这次发布会,将会议搞得很隆重,还邀请中央级官员来现场指导,请咨询师上课,请知名影星做代言人,还请了一家国内顶级文化传播公司负责服饰秀。精心的准备收到了意想不到的效果,针对不同市场发布的服饰让有代理意向的客户觉得零时男装将会改写男装服饰市场的新格局。

公司将会议地点安排在邻近上海市的一家度假山庄。会议当天晚上是欢迎酒会,为意向客户接风。酒会上,零时公司很多区域经理都特意将同一个市场的意向客户座位分开,严格保密。李浩的做法则相反,有意无意将同一个区的意向客户安排在一起,并逐一介绍。表面上看,这顿饭吃得有些尴尬,但效果却非常好,因为第二天下午就有几位客户要与李浩谈。第二天,会议日程是品牌研讨,政策说明,参观公司,答谢晚宴,时间非常紧张。晚饭刚过,山东的周先生与陕西的卢先生就已经站在李浩的商务房门前。这两个客户是李浩非常看好的。山东的周先生是个天生的商人,他与卢先生一见面,就如胶似漆地跟着,用他的话说,卢先生做零时男装,他就做零时男装。

"到底该以什么样的方式与他俩谈判呢?"李浩心里也没个底,只是不断思忖,希望找到良策。索性先拖延一下时间。他泡好茶,寒暄几句,说:"我先去和其他客户打个招呼,然后我们再详谈好不好?"征得同意后,李浩就去了几个重要客户那里,对每个人都说晚上有点忙,过半小时后来详谈。大约 30 分钟后,李浩回到商务房,他们二位已经等急了。谈判很快就开始了。首先李浩抛出自己的想法:"我只是一个区域经理,真正有权签约者是营销副总曹先生,我们今天只是谈谈,山东与陕西来的客户比较多,公司还是要有所选择的。当然,在我个人心目中,你们二位是最优秀的。你们做不好的市场,别人也不可能做得好。"山东的周先生说:"以我们的市场经验,我们做不好的市场,恐怕别人也很难操作。今天我们也看了零时产品,说实话,产品缺陷还是比较大的,时尚的太前卫,常规的太保守,价格又高,初期市场扩展肯定有一定难度,而且你们的政策一点都不优惠。不过,既然我们来了,而且和您也很投机,所以如果条件宽松,还是可以考虑做一下的。"陕西卢先生马上附和,并举了两个国内知名品牌的例子,早期扩展市场给代理商开出的各种优惠条件。

由于零时这次产品组合得确实不是很成功,但这些都已经是不能更改的了。顺着他们的话题谈下去,势必会把自己逼进死胡同。于是李浩岔开话题:"你们认为加盟一个品牌,是一季产品重要,优惠政策重要,还是品牌的可持续发展重要?"他们没有话说,经过数天的紧张谈判,最后李浩拿到了对本公司十分有利的合同。

(资料来源:https://www.92to.com/xuexi/2016/12-14/14463710.html)

思考:

1. 试分析以上案例谈判双方在谈判中使用的一些具有代表性的策略和技巧。
2. 假设你是零时服装的区域经理,你将如何开展与客商的谈判?

【背景素材二】

做足功课的商务谈判

我国某冶金公司要向美国购买一套先进的组合炉,派一高级工程师与美商谈判。为了不负使命,这位高工做了充分的准备工作,他查找了大量有关冶炼组合炉的资料,花了很大的精力对国际市场上组合炉的行情及美国这家公司的历史和现状、经营情况等了解得一清二楚。

谈判开始，美商一开口要价150万美元。中方工程师列举各国成交价格，使美商目瞪口呆，终于以80万美元达成协议。当谈判购买冶炼自动设备时，美商报价230万美元，经过讨价还价压到130万美元，中方仍然不同意，坚持出价100万美元。美商表示不愿继续谈下去了，把合同往中方工程师面前一扔，说："我们已经做了这么大的让步，贵公司仍不能合作，看来你们没有诚意，这笔生意就算了，明天我们回国了。"中方工程师闻言轻轻一笑，把手一伸，做了一个优雅的"请"的动作。美商真的走了，冶金公司的其他人有些着急，甚至埋怨工程师不该抠得这么紧。工程师说："放心吧，他们会回来的。同样的设备，去年他们卖给法国只有95万美元，国际市场上这种设备的价格100万美元是正常的。"

果然不出所料，一个星期后美方又回来继续谈判了。工程师向美商点明了他们与法国的成交价格，美商又愣住了，没有想到眼前这位中国商人如此精明，于是不敢再报虚价，只得说："现在物价上涨得厉害，比不了去年。"工程师说："每年物价上涨指数没有超过6%。一年时间，你们算算，该涨多少？"美商被问得哑口无言，在事实面前，不得不让步，双方最终以101万美元达成了这笔交易。

（资料来源：https://www.shangxueba.com/ask/9785664.html）

思考：

1. 阐述中方工程师在谈判中采取了哪些方法应对美方的强势高价。
2. 分析美方处于谈判不利地位的原因。

第七章 我国公关行业的现状与未来

学习目标

【知识目标】了解我国公共关系行业的发展现状、特征以及发展趋势。

【素质目标】培养公共关系从业人员的团队协作意识、创新服务观念。

【技能目标】掌握复合型公共关系的专门技能,提升公共关系理论水平。

案例导入

【行业现状】

2017中国国际公共关系协会行业调查报告(节选)

2017年,随着中国公共关系市场不断规范化、专业化的发展,整个行业呈良性竞争的发展趋势,增长率基本趋于稳定。据调查估算,整个市场的年营业规模达到560亿元人民币,年增长率约为12.3%。相比2016年16.3%的增长率,增幅稍有回落。

调查显示,2017年度中国公共关系服务领域的前5位分别是汽车、IT(通信)、快速消费品、互联网、娱乐/文化。汽车依然是行业内主要服务客户,且市场份额有所增加。前5个领域与2016年度排名相同。制造业的排名从去年的第七位上升到第六位。奢侈品市场份额稍有回落,从去年的第六位下降到第七位。房地产本年度市场份额略有增加,从去年的第十位上升到第八位。此外,医疗保健、金融等份额较去年也明显回落,分别位居第九、十位。

受访的40家公关公司中,32家开展汽车业务,25家开展快速消费品业务,24家开展IT(通信)业务,23家开展互联网业务,12家开展制造业业务,11家开展金融业务,10家开展娱乐/文化业务,3家开展奢侈品业务,7家开展房地产业务,10家开展医疗保健业务。40家公司中,18家以新媒体业务为主,9家以活动代理及执行为主,6家以传播代理为主,5家以顾问咨询为主,2家以媒体执行为主。新媒体业务、活动代理及执行、传播代理依然是本年度公关市场的三大业务类型。调查显示,新媒体传播的客户主要需求集中在产品推广、整合传播、口碑营销、事件营销、企业传播这5个领域。我国当前的公共关系行业具有以下突出特征。

第一,汽车、IT(通信)、快速消费品继续占据市场前3位。调查显示,2017年度中国公共关系服务领域的前3位分别是汽车、IT(通信)和快速消费品。由此可见,这3个领域已经长期成为公关服务的主要领域。与2016年相比,前3个领域的市场份额均有不同程度的增加,而互联网、奢侈品所占份额稍有回落。

第二,娱乐/文化领域继续位居市场份额前列。2016年度的行业调查首次将娱乐/文化列为调查项目,出人意料的是,该领域份额位居第五。2017年度的调查显示,该领域市场份额略有回落,但仍位居第五。由此可见,娱乐和文化等精神方面的需求具有持续性,在相当长的时间里都将为公共关系行业发展提供更大的服务空间。

第三,人力成本增加,运营压力加大。调查显示,TOP公司月平均工资水平为13 733元,比上年同期增长11.2%;客户经理平均月薪14 253元,比上年同期增长7.1%;大学生转正平均月薪5 256元,比上年同期增长9.0%。人员成本逐年增加,这是公关行业的一个明显趋势。调查还显示,随着TOP公司业务规模扩大,单位人工成本上升较快,加上管理费用加大以及兼并收购出现的商誉和无形资产减值等因素,运营压力依然存在。

第四,国际公司在中国的业务保持稳定增长,本土公司已经占据主导地位。国际公司的主营业务侧重顾问咨询服务。由于成本控制较好,人均利润较高,加上年签约客户数及连续签约客户数相对稳定,因此国际公司在中国的业务保持稳定增长。但近年来,本土公司在不断提升专业化水平的同时,借助互联网、大数据、资本和市场等优势,已经在行业中处于主导地位。

(资料来源:中国公共关系协会,《2017中国国际公共关系协会行业调查报告》)

【案例分析】

随着跨界融合的不断深入,行业之间的竞争态势更加明显。一方面,公关行业服务领域将越来越广泛和深入,行业发展机遇更加宽广;另一方面,竞争也给公关行业带来挑战。因此,我们有必要了解我国公共关系行业的发展现状、面临的问题以及发展趋势,为我国公共关系事业做出应有的贡献。

第一节 我国公关行业的发展现状

一、发展迅速且稳步增长

根据中国国际公共关系协会行业调查报告显示:2017年,随着中国公共关系市场不断规范化、专业化的发展,整个行业呈良性竞争的发展趋势,增长率基本趋于稳定。据调查估算,整个市场的年营业规模达到560亿元人民币,年增长率约为12.3%,相比2016年16.3%的增长率,增幅稍有回落。稳步增长的公关行业业绩高效率地服务了我国的经济发展,蓬勃发展的社会政治经济文化活动反哺滋养了公关行业的健康发展。

二、大战略带来公关新机遇

随着我国"一带一路"发展战略的持续和深入推进,全球化背景下的国家公关意识和策略不断增强,中国公关行业迎来了更大的发展机遇,其服务领域更广,从业人员的视野更开阔,中国的公关业将在不远的将来步入一个千亿级市场。

三、公关行业兼并重组已常态化

伴随着资本加速进入公关行业,公关行业也正在借助资本的力量做大做强。2017年春节刚过,国内著名公关公司宣亚国际正式在中国A股上市,这意味着在蓝标上市7年之后,又一家老牌公关公司正式登陆创业板。随着越来越多的公关行业巨头昂首上市,势必带来中小规模公关公司的兼并重组热潮,在抱团取暖谋划大发展的过程中,优胜劣汰的自然法则促进了公关行业的自我革新。

四、跨界融合进入新阶段

行业的跨界融合与合作已成为新常态。根据2017年中国国际公共关系协会行业调查报告显示：当前我国的公关与广告、营销行业的跨界融合开始提速，目前已形成行业之间优势互补、相互渗透的竞争格局。

五、内容营销已成核心要素

直播、人工智能、区块链等移动互联技术在内容营销方面的应用已成为热门话题。IP正越来越多地成为现象级的内容营销概念。

六、公关行业正面临转型

互联网营销、大数据、数字化、信息化的不断涌现，倒逼从业人员结合自身业务学习新技术，研究新问题。转型发展带来的资金、技术，尤其是互联网思维，成为公关行业最为关注的问题。

七、政府购买公关服务

近年来，政府部门对公共关系越来越重视，相关机构购买公关服务的趋势开始显现。在杭州举行的G20峰会、在乌镇举办的世界互联网大会以及近年来旅游景点的推广，政府机构都是通过购买服务的形式参与其中，这为公关行业未来的发展开辟了新的领域。

【素质拓展7-1】

宣亚国际创业板上市

2017年2月13日，深圳证券交易所发布公告称，宣亚国际品牌管理（北京）股份有限公司人民币普通股股票将于2017年2月15日在本所创业板上市。证券简称为“宣亚国际”，证券代码为“300612”。公司人民币普通股股份总数为72 000 000股，其中首次公开发行的18 000 000股股票自上市之日起开始上市交易。这也意味着，在蓝标上市7年后的今天，又一家老牌公关公司正式登陆创业板。

根据宣亚国际此前曾公布的招股说明书显示，宣亚国际计划发行新股数量不超过1 800万股，筹集资金将被用于“数字营销平台项目”“信息化数字平台升级项目”“境内外业务网络建设项目”等5个项目，合计约需资金4.05亿元。其中，“数字营销平台项目”位居第一位且所需金额最多，高达1.78亿元。

（资料来源：http://www.sohu.com/a/126308098_160576）

第二节　我国公关行业面临的挑战

一、人才流动性较大

目前我国公关业吸纳与留住人才的能力依然不足，这是我国公关行业所面临的最大挑战。对于公关公司而言，较高的人才流失率会直接影响公司的发展；对整个公关行业而言，这不利于公共关系的职业积淀。当下不管是大公司的公关部，还是专门的公关公司，都在试图从竞争对手那里招揽合适的人才。而造成公关从业人员流动性较大的主要原因是薪资期望值与公关职业的社会认可度不匹配。随着市场经济的高速发展，复合型高素质的公共关系人才备受业界推崇。虽然公关业管理者依然重视最基本的公关技巧，但他们也逐渐将视线转向具备战略性、创造力及多元性公关技能的高端公关人才。因此,一大批公关技能单一或者从业能力欠缺的公关人员逐渐被边缘化,造成这类初级公关人才的被动离职。

二、商业模式的转变

随着互联网、信息技术的快速发展,传统的商业模式被彻底颠覆,新兴商业体正全面走向商业前台。传统的公共关系也必须顺应时代潮流,以期更好地服务于各类商业活动。为了促进对商业模式转变的公共关系融合发展,公关公司管理者普遍认为有必要引进新技术,逐渐加大对内容营销的需求,扩大公关营销的渠道以及加强对数据的运用。

三、营销渠道的转变

对于公关人员来说,当下各种媒介的营销方式正在发生彻底的改变,因此他们需要通过更多渠道来进行营销。而事实上,据调查显示,约有不足 40% 的企业公关部门把媒体营销预算花在赢得媒体方面,其中主要包括自有媒体(企业自有的网站和博客)的建设和资源整合、付费媒体(需付费才能使用的电视、广播等广告)的宣传推广以及共享媒体(通过在 Facebook、Twitter、Youtube 等社交软件上与公众进行沟通而达到公关营销目的)等方面。由此可见,公关与传统媒介的关系正在向与自媒体、社交媒体及付费媒体的方向转变。

四、合作关系的改变

虽然客户与公关机构的合作正在扩大,这种联系的本质却正在发生变化。据调查显示,约有 50% 的客户代表希望未来在处理公关问题上依然像过去那样依靠相关机构,约有 30% 的人则表示要更大程度上委托公关机构,仍有超过 10% 的人想通过别的渠道解决。目前,大多数公关公司都是按照解决一个案子需要耗费的时间来计费。然而,客户在决定应支付多少公关代理费的时候,往往还是把公关战略顾问的能力与创意作品的质量作为首要衡量标准。当客户与公关都开始关注战略方针与创新性思维的时候,这就意味着发展建立以公关创造的价值而非仅仅是耗费的时间为基础的新型计费方式的时机已经来临。

五、评估方式的转变

目前,公关公司和企业客户部负责人广泛采用的公关业绩衡量方式依然是专注于产量,包括总体接触到的受众数量或媒体曝光量,而忽略机构的发展战略影响力。有调查显示,公关评估的次要因子分别是品牌印象(约占 65%)、内容分析(约占 64%)以及所占比例略少的品牌认知度(约占 47%)等;对社交媒体营销成果的衡量方式也并不精确。因此,在公共关系行业面临转型发展的关键时期,探寻合适的业绩衡量方式对公关行业来说至关重要。

【素质拓展 7-2】

TOP30 公关公司 2017 年营业情况简介

根据中国国际公共关系协会 2017 行业调查报告显示:TOP30 公司平均年营业额 5.55 亿元,比上年增长约 13.1%;平均年营业利润 1.23 亿元,比上年下降约 29.3%;TOP30 公司人均年营业利润 42 万元,比上年同期增加 5 万元;独立上市的公司蓝色光标、宣亚国际,其公关传播年营业额分别为 36.9 亿元、5.05 亿元。

随着 TOP30 公司业务规模扩大,单位人工成本上升较快,加上管理费用加大以及兼并收购出现的商誉和无形资产减值等因素,它们的运营压力依然存在。在受访的 TOP30 公司中,年平均签约客户 79 个,日常代理客户比例占 64%,外资客户占 43%,连续签约客户 38 个;新服务手段方面，TOP公司在新媒体营销(网络公关、社交媒体等)、事件营销、娱乐营销、体育营销、意见领袖(KOL)管理方面实现较快发展。随着新媒体业务需求的增加，半数以上的TOP公司新媒体业务营业利润多于3 000万元，平均占总体营业利润的34%，主要提供产品推广、企业传播、事件营销、口碑营销、整合传播的业务。

(资料来源：中国公共关系协会,《2017中国国际公共关系协会行业调查报告节选》)

第三节　我国公关行业的发展趋势

一、公关市场趋向国际化

(一)国际公关公司抢滩中国市场

国际公关乘着我国深入改革开放的东风随跨国公司一道来中国淘金。据调查显示，当前在华外资公关公司已超过50家，其中世界排名前20的公关公司已有超过半数进入我国市场。随着中国市场的进一步开放，更多的国际公关公司将进入中国市场，特别是大量的中小型国际公关公司将涌入中国。

(二)本土公关公司发展壮大并走向国际化

尽管草船借箭抵不上坚船利炮，但深谙本土之道的国内各大公关公司凭借家门口的成本优势，借鉴外来公关公司带来的成熟的运营模式和新鲜的公关理念，逐渐成熟并发展壮大。中资公关公司的外资客户比例也日渐提高。据调查资料显示，本土公关公司外企客户的比例超过50%，一些世界著名的跨国公司，如微软、康柏、惠普的许多公关业务已收于中资公关公司旗下。由此可见我国公关公司的发展势头良好。

(三)公关市场资源整合趋势明显

随着我国经济快速发展，企业间的国际合作交流越发密切。国际公司和本土公司的合作力度加大，特别是中外公关公司合作的倾向更加明显。合资公关公司将会走向前台，旨在开拓国内及中资客户在海外的业务。公关公司的国际化和国内公关业务的国际化将推动中国公关市场的国际化。

二、公关实务趋向职业化

(一)专业服务能力进一步提升

公关公司将从日常公关简单项目执行发展，逐步转变为向高层次整合策划、顾问咨询和品牌管理等方面。公关公司的业务操作规范更加国际化、标准化，服务水准将纳入国际统一的标准体系中。专业服务技术的研发和新型服务手段的使用，将逐步改变目前国际公关市场的格局。可以预见，在不远的将来本土公关与国际公关的服务水平将趋于同质化，整个公关业的服务专业化水平将得到大幅度的提升。

(二)专业化公关公司层出不穷

针对不同行业组织的专门化公关公司将层出不穷，如金融公关公司、通信公关公司、网络公关公司和旅游公关公司等。这种专门化的公关服务公司将给组织带来更为详尽到位的针对性服务。人们就像离不开法律顾问一样离不开公关公司，由此而生的公关咨询业将成为新世纪公关业的新的增长点。咨询业表现出来的强劲的智力劳动的价值将得到充分的尊重。

（三）持证上岗的职业化趋势明显

公关员是中华人民共和国劳动和社会保障部明文规定的持证上岗职业，从2000年开始培训考试以来，在全国范围内推广的公关员资格考试将不断普及和规范。随着公关职业的认定和公关职业资格考试的规范化，我国公关职业已迈入持证上岗职业化的新时代。

三、公关手段趋于数字化

随着因特网、自媒体、信息化时代的到来，网络传播已经成为一种主流媒体支持着公关传播，如电子邮件、企业的网址主页、网络新闻发布、网络展览、网络市场调查和网络新品推广等，使得公关传播的那种平等性、双向性、及时性和反馈性得到更大程度的提升。信息传播双方已成为真正意义上的互动伙伴。随着信息技术的发展，数字化是未来的公关手段。

四、公关助力组织战略管理

全球一体化经济的蓬勃发展促使组织的传播活动也日趋多元化。一方面，组织的形象竞争呈白热化状态，公共关系作为一种重要的传播手段、传播战略，将为组织塑造一种“全球形象”而纳入组织的战略管理层面，其战略地位日益加强；另一方面，针对一些全球性问题，如环保、人口膨胀、战争与和平以及人权与主权等，这些问题的解决必须通过国际间的沟通对话，依靠全人类通力合作来加以解决。由此可见，公共关系在未来发展中的这种战略地位将越来越明显。

五、公关教育规模持续增长

世界经济全球化和新经济的兴起给人类的生活、学习和生产带来前所未有的机遇和挑战。与此同时，公关业面临的新问题也将是前所未有的，市场迫切需要大量的公关人才特别是复合型的公关人才。面对市场的需求，以市场为导向办学的高等学校将加大公关人才的培养力度，并不断强化复合型人才的培养。在公关行业快速发展的推动下，全社会的普及型及提高型的公关教育与培训是我国公关人才培养的重要途经。

六、公关人才市场逐渐形成

随着我国公关市场的成熟以及公共关系教育的规模化、规范化和公共关系市场的国际化，公共关系人才的竞争将更加激烈。一方面，公共关系作为一种智力产业，其智力劳动的价值将得到前所未有的尊重；另一方面，由于市场经济体制的逐步健全，各类组织均已改变以往那种大而全的组织管理架构，组织在开展公共关系活动的时候势必选拔高素质的公关人才加盟，以期组织利用有限的传播资源取得最大的效益。与此同时，随着公共关系市场的发展与不断成熟，高素质复合型的公共关系专门人才必将大有作为，我国公关人才市场也将走向成熟。

七、公关领域进一步拓宽

当前，我国的公共关系已从企业公关、政府公关逐步发展到各行各业。高科技公关、时尚公关、环境公关、艺术公关、体育公关、财经公关及奢侈品牌公关等公关手段和技巧更为丰富多彩。公关手段从一般的新闻发布、媒介宣传及市场推广的营销公关，到政府关系协调、超大型活动策划等全面绽放，新的公关领域也不断拓宽。

【素质拓展 7-3】

2017年度最具成长性公关公司运营分析

根据中国国际公共关系协会2017行业调查报告显示：最具成长性公司平均年营业额1.24亿元，比上年的1.14亿元增长8.8%；平均年营业利润3 885.1万元，比上年的3 419.5万元增长

13.6%;年增长率8%,比上年同期减少39%;人均年营业利润33.8万元,比上年的26.6万元增长27.1%;平均签约客户数33个,日常代理客户比例占62%,外资客户占52%,连续签约客户16个。在创新服务手段方面,绝大多数公司在新媒体营销(网络公关、社交媒体等)、事件营销、意见领袖(KOL)管理、娱乐营销、危机管理方面实现较快发展。新媒体业务年平均营业利润在1 001万元~1 500万元之间,占总体营业利润的45%,主要提供产品推广、口碑营销、整合传播、事件营销、企业传播的业务。

在公司的运营管理方面,受访的公关公司年平均在岗员工数为112人,比上年减少24人;专业人员平均人数96人,比上年减少23人;管理团队平均人数14人,比上年减少4人;其中,女性雇员59%,职业平均年龄维持在29岁左右;平均留任时间为2年,人员流动率28%,周平均工作时数44小时;年人均培训时数83小时,主要培训集中于专业技能、业务认知、岗位技能和业务管理等四个方面,一般通过内部业务交流、部门岗位培训和行业培训来解决;年平均工资水平为11 229元/月,比上年的10 350元/月增长8.5%;客户经理平均月薪12 646元,比上年的平均月薪12 000元增长5.4%;大学生转正平均月薪4 541元,比上年的平均月薪4 778元减少5%。

(资料来源:中国公共关系协会,《2017中国国际公共关系协会行业调查报告节选》)

第四节　我国公关行业的发展思路

一、系统学习,洋为中用

“他山之石,可以攻玉”,我们完全有理由大胆借鉴西方公共关系学的现成理论,为我所用。既然是引进学习,就需要树立一种实事求是的客观态度,对其完整介绍,系统引进、学习。因此,公共关系学必须是中国特色的,要从中国的政治体制、经济体制和文化传统等方面去分析中国的国情和民心。

二、树立全民公关意识

只有让组织领导人树立起强烈的公关意识,才能使公共关系沿着正确的轨道发展下去。特别是要加深全民对公共关系的认识,尤其是企业的决策者们对公共关系的认识,使他们从思想上消除对公共关系的排斥态度和误解。

三、科学策划公关活动

按照科学的程序进行公共关系活动策划,确保整个公关活动目标明确、有的放矢;防止盲目性、片面性,并有效地预测和控制公关计划实施过程中可能出现的意外情况。

四、提高公关人员素质

公关界自身必须塑造良好的形象,必须讲职业道德,立行为规范。杜绝公关活动成为社会上腐败的滋生地,遏制社会上不正之风的“风源”。因此,我们必须高度关注,并时刻保持清醒的认识,不能让社会上的腐败现象在公关活动和公关事业中滋生,必须提高自身的免疫力,促进我国公共关系事业健康发展。

【素质拓展 7-4】

第六届中国大学生公关策划创业大赛

2017 年 3 月 29 日，由中国国际公共关系协会主办，清华大学国家形象传播研究中心承办，北京保研公益基金会、广汽集团、京东集团、欧莱雅（中国）有限公司、完美世界协办的“第六届中国大学生公共关系策划创业大赛”启动仪式在清华大学举行，并就此拉开了长达 7 个月的赛事活动序幕。中国国际公共关系协会常务副会长兼秘书长赵大力，清华大学国家形象传播研究中心主任、公共关系与战略传播研究所所长范红，中国国际公共关系协会学术工作委员会主任委员、国际关系学院副校长郭惠民，以及高校领导、大赛组委会、企业代表和评委、在校学生等出席了活动启动仪式。

据悉，中国大学生公关策划创业大赛自 2006 年起每两年举办一次，已成功举办了五届。11 年来，大赛的规模不断扩大，影响力不断提高。与首届大赛相比，第五届参赛院校由 41 所增加到 151 所，覆盖的城市由 7 个增加到 52 个，直接参赛人数由 1 965 人增加到 4 786 人，作品征集数量由 186 件增加至 923 件。前五届大赛累计吸引了 4 395 个团队参加，提交作品 3 260 件，参赛选手累计达 19 670 人。在教学方面，全国多个设有公共关系专业的院校已结合大赛开设公共关系策划课程，而大赛的专业化、系统化和规范化，为高校公关策划课程提供了规范价值。

（资料来源：http://cusprpc2017.cipra.org.cn/news/2017-03-29/71.html）

本章小结

本章知识点主要包括我国公共关系的发展现状、特征、面临的问题以及发展趋势。我国公共关系行业的发展趋势等内容需要深入学习。

巩固练习

1. 我国公共关系行业的发展现状如何？
2. 我国公共关系行业的发展趋势如何？
3. 当前，我国公共关系行业面临的问题有哪些？

案例研讨

【背景素材一】

大数据时代的公共关系演变探索

大数据时代，传统公共关系行业的基本面正在发生动摇，甚至可能发生颠覆的情形，这是一个巨大的挑战，我们必须回答公共关系的“存在理由”是什么？这是一个“科斯地板”问题。众所周知，科斯提出了一个自问自答的著名的经济学问题：如果一个公司的扩大越过了某个点，就会导致自身的崩溃。问题就在于：大数据使得公共关系变得太大了，也许公共关系已经落到科斯地板的底下。就是说，虽然有一些公关活动也可以创造价值，却不值得形成一个机构来从事价值创造，因为“计算代替了思考”“云脑代替了人脑”。但是我们也不应过于悲观，虽因大数据技术扫除一起共享的障碍，但建立共享模式还需要个性化的智慧介入，公共关系的战略性思维和策略正是大显身手的好时机。

公共关系和大数据一样，也需要同时处理信息数据、关系数据和环境数据等三类数据，即“公共传播数据”“公众关系数据”和“生态环境数据”。围绕这三类数据，公共关系在过去的

20世纪逐渐形成了传播范式、关系范式和生态范式等。它们要么以“传播”为中心,要么以“关系”为中心,要么以“环境”为中心,都是单向度的线性研究和因果关系研究。而席卷全球的大数据浪潮把这三类数据戏剧性地连接在一起,通过云计算和大数据技术实时地进行数据的收集整理、挖掘分析和有效应用,这既是一个媒介融合、学科融合的过程,也是一个战略决策的过程。就信息数据而言,无论是结构性的、半结构性、非结构性的,都可以进行结构化战略分析;就关系数据而言,无论是组织—公众关系、组织—环境关系,还是组织—公众—环境关系,都可以从“软组织”变成“硬数据”。整个生态环境也可以从三维空间转变为多维空间。我们显露出来的自身信息,不论是通过微信、微博还是电子邮件,都极大地增加了社会可见度,使得我们更容易找到彼此,但也更容易被公众审视。正如克莱·舍基在《未来是湿的》中提出的“数据是干的,关系是湿的”,这个“湿关系链”既是人性的,也是个性的,换句话说,既是公共关系性的,也是战略性的。公共关系是互联网的“湿件”,它是软件和硬件互动后的产物,它是活的、人性化的、湿乎乎的,是不可或缺的真实存在。

因此,有研究认为,大数据时代公共关系的战略转向并不是转向战略性公共关系,而是说公共关系本身就是战略性的,“公关即战略”。在组织情境下,这就意味着公共关系不仅仅是比喻意义上的战略构成,而且可以说公共关系就是战略。从这种角度来看,战略不是一个变量,不是一个与公共关系相关的各种其他变量中的一个,而是公共关系就是战略本身的意义所在。公共关系也不仅仅只是战略的一个容器,公共关系就是通过战略而存在的,战略就是公共关系的存在意义。

或者退一步说,战略转向不是公共关系的一个替代,而是特别强调所有的公共关系都应该是战略性的,就公关理论而言,在一个公共关系本质上就是战略的情景中,战略转向并不必然是同时发生,它可以被看作是企图使所有公共关系都战略化的一种表达。公关即战略的特点就是有目的的、有计划的、有目标的行动。工作内外,全员上下,公关即战略应该成为全体员工的一套思想系统和行为方式,变得无处不在。最后借用新势整合王丰斌访谈时的一个说法:大数据时代,公共关系思维如盐入海,已经融化在所有组织的血液中了。公关即战略,应如是。

(资料来源:陈先红,张凌,《大数据时代中国公共关系领域的战略转向——基于扎根理论的探索性分析》,载《国际新闻界》,2017(6),20~41页)

思考:

1. 在大数据爆发的信息化时代,公共关系的自我革新需要如何把握?
2. 作为公关从业人员,我们应如何适应现代公共关系发展的新要求?

【背景素材二】

美的空调营销公关

孙子曰:“凡战者,以正合,以奇胜。故善出奇者,无穷如天地,不竭如江海。终而复始,日月是也。”战势不过奇正,奇正之变,不可胜穷也。奇正相生,如循环之无端,孰能穷之哉!

1985年,当第一台美的空调在珠三角一个名不见经传的小镇下线的时候,有谁会想到,无依无靠的小舢板会在今天成长为一艘产销规模达1 000万台、稳居国内外销售总量冠军的制冷航空母舰?1992年,当巩俐价值百万的回眸一笑充斥着中国的每一个角落的时候,有谁会想到,这在当时看似荒唐的百万挥霍却令美的空调这个寂寂无名的品牌在广大百姓心目中留下了难以磨灭的印记？1997 年，当美的问题丛生、业务急剧滑坡、企业甚至面临被收购的时候，又有谁会想到，通过大刀阔斧、破釜沉舟的事业部改制，美的空调能够犹如凤凰涅槃般重获新生，继而成为合资东芝开利，收购华凌和荣事达的家电业王者？“以正合，以奇胜。”美的空调正是用自己飞速的发展壮大出色地诠释了兵法大师的最高智慧。

斗转星移，进入公元第二个千年，人类历史翻开了崭新的一页，而中国空调业市场却陷入了一片风雨飘摇之中。恶性价格战如蛆附骨、原材料价格上涨阴魂不散，渠道成本节节攀升，营销手法黔驴技穷；与此同时，在空调渗透率迅速提升的情况下，大中城市的空调保有量已经趋于饱和，这更令广大空调厂家陷入了无以为继的困境。纵然以美的空调为首的三大品牌所占有的市场份额已经达到 44.3%，但日益满荷的市场却无法带来支撑企业持续提升的动力。

不破不立！在一二级市场已无法继续扩大产能消化空间的情况下，欲进一步扩大市场份额，领先国内市场，就必须寻找新的突破口。此时，拥有巨大市场容量的广大县城和乡镇等三四级市场的空间就成为了兵家必争之地。中国有地级市 600 个左右，县级市 2 800 多个，有不少于 5 万个的乡镇，市场容量非常可观；同时随着我国人均 GDP 突破 1 000 美元关口，我国部分地区乡镇及农村居民的收入已经达到电器普及的水平，三四级市场的潜力正在逐步转变为现实的购买力；而且三四级市场正处于待开发状态，真正进入三四级市场的知名企业并不多，这个市场长期被一些区域性、杂牌企业所占据，所以竞争相对较弱，这也意味着产品毛利率要普遍高于一二级市场。有鉴于此，另辟蹊径，全面进军三四级市场，已经成为美的等一线品牌能否在行业重组加快之时，重新确立市场竞争新格局、跑马圈地的胜负手。得“乡镇”者得天下，成为了当时市场竞争的新规则。

时至公元 2005 年 4 月 18 日，“红色圣地”井冈山之巅旌旗挥舞。在全国核心媒体以及经销商代表的瞩目下，美的空调甩出了乡镇市场开发的四大“杀手锏”：投资 3 亿元在全国建立 3 万家经销商网络；营销重心全面下移；针对三四级市场和消费需求开发革命性产品；“满意 100”服务城乡工程同步推出。此举宣告了美的全面启动“乡镇空调普及革命”，全力“攻占”中国三四级市场！这点燃了中国空调企业国内市场战略转型的星星之火。

在美的的刺激下，另两大巨头格力、海尔也纷纷转战农村市场。一线品牌的动作立刻带动了整个空调业的“上山下乡”运动。随后二线品牌新科空调、志高、长虹等启动了大规模的乡镇市场战略。一句“得乡镇者得天下”在短短几个月的时间里成为空调业者的共识。星星之火终于蔓延成为燎原之势。而美的空调这个始发者则在中国空调业转型的历史中留下了浓重的一笔！

（资料来源：http://www.docin.com/p-678047759.html）

思考：

1. 试阐述公共关系在市场营销中的作用。

2. 美的空调“上山下乡”的营销公关对你有何启示？思考公共关系与企业战略决策的关系。

第二篇

公共关系实践训练

公共关系实践训练环节是《公共关系与实务》的重要组成部分。课程通过公关调查、公关策划、公关礼仪、危机公关、新闻发布会、人际沟通、模拟应聘、公关演讲等八大实训模块，重点培养学生以下方面的实践能力。

(1)能针对典型公关任务开展有针对性的公关调查。能正确设定调查项目，针对调查目标设计访谈提纲、调查问卷并采用多种调查方式开展调查，掌握整理统计调查数据并撰写调查报告的综合能力。

(2)能根据公关策划原则与技术方法针对某一主题进行创意策划；能对专题活动实施效果进行客观的预测评估。

(3)能掌握公关礼仪及注意事项，主要包括：称谓敬语、谦语的正确应用；见面礼仪、介绍礼仪应把握的原则、顺序、时机、分寸；掌握常见的商务联通礼仪；能按照规范要求进行商务接待和迎送等。

(4)能根据危机管理计划开展危机预警工作，妥善处理危机事件，控制危机事件过程中的敏感信息传播，掌握危机处理善后工作方法。

(5)掌握新闻发布会的礼仪和程序，懂得新闻发布会的筹划及准备工作，并能在新闻发布会中运用相关技能，培养学生的策划能力、表达能力、应变能力、自信心及勇气。

(6)能有效运用沟通理论和技巧，分析解决公关工作中存在的各种沟通鸿沟，掌握并有效应对各种人际关系，提高学生在实践工作中的人际沟通能力，培养良好的沟通态度，建立良好的工作氛围。

(7)能根据岗位胜任特征制作应聘求职简历，掌握求职面试的流程、方法、技巧，提高求职应聘成功率；锻炼人际交往与语言表达能力，提高学生的社会适应能力。

(8)能熟练掌握演讲稿的写作方法，掌握各种类型演讲的实操技巧，学会在各种公开场合下利用演讲的手段宣传组织形象。

通过实训教学环节，竭力培养学生积极主动、勇于创新以及团队合作的精神，力求使全体同学参与每个实训环节，高质量完成实训任务，切实提高学生的公关实践技能，锤炼学生解决各种复杂公共关系和实际问题的综合能力。

项目一　公关调查实训

【实训内容】

公共关系调查的方法、步骤以及结果分析运用等。

【实训目的】

（1）掌握调研方案设计方法以及工作实施流程。

（2）学会设计调查问卷、分析整理调查数据的方法。

（3）掌握撰写调查报告、运用调查结果的综合技能。

【背景知识】

公共关系调查是指具体的社会组织根据公共关系管理的需要收集信息和处理信息，依据对信息的研究发现问题，确立公共关系目标并提出实现目标的措施这样一个完整的工作程序。

公共关系调查的主要内容包括：组织形象调查、社会环境调查、公关活动跟踪调查、公众调查等。

公共关系调查的主要方法包括：抽样调查法、访问调查法、问卷调查法等。

【实训组织】

（1）个人设计调研方案。

（2）分小组讨论调研提纲。

（3）分小组开展公关调查，收集并汇总资料。

（4）在共享资料的基础上每个同学独立撰写调研报告。

【实训情景】

国内某汽车公司新推出了一款纯电动的新能源汽车，但是该款汽车的销量一直不温不火，反观同样类型的某合资品牌电动汽车的销量却遥遥领先，这让市场营销总监很是苦恼。论产品设计理念、总装和制造水平、电机质量与品质把控以及售后服务等环节公司都做得不错，为什么市场难以开拓？营销总监安排公司公关部门展开纯电动新能源汽车的市场调查，全面收集目前既有客户和潜在客户对于纯电动新能源汽车的使用感受、意见和建议，以促进该公司纯电动新能源汽车契合公众需求，为公众提供更高品质的纯电动新能源汽车。请根据调查内容和要求设计调查问卷，开展公共调查实训。

【评价标准】

（1）调研方案设计可行，格式符合标准要求。

（2）选择搜集资料方法得当，信息资料搜集详实。

（3）调查报告符合要求。

（4）以小组为单位进行评分，采取百分制，满分为 100 分。客观分数构成：问卷设计 20 分 + 调查过程 25 分 + 结果 10 分 + 调查报告 30 分。

(5)本小组同学汇报调查过程中采取的调查方法及遇到突发问题的应对策略(10分)。

(6)展示调查结果统计分析的方法及通过调查发现的问题(5分)。

(7)教师观察各位同学在实训过程中是否积极参加各项活动,对成绩酌情增减。

【实训要求】

以实训过程中,以调查提纲的写作、调查表的设计、调查报告的编写作为实训重点。

【实训步骤】

(1)指导老师讲授公共关系调查进行的基本程序和要求。

(2)学生每5~8人为一组,以小组为单位做调查。

(3)确定调查对象,制订调查计划和调查提纲。

(4)选择调查范围,设计调查问卷。

(5)小组成员分工合作,开展公共关系调查。

(6)统计、汇总调查结果,开展调研分析。

(7)以小组为单位撰写调查报告,注明小组成员的具体分工,制作小组成员分工情况二维表。

【实训备选题】

1. 学生会工作调查。
2. 大学生电子产品消费现状调查。
3. 大学生消费水平调查。
4. 校园文化活动调查。
5. 大学生社团组织运行现状调查。

案例素材一

问卷编号:______

大学生消费情况调查

亲爱的同学:

您好！非常感谢您在百忙之中填写这份问卷。我们调查的目的是为了解目前大学生在校消费情况。各项问卷所得结果不做个别呈现,对外保密,所以请您依据自己的情况如实填写。谢谢您的合作!

1. 您的所在年级是:

A. 大一　B. 大二　C. 大三　D. 大四及以上

2. 每月的生活费是:

A .500元及以下　B .500~1 000元(包括1 000元)

C. 1 000~1 500元　D. 1 500元及以上

3. 每月生活费主要来源:

A. 家人给予　B. 兼职所得　C. 奖学金　D. 助学金或困难补助

4. 对于下列消费倾向,您比较赞同哪种?

A. 经济实惠为主　B. 兼顾实惠与高标准

C. 追求高标准　D. 看心情

5. 一年中,在自己热衷的方面,您会控制不住自己去购买相对高价的奢侈商品吗?

A. 没有　B. 偶尔　C. 经常

6. 月底,生活费不够时,您会:

A. 向父母要　B. 自己去做兼职

C. 预支下月生活费　D. 向别人借钱

E. 从不会出现此类情况　F. 其他:(请注明)

7. 月底,生活费还有余额时,您会:

A. 存起来　B. 马上花光　C. 转入下月生活费

8. 您有记账的习惯吗?

A. 有,几乎每一笔支出我都会记账　B. 有,但是我只选择较大的支出记账

C. 很少有记账的习惯　D. 没有

9. 怎样看待大学学生的兼职?

A. 支持,既锻炼了自己又可减轻父母的负担

B. 不支持,既浪费时间又学不到什么真正的东西

C. 其他:(请注明)

10. 是否想去做兼职?

A. 正在做　B. 想过　C. 没想过

再次感谢您的参与! 谢谢合作!

(资料来源:重庆城市管理职业学院学生课程作业遴选)

案例素材二

大学生消费情况的调查报告

一、调查目的:了解目前大学生在校消费情况。

二、调查方法:以调查问卷的形式,采取随机抽样的方法。

三、调查样本:×× 学校的在校大学生,累计发放调查问卷 300 份,回收有效问卷 273 份,有效问卷的回收率为 91%。

四、调查机构:×× 专业学生联合调查小组。

五、调查结论。

(一)从调查的结果中可以清晰地看出我校大学生每月的生活费在 1 000~1 500 元之间的人数最多,其次是 500 元以下,很少的学生在 1 500 元以上。由此可以得出我校大学生的消费水平是相对不均衡的。

(二)看出其中的 60% 学生的每月生活费主要来自于家庭资助,有 20% 的学生是靠自己在外面做兼职所得的钱作为每月的生活费,15% 的学生靠奖学金,5% 的学生靠助学金或困难补助。由此看出学生生活费主要来自家庭资助。

(三)有超过 50% 的学生比较倾向于经济实惠和既实惠又高标准的商品,也有 30% 的学生选择看心情消费,有超过 10% 的学生追求高标准的消费倾向。在受访者中,有超过 40% 的学生会购买相对高价的奢侈物品。

(四)有 70% 的学生在生活费不足时会向父母要钱, 28% 的学生会去选择做兼职,只有极

少数同学去借钱或预支下月生活费。说明大部分学生还是要依赖家里,但也有相当部分学生开始选择自己挣钱。如果月底仍有余钱,大多数学生都会将剩余的钱转入下个月的生活费,有15% 左右的学生会选择将钱存起来。

(五)有超过 50% 的学生很少有记账的习惯,有接近 30% 的学生没有记账的习惯。由此可以看出,目前的在校大学生普遍没有养成良好的记账习惯。

(六)有接近 30% 的学生没有想过要去做兼职, 45% 的学生在做兼职,而思考过做兼职但是还没实际做过兼职的占 20%。这说明,大部分同学支持大学生兼职,认为做兼职既锻炼了自己又可减轻父母的负担;但也有少数同学不支持,他们认为这既浪费时间又学不到什么真正的东西;还有小部分同学保持中立,他们认为大学做兼职很好,但最好是大三、大四去与专业相关的单位实习。

六、建议或意见。

(一)当代大学生要树立正确的消费观念,主要是理智地对待自己的消费。作为一个纯消费者,经济来源大多靠家庭,要考虑到家庭经济状况,不能盲目地陷入感性消费的误区。需要注意以下几点:

(1)增强独立意识,培养理财能力;

(2)克服攀比心理,营造良好的消费风气;

(3)制订一套合适的消费计划;

(4)养成良好的消费习惯。

(二)大学生受到享乐主义、拜金主义、奢侈浪费等不良社会风气的侵袭时,如果没有及时得到学校老师和父母的正确引导,容易形成心理趋同的倾向。当前大学生身上存在的种种不健康的娱乐方式、交往活动和消费行为,在很大程度上是由于社会缺乏健康的消费文化方式的引导,基于社会环境对大学生身心巨大的影响作用,摒弃大学生中表现出来的不良消费行为,积极扶持和建立大学校园新风气,推动新消费文化的生长。

(资料来源:重庆城市管理职业学院学生课程作业遴选)

案例素材三

职业生涯人物访谈

一、基本信息

被访谈人:赵某某

性别:女

教育背景:硕士研究生

职业:教师

访谈形式:电话访谈

二、访谈内容

问题1:老师,你是从事教师这一职业的,请问一下你为什么选择这个职业?

答:这个还得从我小学说起了。在我读小学的时候,我的成绩挺好的,所以在放学后,我时常留在教室里,用粉笔在黑板上写下老师讲过的一些内容,然后给成绩差的同学讲解。久而久之,我喜欢上了站在讲台上给同学们讲解的那种感觉。因此,我选择了当教师。

问题2:老师,在你的职业生涯中,对于当老师这一想法有动摇过吗?

答:这肯定是有的。在我上中学时,中学的某班主任就强烈建议我们长大后不要当老师。隐约记得他说过,当老师工资不高,而且学生也越来越叛逆了,老师有时候都管不住他们,他们还学会跟老师顶嘴了。那时候我也迷茫了。后来,把这件事跟我父母说了,我父母是比较支持教师这一职业的,他们觉得,教师这一职业很稳定,一个女孩子家有份稳定的工作就好了。因此,我也下定了决心。

问题3:老师,你是如何找到这份工作的?

答:说实话,教师这一职业工作并不会难找,大多数学校会安排,也有人去自己心仪的学校应聘。大学毕业后,我自己找了一家离家不是很远的中学,因为我是大学本科的,也蛮顺利地进入那所中学开始了我的教师生涯。

问题4:老师,从现在的这个社会看,你觉得教师这个职业的前景如何?

答:现代社会经济发展较快,像软件、网络这些专业是很热门的,也变得越来越重要了。很多年轻人喜欢追求新鲜事物,对于教师这个专业也没什么兴趣。如今,教师这一职业是很欠缺人才的,所以教师这一职业的前景还是不错的。

问题5:老师,你认为这项工作需要具备什么样的素质、技能和经验?

答:当代本科生,(平时)是家里最大的希望——成为有用之才。

(1)曾经参与支教,有课堂实习的经验或实践的经验。

(2)不怯场,敢于在众人面前讲话,有比较标准的普通话。

(3)如今很多学校都是使用电脑上课的,所以要有一般的计算机知识。

(4)有为人师表的素质和心态,人格健全,思想和生活方式健康向上,热爱本职工作,爱护学生,有事业心和责任心。

问题6:现在本科毕业,面临着深造和工作的抉择,老师,你有什么看法?

答:确实,现在的大学生毕业面临重大抉择,深造还是工作,现在还有很多同学选择创业。我觉得,考虑兴趣和专业还是比较重要的。搞研究或是工作,没有兴趣都是没法进行的,就感觉是被逼着做事,效率就没有保障,更别提进展了。其次是专业,要是做与自己专业相关性较大的工作,入门快,反之困难就比较大,不过也不是说跨专业不好,还是看自己的兴趣。最好,还得看看自己的家庭状况。

问题7:老师,你满意你现在的工作吗?

答:这怎么说呢?我觉得,我对现在的工作是比较满意的。你想想,每天都能和学生相处、聊天,知道他们的一些想法,帮助他们解决学习上或者心理上的问题。这时,我扮演的不仅仅是教师这一角色,还有朋友这一个角色。和学生一起上学、一起放学,我觉得自己也回到了中学的时候,这种感觉很美好。

问题8:你认为当老师最有成就的是什么?

答:最有成就的事?我觉得应该是我教过的学生,很多人离开学校后还能和我保持联系,和我聊一些他们碰到的事,我觉得我们更像是朋友。

问题9:老师,你对现在的大学生谈恋爱有什么看法?

答:现在在校的大学生都已经是成年人了,应该分得清什么是主要、什么是次要,应该能懂得处理爱情与学习之间的关系，所以，也没有什么对错之分。不像高中的时候，偷偷摸摸地怕老师知道。

谢谢老师能在百忙中抽出时间接受我的访谈，也十分感谢你的建议，谢谢！

（资料来源：重庆城市管理职业学院学生课程作业遴选）

项目二　公关策划实训

【实训内容】

公共关系活动策划与策划书的写作。

【实训目的】

通过具体公共关系活动策划训练,促使学生进一步熟悉策划原则、程序与方法,提升公关活动策划与实施的职业涵养。培养学生根据组织发展需要策划一项或几项公共关系专题活动的能力,掌握撰写公关活动策划方案的技能。

【背景知识】

公共关系策划,就是策划人员为了达到组织目标,在充分进行调查研究的基础上,对总体公共关系战略、专门公共关系活动和具体公共关系操作进行谋略计划和设计的工作。

公共关系活动策划是一个动态的过程,通常可划分为以下步骤:①确立公关目标;②选定公关对象;③选择公共关系活动主题;④确定公关传播媒介;⑤确定公关活动时间;⑥确定公关活动地点;⑦制订公关预算;⑧形成公关策划书。

公关活动方案必须经过公关主体领导审核和批准,有时还应向有关政府部门申报。其目的是使公关目标与组织总体目标相一致,使公关活动与组织其他部门的工作相互协调、相互配合并具有合法性,否则方案无法推行。公共关系策划书是公共关系活动方案的规范载体,因此,撰写公共关系策划书是公共关系人员的必备技能之一。一份完整的公共关系策划书应当具备5W、2H、1E,即如下所述:

Why(为什么)——策划的缘由;

Who(谁)——策划者、策划方案针对的公众;

What(什么)——策划的目的、内容;

Where(何处)——方案实施地点;

When(何时)——方案实施时机;

How(如何)——方案实施形式;

How much(多少)——活动经费预算;

Effect(效果)——活动实施效果评估。

【实训情景】

某高校成立青年志愿者爱心家教助学服务队,为了提升服务队在学校周边社区的知名度和影响力,也为了践行远离网络游戏、回归知识殿堂、服务学区教育的理念,现服务队准备策划一次爱心家教进社区公开课大讲堂活动,倡议社区中小学生朋友远离网络游戏,崇尚科学文化学习。

【评价标准】

(1)策划书内容完善,格式符合标准要求。

(2)公关活动前期调研充分,目标明确,活动主题新颖。

(3)公关活动策划媒体选择、经费预算合理。

(4)以小组为单位进行评分,采取百分制,满分为 100 分。客观分数构成:策划构思调研 20 分 + 策划过程研讨论证 20 分 + 策划书撰写 40 分。

(5)本小组同学在公关活动策划过程中的团队协作能力鉴定评价(10 分)。

(6)教师根据学生汇报公关活动策划书的答辩情况评定(10 分)。

(7)教师观察小组各位同学在实训过程中是否积极参加各项活动,对成绩酌情增减。

【实训要求】

在实训过程中,以策划书的可行性论证、策划前期调研、策划书的撰写作为实训重点。

【实训步骤】

(1)指导老师讲授公关活动策划的基本程序和实训要求。

(2)学生每 5~8 人为一组,以小组为单位开展分组实训。

(3)确定公关活动目标以及目标公众。

(4)选择公关活动主题以及公关活动传播媒介。

(5)明确公关活动具体实施细节(如时间、地点、人员、事件和设备等)。

(6)制作公关活动经费预算表,开展公关活动评估。

(7)以小组为单位撰写公关活动策划书。

【实训备选题】

1. 学生会 ×× 社会公益活动策划方案。

2. 大学校园二手电子产品交流活动策划方案。

3. 校园文体活动策划方案。

4. 校园"光盘"活动策划方案。

5. 无烟校园策划方案。

案例素材一

德芙"榛仁"巧克力公关活动策划书

一、活动简介

为了进一步巩固德芙巧克力公司在福州巧克力市场的领导者地位,提升德芙"榛仁"口味巧克力健康的产品形象,将在 ×× 年 × 月 × 日至 × 月 × 日策划一次大型的德芙"榛仁"巧克力促销活动,一共三个小型的活动,以"健康、关爱"作为这次活动的主题。

此次活动的目的就是让德芙巧克力的消费人群体验健康的感受。在促销活动中,将利用丰富多彩的活动形式让现场观众充分感受到活动带给他们的是一种健康,是对他们的一种关爱。孩子们与妈妈一起制作巧克力的活动体现了德芙"榛仁"健康巧克力对消费者健康的关爱。

利用这样的产品促销机会,会更有利于促进年轻消费群体对自身健康的进一步关注,让他们的工作学习进一步发展。在这种氛围下,德芙"榛仁"低热值巧克力健康的产品形象也在不知不觉中得到巩固。

二、活动策略

借助大众传媒优势，将报纸、网络、广播、电视、杂志等传媒结合，地毯式地在短期内对德芙“榛仁”巧克力在福州市场进行全方位、多角度的信息轰炸。

前期：利用以大众传播媒介为主的公共关系传播媒介，提前为将要在“六一”儿童节那天举办的几场活动造势预热，调动受众的胃口。

中期：这是此次公关活动最重要的时期，包括举办辅助活动一“低热量 更健康”、辅助活动二“关爱健康·制作德芙爱心巧克力”和主活动“6·1 德芙之夜”。通过让福州巧克力消费群体的亲身参与，让他们感受到德芙“榛仁”低热值巧克力这个产品是如何把产品自身的健康理念体现到各个细节上的。

后期：主题活动告一段落，后期的活动是为了对本次活动做一次很好的总结。跟踪报道活动参与者的“德芙陪伴孩子的健康生活”故事，既可以持续地制造新闻点，还可以让受众通过对“榛仁”更深入的了解，增强对德芙该口味产品的好感和认同。

三、公关活动具体实施内容

活动分为三个阶段：前期、中期、后期。

(一)前期

宣传造势(　　年　月　日—　月　日)。

1. 网络部分(时间：　年　月　日—　月　日)

(1)在德芙官网上开展“德芙陪伴孩子的健康生活”故事征集活动，由广大网友写与德芙有关健康的故事，自己的孩子吃了德芙“榛仁”口味的巧克力，并没有因为巧克力是高热量食品而对身体健康产生了不利的影响，让身体发胖，反而让紧张学习的孩子体力得到及时恢复，精力变得更加充沛，以此提高德芙“榛仁”巧克力在巧克力消费群体里健康的品牌形象，并扩大该产品的影响力。

(2)在官网上开展“说句心里话，谢谢妈妈的关爱”活动。为了此活动更能体现“健康、关爱”的活动主题，将制作大量爱心形的小纸条供孩子留下对年轻妈妈想说的心里话，感谢妈妈一直以来对我们的健康呵护和关爱。小纸条上还有德芙“榛仁”巧克力产品的外包装图片，可以借此将这一产品的影响力扩大。

(3)在官网上播放介绍德芙“榛仁”巧克力的制作工艺技术和“榛仁“巧克力先进的生产制作流程的视频，让消费者直观地感受到“榛仁”巧克力的独特之处，加强该品种的巧克力有利于消费者身体健康的说服力。

(4)寻找福州小学里练习舞蹈的孩子，届时参加“6·1 德芙之夜”的舞蹈活动。参加表演的孩子需填写报名表，如报名的孩子很多，则随机挑选。

2. 报纸、杂志、户外广告部分(时间：　　年　月　日—　月　日)

对开展的“德芙陪伴孩子的健康生活”故事征集活动进行广告投放，印发德芙“榛仁”巧克力的广告宣传单及有关的“德芙健康生活”的故事，扩大“榛仁”巧克力在消费者心中的影响力和知名度。

3. 广播、电视部分(时间:　　年　月　日—　月　日)

播放"6·1 德芙之夜"主活动的广告。

(二)中期

活动进行时(时间:　年　月　日—　月　日)。

1. 辅助活动一:"低热量 更健康"活动流程(活动地点:台江步行街广场)

时间:月　日晚 7:00—9:00

(1)演出人员唱歌吸引群众观看,同时发放活动宣传册。演出台旁设立德芙"榛仁"巧克力售卖点。

(2)主持人介绍德芙"榛仁"巧克力的产品情况。

(3)主持人现场选出参加活动的年轻的巧克力消费者进行问答(10 名)。

(4)第一部分是关于德芙"榛仁"小知识的问答,题目在宣传册背面。答对的消费者可以获得一盒德芙"榛仁"巧克力,所有参加问题回答环节的消费者均可参加 6 月 1 日晚"儿童节"晚会上的抽奖活动。

(5)嘉宾演唱环节。

嘉宾:福州德芙巧克力公司总经理、福州德芙巧克力公司副总经理、福州晚报记者。

(6)演员演唱,结束今晚活动。

(7)整理场地。

2. 辅助活动二:6 月 1 日"关爱健康·制作德芙爱心巧克力"活动流程

时间:月　日下午 3:00—5:00

(1)演出人员唱歌聚人气。演出台旁设立德芙"榛仁"巧克力售卖点。联系媒体。

(2)播放"德芙陪伴孩子的健康生活"小短片,聚人气。

(3)主持人宣布制作活动的开始。

(4)由制作德芙"榛仁"巧克力的大师现场演示,并将已经制作好的巧克力让观众现场品尝。

(5)参加活动的孩子在年轻妈妈的带领下制作巧克力,大师现场指导,主持人采访,媒体采访。

(6)活动间隙演员演唱。

(7)第一组制作好巧克力的孩子让妈妈品尝巧克力,并请现场观众品尝,由掌声来评判获胜组。呼声最高的母子可以获得两盒德芙"榛仁"巧克力。

(8)第二组孩子制作巧克力,活动同上。

(9)演员演唱。

(10)演员表演后由福州德芙巧克力公司总经理抽出三对母子,他们将获得参观德芙公司"榛仁"巧克力制作流程的机会。此时,喷放彩带,祝天下母子身体健康。

(11)整理场地。

3. 主活动:"6·1 德芙之夜"活动流程

时间:6 月 1 日晚 7:00—9:00

(1)安排演员唱歌聚人气。演出台旁设立德芙"榛仁"售卖点。安排媒体。

（2）播放“德芙故事”小短片，聚集人气。

（3）主持人宣布“6·1 德芙之夜”晚会开始，演员演唱。

（4）主持人请出网上征集的“说句心里话，谢谢妈妈的关爱”的作者做简短演讲。

（5）妈妈把收到的礼物德芙“榛仁”巧克力现场送给孩子。

（6）主持人邀请现场妈妈大声对宝贝说出“我爱你”，凡上台者均可获得德芙“榛仁”巧克力。

（7）福州小学舞蹈表演。

（8）公布网上评选的“德芙陪伴孩子的健康生活”获奖名单，并首发拍摄成 DV 的故事片。凡参与者均可参加最终大奖的抽奖。

（9）凡在 × 月 × 日至 × 月 × 日购买德芙任意巧克力满 99 元者均可参加最终抽奖（超市可凭小票，现场购买凭获赠副券）。

（10）演员表演后由德芙福州分公司总经理抽出一位 5 月 30 日的问答活动幸运参与者，其将免费获得德芙公司“榛仁”巧克力制作车间一日游。

（11）喷放礼花，祝天下儿童及父母幸福美满。

（12）晚会结束，整理会场。

（三）后期

（1）跟随活动参与者进行拍摄并制成 DV，将 DV 和获奖者参观德芙公司“榛仁”巧克力制作流程的心得发至官网；联系媒体（报纸、杂志）进行宣传、报道。

（2）处理后期工作，进行效果评估。

四、效果分析与活动预算

（一）活动效果分析

在 2011 年儿童节这一时机，德芙巧克力公司对“榛仁”巧克力在制作上采用低热值糖体或果蔬制品这一口味的巧克力进行一系列的公关推广活动，旨在提升德芙低热量“榛仁”巧克力在福州消费者心目中的健康形象和知名度。

（二）活动预算

1. 前期宣传活动花费

（1）制作“德芙陪伴孩子的健康生活”消费者心中最受欢迎的故事的 DV，年轻妈妈和孩子是主角，各 1 000 元，拍摄工作人员工资（机器自备）合计 4 000 元。

（2）报纸、杂志、户外广告的投放（15 天），合计 10 万元。

2. 正式活动期间花费（略）

3. 后期活动花费

跟随活动参与者进行拍摄并制成 DV，将 DV 和获奖者参观德芙公司“榛仁”巧克力制作流程的心得发至官网并制成 DV 的经费（包括工作人员生活费等），合计 3 万元。

熊猫工作室

年　月

（资料来源：http://www.docin.com/p-1494685131.html）

案例素材二

大学生体育文化节策划方案

一、活动主题

活力校园 炫动青春。

二、主办:×× 学院团委

承办:×× 学院校学生会体育部。

三、活动内容

1. 五人制男子足球赛。

2. 羽毛球比赛(男单、女单、男双、女双、混双)。

四、五人制男子足球赛

(一)初赛

1. 报名

由各院系在 × 月 × 日前将参加初赛的团队名单及信息报给团委 ×× 老师。

2. 时间

年 月 日— 月 日。

3. 初赛队伍的组成

由各院系推荐参加初赛的队伍共 10 支(每支队伍 5~12 人)。

4. 比赛内容

初赛由抽签分 2 个小组,采取小组单循环和积分制,即每支球队与其他球队各赛一场,最后按各队在全部比赛中的积分排列名次。最后根据积分取小组前 2 名晋级半决赛。比赛结束后通过团委微信平台公布比赛结果。

积分方法:每队赢一场比赛积 3 分,平一场积 1 分,负一场积 0 分。积分多的队伍名次靠前,如有积分相同的情况,决定名次的依据依次为:相互间胜负关系,相互间净胜球,相互间总进球,全部比赛净胜球,全部比赛总进球。如仍相等,则以抽签决定名次。(以下羽毛球赛积分方法与此相同)

(二)半决赛

1. 时间

年 月 日— 月 日。

2. 赛制

半决赛采取的是淘汰赛制,四支进入半决赛的队伍由抽签决定两两对抗。

(三)决赛

1. 时间

年 月 日— 月 日。

2. 比赛内容

在半决赛中获胜的两支队伍进入决赛,争夺冠军,另外两支队伍决出第三名和第四名。

(四)奖项设置

冠军 1 名,获奖杯 1 个、奖金 300 元、荣誉证书;

亚军 1 名,获奖金 200 元、荣誉证书;

季军 1 名,获奖金 150 元、荣誉证书;

最佳射手奖 1 名,获奖杯 1 个、荣誉证书;

最佳门将奖 1 名,获奖杯 1 个、荣誉证书;

体育道德风尚奖,获荣誉证书。

五、羽毛球比赛

(一)初赛

各院系根据实际情况举行初赛,并根据初赛结果推荐选手参加校级比赛。

(二)校级比赛

1. 报名截止时间

年 月 日— 月 日。

2. 比赛内容

比赛分为男单、女单、男双、女双、混双。

3. 报名要求

各院系每项比赛只报一名(组);每个队员不可兼报两项。

(三)赛事安排

1. 比赛时间

年 月 日— 月 日。

2. 赛制

每项比赛实行单循环赛,比赛结果采取积分制。积分分为个人积分和团体积分。团体积分包括了男单、女单、男双、女双、混双在内的五项比赛的比赛结果。

(四)奖项设置

男单和女单的冠军、亚军、季军获奖金和荣誉证书,奖金分别为 80 元、50 元、30 元。

男双、女双、混双的冠军、亚军、季军获奖金和荣誉证书,奖金分别为 150 元、100 元、60 元。

团体冠军和亚军,获奖金及奖杯一个,奖金分别为 150 元和 100 元。

六、联系方式

校学生会负责人:×× 老师,联系电话:×××

校学生会体育部联系人:×× 同学,联系电话:×××

(资料来源:重庆城市管理职业学院团委提供的活动策划案)

项目三 公关礼仪实训

实训一 日常公关礼仪

【实训内容】

日常礼仪在公共关系中的运用。

【实训目的】

通过实训，纠正不正确的日常公关礼仪，掌握正确、优雅的日常公关礼仪，包括见面礼、交际礼仪等；使学生能够熟练运用各种礼仪规范进行各种公共活动。

【背景知识】

随着社会的发展，公关活动已成为社会交往和商务交往中的重要组成部分。礼仪是企业形象、文化和员工修养素质的综合体现，忽略了应有的礼仪或没有规范的礼仪就不能让企业在形象塑造、文化表达上提升到一个满意的地位，导致企业形象存在这样或那样的缺憾，企业文化的宣传力度虽然很大却很难收到效果。这都是在商业活动中没有规范的礼仪行为所导致的。

学习公关礼仪，首先可以内强素质。在人际交往中，有道德才能高尚，讲礼仪方算文明。学习礼仪，讲究礼仪，无疑会使人们提高自己的内在素质。学习公关礼仪，其次可以外塑形象。现代礼仪讲究尊重，强调沟通，重视认知，力求互动。得法地运用礼仪，不仅会令自己更易于被人所接受，而且还会有助于维护自身乃至所在工作单位的良好形象。学习公关礼仪，最后还可以增进交往。

日常公关礼仪活动包括以下几个方面的内容：①称呼；②介绍；③握手；④交谈；⑤名片；⑥电话。

【实训情景】

小李是一家公司的公关员，公司领导派他去参加本市一个较大型的行业研讨会，在研讨会上小李怎样才能给大家留下一个较好的印象、结交更多的朋友呢？

【评价标准】

（1）模拟场景内容完善。

（2）公关活动前期调研充分，目标明确，活动主题新颖。

（3）以小组为单位进行评分，采取百分制，满分为 100 分。客观分数构成：

①能够在不同场合正确地使用称呼（10 分）；

②能够掌握介绍的基本规则并恰当介绍（20 分）；

③掌握正确地递接名片的方式（20 分）；

④掌握正确的握手姿势及握手的顺序（15 分）；

⑤能够在不同场合中正确使用电话(15分)。

(4)本小组同学在公关礼仪实训活动中的团队协作能力鉴定评价(10分)。

(5)教师根据学生汇报公关礼仪活动实训报告答辩情况评定(10分)。

(6)教师观察小组各位同学在实训过程中是否积极参加各项活动,对成绩酌情增减。

【实训要求】

(1)在实训过程中要分组对公共场合常用的各种礼仪进行强化训练。

(2)训练中要注意让每个学生都有机会去练习,以便发现错误及时纠正。

(3)教师在训练中的作用主要是指导并进行纠错。

(4)要用场景模拟、角色扮演的形式进行训练。

(5)要求学生们在课后也要注意练习。

(6)学生要撰写实训报告。

【实训步骤】

第一步:教师介绍本次实训的内容及模拟的实训场景,并把全班同学按每组3~5人进行分组。然后每组同学按照实训场景进行角色分配。

第二步:进行称呼训练。

(1)介绍称呼的种类及使用的场合。一般的同事、同学关系,平等的朋友熟人,均可彼此之间以姓名相称;在工作中,也可以学衔作为称呼,增加被称呼者的权威性;也可直接以被称呼者的职业作为称呼。

(2)让同学分组并模拟场景进行称呼训练。

第三步:进行介绍训练。

给同学们简单讲解介绍的基本规则。

(1)先将男士介绍给女士。

(2)先将年轻者介绍给年长者。

(3)先将未婚女子介绍给已婚女子。

(4)先将职位低的介绍给职位高的。

在掌握介绍的基本规则前提下,可以通过以下两种方式进行介绍。

(1)自我介绍。介绍者可以自报姓名和身份,也可以用名片来介绍。

(2)他人介绍。如果在公共场合有认识的人,也可以请其为自己介绍。内容以双方的姓名、单位、职务为主。

学生分组并模拟场景进行介绍训练。

第四步:递交、接受和索取名片训练。

(1)在公共场合如果要给对方名片,正确的递交名片的姿势是:双手递过去,以示尊重对方。将名片放置手掌中,以拇指夹住名片,其余四指托住名片反面,名片的文字要正向对方,以便对方观看,若对方是外宾,则最好将名片上印有对方认识的文字那一面面对对方,同时讲些"请多联系""请多关照""我们认识一下吧""有事可以找我"之类的友好客气的话。

(2)如果接受对方的名片,应恭恭敬敬,双手捧接,并道感谢。首先应当认真地看看名片上所显示的内容,必要时还可以从上到下、从正面到反面完整看一遍,有时还可把名片上的姓名、职务(较为重要或较高的职务)读出声来,如“您就是李董啊”,以表示对赠送名片者的尊重,同时也加深了对名片的印象。然后把名片细心地放进名片夹或笔记本、工作证里夹好。

(3)若索取他人名片,则不宜直言相告,而应委婉表达此层意思:可向对方提议交换名片、主动递上本人的名片,或询问对方“今后如何向您请教?”“以后怎么联系您?”。反过来,当他人向自己索取名片,自己不想给对方时,也应以委婉方式表达此意。比如说:“对不起,我忘带名片了。”或者说:“抱歉,我的名片用完了。”

第五步:握手训练。

(1)应当遵守“尊者先伸手”的原则。

(2)进行握手训练的标准做法是:行至距握手对象约 1 米处,双腿立正,上身略向前倾,伸出右手,四指并拢、拇指张开与对方相握。握手时应用力适度,上下稍许晃动三四次,随后松开手掌,恢复原状。

(3)强调握手的禁忌。

第六步:交谈训练。

在公共场合与他人交谈过程中要注意讲究交谈艺术,使用礼貌用语,选择合适的话题,并学会倾听和发问。

第七步:电话礼仪的训练。

在公共场合,还要注意以下电话礼仪方面的相关事项:

(1)使用礼貌用语;

(2)不在会场接电话;

(3)打接电话时注意不要影响他人;

(4)注意安全,如走路不打接电话,在公共场合遵守电话使用规则等。

第八步:教师点评,指出问题和注意事项。学生撰写实训报告。

【实训备选题】

1. 小李是一家公司新上任的营销经理,今天他要参加一个行业研讨会,他希望在这次会上能结交一些新的朋友,请根据此场景模拟训练行业研讨会上需要运用的礼仪。

2. 新来的公关员小方向公关部主任询问怎样运用名片,公关部主任一一做了回答。小方说:“上次我接客户的名片是用左手接的,看过后就放在了办公桌上,怕弄丢了,上面还压了一本书,客户当时对我笑了笑。”请思考:公关部主任回答运用名片的礼仪是什么?小方的做法正确吗?根据此场景模拟一次名片运用。

案例素材一

35 次紧急电话

有一天,一位名叫基泰斯的美国记者在日本东京奥达克余百货公司买了一台电唱机,准备作为送给住在东京的婆婆作为见面礼。当时,售货员以日本人特有的彬彬有礼的服务,使基泰斯满意而归。但是,当她回到住所开机试用时,却发现电唱机没有装内件,根本无法使用。基泰斯不禁火冒三丈,准备第二天一早便去奥达克余百货公司交涉,并迅速写成一份新闻稿,题目是“笑脸背后的真面目”。

第二天,当基泰斯正准备动身前往奥达克余百货公司交涉时,一辆汽车赶到她的住所,从车上跳下的是奥达克余百货公司的副总经理和拎着皮箱的职员。他们一进基泰斯的客厅便俯首鞠躬,表示歉意。基泰斯颇感意外,他们是怎么找到这里的?

那位副经理打开记事簿,讲述了大致的经过。原来,昨天下午清点商品时,他们发现错将一个空心的货样卖给了一位顾客。因为此事非同小可,经理马上召集公共关系部有关人员商议。当时只有两条线索可循,即顾客的名字和她留下的一张"美国快递公司"的名片。据此,奥达克余百货公司展开了一连串无异于大海捞针的行动,打了32次紧急电话向东京各大饭店查询,但没有结果。于是又打电话给纽约的"美国快递公司"总部,接着打电话给顾客的父母,从那里得知了顾客在东京的住所。这期间所打的紧急电话合计35次。接着,副经理亲手将一台完好的电唱机,外加唱片一张、蛋糕一盒奉上,然后离去。这一切使基泰斯深受感动。她立即重写了新闻搞,题目叫"35次紧急电话"。

(资料来源:https://wenku.baidu.com/view/3139b465b0717fd5370cdc89.html)

假如你是奥达克余百货公司的总经理,你将从哪里入手处理"出售电唱机空壳事件"?分析"35次紧急电话"案例,说明正确地为公众服务的意义。

案例素材二

一次随便的推销

风景秀丽的某海滨城市的朝阳大街高耸着一座宏伟的楼房,楼顶上"远东贸易公司"六个大字格外醒目。某照明器材厂的业务员金先生按原计划,手拿企业新设计的照明器材样品兴冲冲地登上六楼,脸上的汗珠未及擦一下,便直接走进了业务部张经理的办公室,正在处理业务的张经理被吓了一跳。

"对不起,这是我们企业设计的新产品,请您过目。"金先生说。张经理停下手中的工作,接过金先生递过的照明器,随口赞道:"好漂亮啊!"并请金先生坐下,倒上一杯茶递给他,然后拿起照明器仔细研究起来。金先生看到张经理对新产品如此感兴趣,如释重负,便往沙发上一靠,跷起二郎腿,一边吸烟一边悠闲地环视着张经理的办公室。当张经理问他电源开关为什么装在这个位置时,金先生习惯性地用手搔了搔头皮。虽然金先生做了较详尽的解释,张经理还是有点半信半疑。谈到价格时,张经理强调:"这个价格比我们的预算高出较多,能否再降低一些?"金先生回答:"我们经理说了,这是最低价格,一分也不能再降了。"张经理沉默了半天没有开口。金先生却有点沉不住气,不由自主地拉松领带,眼睛盯着张经理。张经理皱了皱眉,"这种照明器的性能先进在什么地方?"金先生又搔了搔头皮,反反复复地说:"造型新、寿命长、节电。"张经理托辞离开了办公室,只剩下金先生一个人。金先生等了一会,感到无聊,便非常随便地抄起办公桌上的电话,同一个朋友闲谈起来。这时,门被推开,进来的却不是张经理,而是办公室秘书。

(资料来源:https://tiku.baidu.com/web/singledetail/024987ec4afe04a1b071de03)

请指出金先生的失礼之处,并说明原因。

实训二　公关接待礼仪

【实训内容】

接待礼仪在公关活动中的运用。

【实训目的】

通过实训，要求学生能够制订接待计划，并能熟练掌握各种接待礼仪，使学生能够按照规范的礼仪要求承担各种接待活动。

【背景知识】

从公关礼仪的角度看，我们对来宾的尊重、友善、关心等统统都要落实到自己所从事的接待工作的各个环节中。初次来访的客人，对组织的第一印象是从他首先看到的人和物上得到的；经常来往的客人，在一次次的业务交往中建立起对组织的印象。因此，接待人员就成为公司的“活广告”。不管哪种性质的单位，一旦有重要客人来访做客或洽谈业务，公关人员要把好接待关，做好充分的准备工作，使客人高兴而来、满意而去。为了确保接待工作的顺利进行，公关人员要提前制订、审定接待计划。

迎来往送，是社会交往接待活动中最基本的形式和重要的环节，是表达主人情谊、体现礼貌素养的重要方面。在工作往来中，对如约而来的客人，特别是贵宾或远道而来的客人，表示热情、友好的最佳方式就是指派专人出面，提前到达双方约定或是适当的地点，恭候客人的到来。对前来访问、洽谈业务、参加会议的外国、外地客人，应首先了解对方到达的车次、航班，安排与客人身份、职务相当的人前去迎接。

同时，会见、签字、宴请等也要按照要求并注意中西方礼仪的习惯来进行。

【实训情景】

小张是某电机公司的公关员，在下个月，该公司要接待一批来公司接洽业务并进行参观访问的外国友人。这次接待活动由小张负责。你能告诉小张从接待、会见、会谈、签字到宴请每个环节应该注意的各种礼仪要求吗？

【评价标准】

(1)模拟场景内容完善。

(2)公关接待活动前期调研充分，目标明确，活动计划完善。

(3)以小组为单位进行评分，采取百分制，满分为100分。客观分数构成：

①准确掌握公关接待活动礼仪的知识(20分)；

②模拟接待活动中操作规范科学(20分)；

③在接待活动中与同学们互相配合(20分)；

④能够顺利完成模拟情景规定的任务(20分)。

(4)本小组同学在公关礼仪实训活动中的团队协作能力鉴定评价(10分)。

(5)教师根据学生汇报公关礼仪活动实训报告答辩情况评定(10分)。

(6)教师观察小组各位同学在实训过程中是否积极参加各项活动，对成绩酌情增减。

【实训要求】

(1)要熟练掌握每个环节的礼仪要求与操作规范。

(2)注意培养大家在训练中的合作意识。

(3)要保证每人都参与到实训过程中。

(4)注意课堂纪律的掌控,确保情景模拟逼真。

(5)课堂时间如果不够,可利用课余时间来进行。

【实训步骤】

第一步:小张应首先进行接待计划的制订与审核。内容包括以下九个方面。

(1)明确接待的对象、人数、来处、任务及要达到的目的要求。

(2)确定接待规格。

(3)拟定接待期间的程序和日程表。

(4)确定接待人员及分工。

(5)接待场地的准备。

(6)食宿安排。

(7)迎送安排。

(8)经费预算。

(9)审订接待计划。

第二步:迎接客人。

(1)对前来洽谈业务的外国客人,应首先了解对方到达的车次、航班,安排与客人身份、职务相当的人员前去迎接。

(2)接到客人后,应首先问候"一路辛苦了""欢迎您来到我们这个美丽的城市"等,然后向对方做自我介绍。

(3)迎接客人应提前为客人准备好交通工具。

(4)接待人员带领客人到达目的地,应该有正确的引导方法和引导姿势。

①在走廊的引导方法:接待人员走在客人二三步之前,配合客人的步调,并让客人走在内侧。

②在楼梯的引导方法:当引导客人上楼时,应该让客人走在前面,接待人员走在后面;若是下楼时,应该由接待人员走在前面,客人走在后面。上下楼梯时,接待人员应该注意客人的安全。

③在电梯的引导方法:引导客人乘坐电梯时,接待人员先进入电梯,等客人进入后关闭电梯门;到达时,接待人员按"开"的按钮,让客人先走出电梯。

④在客厅里的引导方法:当客人走入客厅,接待人员应用手指示,请客人坐下,看到客人坐下后,才能行点头礼后离开。如客人错坐下座,应请客人改坐上座(一般靠近门的一方为下座)。

(5)将客人送到住地后,主人不要立即离去,应陪客人稍作停留,热情交谈,但考虑到客人一路旅途劳累,主人不宜久留,让客人早些休息。分手时将下次联系的时间、地点、方式等告诉客人。

第三步:掌握好会见座位的安排及会谈中的礼仪。

(1)会见通常安排在会客室或办公室。宾主各坐一边。以正门为准,主人占背门一侧,客人面向正门。译员、记录员安排坐在主人和主宾的后面。

(2)准确掌握会见、会谈的时间、地点和双方参加人员的名单,及早通知有关人员和有关单位做好必要安排。主人应提前到达,事先排好座位图,现场放置中外文座位卡,卡片上的字体应工整清晰。客人到达时,主人在门口迎候。对于会见时招待用的饮料,在我国举行的会谈一般只备茶水,夏天加冷饮。会谈如时间过长,可适当加上咖啡或红茶。会见结束时,主人应将客人送至车前或门口握别,目送客人离去后再回室内。

第四步:签字仪式的安排。

(1)安排签字仪式,首先应做好文本的准备工作,同时准备好签字用的文具、国旗等物品,与对方商定助签人员,并安排双方助签人员洽谈有关细节。

(2)一般在签字厅内设置长方桌一张,作为签字桌。桌面覆盖深绿色台妮,桌后放两把椅子,为双方签字人员的座位,主左客右。座前摆的是各自保存的文本,上端分别放置签字文具,中间摆一旗架,悬挂签字双方的国旗。

(3)有时签字后,备有香槟酒,共同举杯庆贺。所以事先要有安排。

第五步:宴请安排。

(1)宴会入场时,应在宴会厅门口迎接客人。当客人到达时,要表示欢迎。在客人卸去衣帽后,将其迎入休息厅,并招呼客人坐下,随即上茶、递上毛巾等。

(2)客人入席时,应面带微笑,引请客人入座。照顾客人入座时,要用双手和右脚尖将椅子稍微撤后,然后向前徐徐轻推,使客人安稳落座。

(3)斟酒时,应当走到客人的右侧,斟入的酒约占酒杯的四分之三或五分之四即可。斟酒时,瓶口不应紧挨着酒杯,酒杯无须拿起。

(4)上菜应按照顺序进行。一般应先上冷盘,再上热菜,最后上甜食、水果等。凡两桌以上的宴会,上菜应同步。上菜的方式大致有三种:一是把大盘的菜端到桌上,由客人自取;二是招待者托上菜盘逐一往客人的食盘中分让;三是单吃,即用小碗或小蝶盛装,在每位客人面前放一份。

(5)席间如客人不慎将餐具碰落在地,不要大惊小怪,应及时为客人换上干净的餐具。

(6)宴会结束客人起身离座时,应为其拉开座椅,疏通走道,并将客人送出宴会厅。

第六步:教师点评,指出在演练中的错误行为。学生撰写实训报告。

【实训备选题】

1. 小刘被公司委派承担公司即将举行的商务谈判的接待工作,为了确保这项工作不出纰漏,请你为他承担的这次接待做指导。

2. 作为公关人员,在会见与会谈中主要工作是联系和接待工作,尤其是一些具体的事务性工作。请你们组织一次小型会议的联系和接待工作。

3. 某组织因为知名度和美誉度的提高,重要的客人来访或洽谈业务明显增多。组织的公关人员为了确保接待工作的顺利进行,使客人高兴而来、满意而归,决定重新制订更完善的接待计划。请以小组为单位制订一份接待计划。

案例素材

接待工作计划

为接待法国公司代表客户到访，让他们感觉到“真诚服务，值得合作”，所以公司必须规范接待流程，要经过以下几个环节。

一、确定来宾基本情况

(1)来宾人员；(2)来访的目的；(3)来宾的行程。

二、确定接待规格

(1)级别及接待人员；(2)接待时间、地点。

三、拟写接待计划

(1)接待对象；(2)日程安排表；(3)经费预算；(4)联系方式；(5)接待审核。

四、接待注意事项

此次接待工作十分重要，直接影响到客户与我们公司的合作前景，所以我们的接待工作要努力做好，要给来访者留下一个良好的印象，从而增强公司的行业竞争力。

具体环节如下。

一、来宾基本情况

(1)来宾人员：法国公司代表团(社长 Betty，秘书 Helen，市场部经理 Ben)。

(2)来访的目的：了解我们公司基本运作情况，进行有关的商务洽谈及一些补充事宜。

(3)来宾的行程：为期三天，第一天代表团到来，第二天进行双方会谈，第三天代表团回国。

二、确定接待规格

(1)级别及接待人员：高级人员级别，由公司市场营销部李部长、公关关系部张部长、胡秘书及另外两名营销、公关人员负责。

(2)时间、地点：　年　月　日至　　年　月　日。

三、接待计划

(1)接待对象：法国代表团。

(2)日程安排：自　　年　月　日至　　年　月　日。

(3)经费预算：

(4)联系方式：

(5)接待审核：

接待计划要经过申请—审核—批准的流程，这三个环节缺一不可。

四、接待注意事项

(一)衣食住行工作

住宿：引导、组织好酒店人员负责招待好来宾。

餐饮：派相关人员督导，经卫生检验后才可放心给予用膳。

散步：确保周围环境安静，控制噪声来源。

(二)安全防卫工作

加强保安队伍建设，注意做好安全管理和检查。

(三)针对人员注意事项

接待人员:接待过程中要热情,以礼相待,言行举止自然、大方、亲切,细心周到安排日程。

翻译人员:谈判前,要充分领会谈判精神,正确、忠实地进行翻译,不得掺杂个人意见。对所谈问题不清楚时,可向谈话人询问,不能不懂装懂、主观臆断。

谈判人员:尊重来宾,派发充分准备的谈判材料,确保谈判事项。

(四)其他接待谈判事项

(1)事前了解国际礼仪,专门针对法国风俗文化及基本礼节。

(2)接待过程中需要请相关部门人员协助或出席时,需提前通知相关人员;来访客户职位级别较高或影响力较大时,需公司领导出席。

(3)接待人员在接客户来公司时,出发前应电话告知相关领导,提前做好接待准备。

(4)公司人员在给来访客户做讲解时,接待人员要尽可能全程跟进,或定时去演示厅了解来访客户的各项需求和疑问,并及时给予协调或解决。

(5)客户临走时,接待人员需提前 10 分钟通知司机把车开到公司门口待命,不可出现客户等车的现象。

(资料来源:https://wenku.baidu.com/view/3139b465b0717fd5370cdc89.html)

项目四　危机公关实训

【实训内容】

掌握危机公关方案设计、危机公关的工作方法等。

【实训目的】

(1)掌握危机公关方案设计方法以及工作实施流程。

(2)学会撰写危机公关文案。

(3)学会评估危机公关的效果,适时调整危机公关内容。

【背景知识】

在组织运营的发展过程中,发生危机是很正常的事情。危机事件的类型包括不可抗力危机、认为破坏危机、公众误解危机和管理失误危机。危机公关包括危机前的预警、危机中的应急处理和危机后的善后工作。建立危机公关预警包括设置危机管理机构、完善危机管理计划和危机管理的条件准备。危机处理的一般程序包括:快速启动应急预案;深入现场,掌握第一手资料;控制损失,控制事态的恶化程度;分析情况,确定对策;召开新闻发布会,发布正式信息;组织力量,有效行动;处理好善后事宜,总结评估,重塑形象。危机处理的一般原则包括承担责任原则、真诚沟通原则、速度第一原则、系统运行原则和权威证实原则。

【实训组织】

(1)个人设计公关方案。

(2)分小组讨论公关方案的可行性和效果。

(3)分小组撰写公关方案、效果分析报告。

(4)在共享资料的基础上每个同学对实际生活中企业的公关事件独立撰写评论报告。

【实训情景】

一段网传视频显示，2017 年 11 月 1 日上午 8 时许,在携程亲子中心内,有工作人员做出扔书包、用手推搡女童致其摔倒的行为。另一段网传视频显示，11 月 3 日中午 12 时许,一名工作人员将不明物体灌入幼儿口中,有网友指出被灌物体为芥末,视频中多名幼儿哭泣。

此外,网友发出的另外几段视频显示,一名身穿黄色上衣的女子向幼儿家长下跪,“真的对不起,我知道我错了”,该女子随后被家长围住,有警方到场处理。在一段视频中,有家长情绪较为激动,控诉称:“半个小时给宝宝喂了半管芥末……(宝宝)一个小时拉了 6 次……喷消毒水,喷在眼睛上、嘴上。”

携程副总裁、党委书记施琦在接受媒体采访时表示,从 2017 年 11 月 3 日开始,有家长反映孩子身上有淤伤。上周五,有家长来幼儿园提出看视频,这才发现中心内有虐待孩子的行为。2017 年 11 月 6 日,其他视频被曝光。8 日,有关携程亲子园工作人员“虐童”的视频在网上流传并引发强烈关注。据了解,该亲子园是携程公司委托第三方机构管理、只向公司职工开放的幼托机构。目前,涉事人员已被园方开除或停职处理,警方已介入调查。

请根据上述事件按照前述实训步骤,策划危机公关方案,撰写危机公关文案,预估危机公关效果。

【评价标准】

(1)承担责任原则。

(2)真诚沟通原则。

(3)速度第一原则。

(4)系统运行原则。

(5)权威证实原则。

【实训要求】

在实训过程中,以调查提纲的写作、调查表的设计、调查报告的编写作为实训重点。

【实训步骤】

(1)指导老师讲授危机公关方案设计的基本程序和要求。

(2)学生每 5~8 人为一组,以小组为单位做方案和效果预估。

(3)小组相互点评方案,给出成绩。

(4)教师根据方案内容、互评内容综合评定成绩。

【实训备选题】

学生自行网上搜索下列事件过程,根据实训步骤和实训要求策划公关方案。

1. 滴滴公司的滴滴司机杀害空姐事件。

2. 黑龙江旅游局雪乡“宰客”事件。

3. 联想公司 5G 投票事件。

案例素材一

海底捞老鼠门事件

2017 年 8 月 25 日,国内著名的餐饮企业海底捞爆发老鼠门事件,随即海底捞的公关部门做出快速反应。事后,这一次的危机公关被许多业内人士称为实体企业的标杆案例,是公关行业的经典案例。

不过,真的是这样吗?

一、事件回顾

8 月 25 日《法制晚报》发布的一篇《暗访海底捞:老鼠爬进食品柜 火锅漏勺掏下水道》调查报道,将海底捞推进了舆论的漩涡。毕竟在当下的环境中,人们对“食品安全”这四个字高度敏感。

据报道,记者发现海底捞有以下问题。

后厨多个房间出现老鼠,劲松店请除鼠公司清理过一次老鼠,很快复发。

员工一边打扫卫生,一边洗碗,扫帚和簸箕不仅用来清扫地面、墙壁和下水道,还会用来清理洗碗机和储物柜。

簸箕和抹布会被放入洗碗机里清洗,洗碗机内只被清洗了表层,内部的油污并没有祛除,机箱盖散发恶臭,内壁上沾满了油渍和腐烂的食物残渣,机内的蓄水池满是黄色的污水。

员工使用顾客用餐后的漏勺清理堵塞下水管道的垃圾杂物，漏勺使用完毕后，会被放入装餐具的锅中一起清洗。

这就是2017年著名的海底捞老鼠门事件。

二、海底捞的危机公关

事件发生后，海底捞的公关部门做了下面的几件事情。

1. 就在事件发生3个小时后，海底捞发出第一份回应声明

第一份通告（致歉信）有两大亮点。第一，迅速！在新闻爆出后3小时内，海底捞迅速地做出了反应；第二，承认所披露的问题属实，并愿意承担相应的经济责任和法律责任，没有甩锅给其他主体，也没有“临时工”的出现。

2. 随后2个小时，海底捞发出了一份处理通报

第二份通告（处理通报）发布了更具体的七条措施，包括暂时关停两家涉事的门店、主动向政府主管部门汇报事件进展、欢迎消费者前往门店检查监督、迅速与第三方虫害治理公司研究整改措施等。这一份处理有两个最大的亮点。第一，每项整改点名道姓落实责任人（都是高层）；第二，不忘安抚基层员工，涉事门店员工无须恐慌，责任在管理层，在公司董事会，海底捞没有背锅“临时工”。

关于这两份通告（致歉信和处理通报），业内普遍给出了超高的好评。

可以说，这两份通告，没有一味地护犊子，也没有出现常见的甩锅，而是扛下绝大部分，在中国企业以往的危机公关中，这样的态度相当罕见，这也是获得业内好评的根本原因。

3. 联系媒体转移视线

随后，海底捞的公关部门联系自己熟悉的媒体以及国内有影响的媒体发声，让广大吃瓜群众的视线不再是海底捞的食品安全，而变成了海底捞的公关活动，努力树立海底捞负责、担当的企业形象。

不可否认的是，这一点海底捞做得非常好，不到一天时间，各个媒体关注的不再是海底捞的食品安全，而是令人称赞的海底捞的危机公关。

4. 发动水军混淆视听

水军的存在不需要讳言。每每遇到重大的危机事件，公关公司或部门都会发动水军，有目的、有步骤地控制公众话题，控制舆论的导向。

这一次海底捞的危机公关也不例外，具体的过程不需要赘述。

这些水军的言论，给广大吃瓜群众形成了下面的印象：

（1）所有饭店的后厨卫生都是这个样子，海底捞绝对不是最差的；

（2）海底捞的后厨环境是有问题，可是海底捞的服务是最好的；

（3）海底捞有事不抵赖、不甩锅，勇于承担责任。

这样的印象形成以后，吃瓜群众的心理就变成了：海底捞还是不错的，有些小毛病改了就好。

三、公关效果

按照“清博舆情大数据系统”的监测数据，在8月25日上午10时被曝光之前，海底捞的网络评价以正面为主，占据了74.75%的高比例，相对应的负面评价仅有9.22%，另有16.03%

的中性评价。而在食品安全事件曝光后，海底捞在网络的关注度暴涨，评价急转直下，负面评价占据了 49.15%，而正面评价却陡降至 11.07%。

清博舆情在分析中指出："这种舆论情感的骤变源于网民的心理落差，源于这一近乎被'神话'的餐饮企业出现食品安全隐患后的形象坍塌。"

然而，对海底捞一边倒的负面评价所持续的时间出乎意料的短暂。

在 8 月 25 日海底捞连发两次声明后，两天之内，与下列标题大同小异的文章在网络平台上大量出现——《海底捞的危机公关，你也学不来》《海底捞"哭"了，但员工不"哭"！》《这锅我背，这错我改，员工我养，这次海底捞危机公关 100 分！》《向海底捞学习，创业公司如何做好危机公关？》。这类文章，有多篇获得"10 万 +"。

此后，舆论的导向开始迅速发生变化。清博舆情公布的数据显示，8 月 26 日，针对海底捞的负面信息占比降至 25.93%，正面信息占比则大幅提升至 33.92%；而 8 月 27 日新公告发出后，比例的变化更为惊人，正面评价以 46.95% 的占比重新占据主位，而负面评价仅剩下 19.05%。

可以说在海底捞公关部门、合作媒体和水军的协同努力下，海底捞的品牌形象得到挽救，海底捞的公关部门也就此收兵庆功了。

四、衡量标准

在企业的发展过程中，发生危机是很正常的事情，危机公关也是必不可少的。

那么什么样的危机公关才是好的危机公关呢？

一句话，看效果！

看公关的结果对品牌有没有加分，如果品牌形象受损，人设垮塌，无疑就是一次失败的危机公关。比如前一段时间的"李小璐夜宿门事件"，李小璐团队的公关行为尽管成功地转移了吃瓜群众的视线，但是李小璐的品牌全面垮塌，这对李小璐未来的演艺和商业形象的影响不可估量，这就是一次非常失败的危机公关。如果公关的结果对品牌形象影响有限，那就是一次及格的危机公关，比如马司令的"且行且珍惜"的危机处理，得到相当多吃瓜群众的同情，比起在演艺圈中非常有影响的某位大哥的"犯了天下男人都会犯的错"的危机公关不知道高明多少，可以说是非常合格的危机公关。如果公关的结果能够让品牌形象上升，那就是一次成功的危机公关，最典型的例子就是 IBM 的"一元光驱事件"。

从上面事件的整个过程和舆情数据来看，这次海底捞的危机公关仅仅是挽回了海底捞的品牌形象，并没有任何加分的部分，因此这次海底捞的危机公关不是什么经典案例，而仅仅是一个合格的成绩。

五、海底捞还可以怎么办

一次好的危机公关，应该包含三部分：

(1)快速回应；

(2)说明事实，承担责任，公布处理意见；

(3)公布后续整改方案。

回过头来看，海底捞的公关行为仅仅是做好了前两步，而接下来的媒体和水军部分虽然成功地转移了吃瓜群众的视线，却也成功地引起了有识之士的担忧，可以说是有利有弊，短期内利大于弊，长期弊大于利。

那么，海底捞除了快速地发布两个通告外，还可以怎么办才是加分的公关行为呢？

(1)对海底捞涉及的消费者进行补偿。在记者暗访期间，记者发现到记者暗访的海底捞店面消费的所有消费者凭借当初的消费凭证都可以得到一定的优惠券或者折扣券。

这一条的核心是承担责任，做错了就应该赔偿或者进行补偿，这是企业负责的体现。

(2)邀请公布事件的《法制晚报》同级别的媒体甚至高一级别的媒体作为海底捞的食品安全监督员，每位媒体监督员都可以在任意时间进入海底捞任意店面的后厨，对海底捞的有关食品安全的各个环节进行监督和检查，并可以自由发布结果，海底捞不进行干涉。

(3)在海底捞的各个店面随机抽取进店消费的群众进入后厨检查有关食品安全的各个环节。

(4)在海底捞的每个店面安装至少四面显示大屏，实时直播后厨的操作行为。

(5)定期公布海底捞食品的进货渠道和进货清单。

这四条行为的核心是把海底捞涉及食品安全的环节公之于众，让广大消费者放心消费，真正树立食品安全企业的标杆。

(6)举办“我自己的海底捞”活动，向全国的火锅爱好者和消费者征集火锅的吃法、火锅汤料和蘸料的配置方法。

(7)推出名人火锅套餐，让消费者能够品尝到中国古代的美食家经常吃的火锅的味道。

这两条的核心是让消费者把关注点放在海底捞的火锅上，增加海底捞的核心竞争力。

可惜的是，这些加分选项海底捞都没有做，所做出的都是出于企业品牌考虑的表面文章，而没有真正考虑消费者的感受。

这也是值得国内企业反思甚至深思的地方。

(资料来源:https://baijiahao.baidu.com/s?id=1593203228144627185&wfr=spider&for=pc)

案例素材二：

IBM 一元光驱事件

IBM 这个品牌在用户心中一直都是值得信赖的品牌，最为用户所熟知的 IBM 笔记本电脑尤其如此。然而 2012 年发生的一个小事件却令 IBM 中国遭受到了一场小小的信任危机。事件起源于 IBM 中国官方网站以 1 元的超低价格特卖便携式康宝光驱，如此令人不可思议的价格一时间引来不少网民下单订购。然而很快这个特卖页面就消失了，那些已经下单订购康宝光驱的网民，开始担心 IBM 会对此不认账。峰回路转的变化出现在 2012 年 4 月 12 日，当天 IBM 中国在自己的网站发表消息，慷慨承诺兑现“1 元康宝”！

馅饼:康宝光驱 1 元特卖?

俗话说“天上不会掉下馅饼来”，然而世间偏偏就有这样的美事发生了。4 月 7 日上午，一名网友在访问 IBM 中国官方网站的时候，突然发现该网站正以 1 元人民币的价格特卖阿帕奇 USB2.0 托盘便携式康宝光驱。这条令人兴奋的消息，很快就在互联网上传播开来。

对于 IBM 中国官方网站上的这款康宝外置光驱，1 元的特卖价格实在太便宜了，市场销售价格至少要 1 500 元。一时间，引得不少闻讯而来的网友纷纷下单购买。一位网友在 BBS 上说：“我买了 100 个，我觉得自己挺贪心的。”还有一位网友则表示他的“胃口”不是很大，只订购了 10 个。

据悉,网友按 IBM 中国官方网站的引导,在网上填好包括所认购产品、数量及自己的姓名、电子邮件、电话等个人信息的订单,并确认订购后,网页上会显示出“IBM 公司已经收到您的在线订单,我们的电话业务代表会在一个工作日内与您联系,确认订单事宜”。随后用户还会收到一封 IBM 发来的电子邮件确认单,确认订购成功。接下来,用户要做的就是等 IBM 的电话通知了。

与此同时, IBM 的这一特卖活动也在网络上引起众多网友的议论纷纷。面对如此诱人的馅饼,那些已经下单购买的网友也是心存疑虑,怀疑是不是 IBM 把价格给标错了? 一位网友满是怀疑地说:“这个东东是真的假的? 我已经订了两个。”另一位网友则回应说:“管他真假,真的最好! 假的就当消遣一下 IBM。”

这种怀疑很快就在某种程度上得到了证实。大部分晚了一步的网友在“1 元特卖康宝光驱”页面出现约 40 分钟后赶来时,这个页面已经消失了。这时候,已经有越来越多的人认为 IBM 公司在此前搞错了价格和货品,现在开始纠正了。那些已经下单订购的网友,也都开始担心 IBM 会不会反悔。

一位网友说:“想想对策啊,如果到时候 IBM 打来电话说对不起,我们的价格写错了,如此云云。这时候怎么办?”另一位一直在等 IBM 电话通知的网友也焦急地说:“快来电话啊! IBM 要是敢来电话说这是错误的不算数,我就臭骂他们一顿。”

突变:IBM“上帝”开涮?

其实天上真的不会掉下馅饼,更不会掉下康宝光驱。在 IBM 所承诺的一个工作日过后,那些已经下单订购外置康宝的网友并没有如订单确认时所说的那样,收到 IBM 电话业务代表的电话。早就已经怀疑这项交易能够继续下去的订户开始拨打 IBM 服务电话进行询问,然而 IBM 并没有对此事做出明确的解释和答复。

由于 IBM 迟迟没有对此事进行公开声明,一些不满的情绪和猜测开始在网上蔓延开来。

4 月 11 日,订户们得到不能完全确认的消息,也就是 IBM 称其官方网站上出售的 1 元特卖品是公司在做“市场调查”。IBM 中国有限公司公关部的一位工作人员解释说:“这次光驱产品出现在 IBM 网站上实质是一次市场调查,是为了测验用户对 IBM 网络信息的反应速度和回馈能力。”并称 IBM 同时在其网站上设置了 5 个点进行,低价光驱只是其中的一项。不过这位人士也称,网民们通过 IBM 网站下的订单肯定是生效了,“我们认可这些交易,现在我们正尽快联系客户”。

而针对有人一口气订了 100 个光驱,IBM 会不会认账的问题,公关部另一位工作人员只是声称 IBM 有尊重客户的传统,会通过协商及相应的手续来妥善解决问题。

惊喜:IBM 承诺兑现“1 元康宝”。

整个事件柳暗花明般地转变出现在了 4 月 12 日。当天 IBM 中国网站以《IBM 就“一元产品”的声明》为题发表了一份声明,承诺将完全履行这次订户的订单。

声明全文如下。

“IBM 中国网站(ibm.com/cn)在近日的一次市场活动中,因人为错误导致出现‘一元产品’的网上标价,引起部分中国消费者的误解,对此,IBM 中国有限公司深表遗憾。

作为一家全球化的跨国公司,IBM 是一贯秉承商业法则和国际惯例的。同时,作为一家享有良好商业信誉和恪守客户承诺的公司,IBM 不仅为客户带来商业价值,更是客户最可信赖的合作伙伴。为此, IBM 愿意按照相关手续、流程来完全履行所有在线订购意向,以回馈广大用户对 IBM 公司的信赖和支持。具体事宜,IBM 会以电话方式跟所有在线订购意向的客户取得联络。”

事实上,类似的事情此前也曾在 IBM 的网站上出现过。

钦佩:IBM 的巨人风范!

“1 元康宝”这个发生在 IBM 中国网站上的错误, IBM 居然慷慨兑现了,蓝色巨人的这种风范的确令人钦佩。不但给了 1 元钱购买康宝光驱的用户们一个满意的答复,而且也为 IBM 这块金字招牌增添了不少光彩。只是对于那些一口气下了 100 个订单的“贪心”用户,不知 IBM 将做何处理? 此前有消息称无论用户订了多少,一个人只能最多买 5 件。

有人说,这回 IBM 亏大了,从表面上看的确如此。虽然具体的订购数量我们并不明了,但估计也是一个不小的数目,就以 1 000 件康宝光驱来计吧,每件亏 1 500 元就是 150 万元。然而仔细一想又不尽然,虽然损失了一百来万的商品,但这一举动却得到了用户对 IBM 的千金难买的信赖,可以说这种兑现比花成百上千万的广告费要更有实效。

IBM 慷慨“1 元康宝”,虽然在有形资产方面做出了一定的牺牲,但却有效地提升了无形资产的价值。

(资料来源:https://article.pchome.net/content-15820.html)

项目五 新闻发布会实训

【实训内容】

新闻发布会的筹备、组织、实施等。

【实训目的】

掌握新闻发布会的礼仪和程序，懂得记者招待会的筹划及准备工作，并能在记者招待会中运用相关技能，培养学生的策划能力、表达能力、应变能力、自信心及勇气。

【背景知识】

新闻发布会是政府或某个社会组织定期、不定期或临时举办的信息和新闻发布活动，直接向新闻界发布政府政策或组织信息，解释政府或组织的重大政策和事件。

新闻发布会通常有正规的形式，应符合一定的规格，根据发布会所发布的内容精心选择召开的时间和地点；通常邀请记者、新闻界（媒体）负责人、行业部门主管、各协作单位代表及政府官员参加；实现了时间集中、人员集中、媒体集中以及通过报刊、电视、广播、网站等大众传播手段对信息的集中发布，迅速将信息扩散给公众。

新闻发布会的发展趋势是由发言人自己主持，自己发布新闻，自己选择记者提问并回答提问，如外交部新闻发布会、国台办新闻发布会等。

【实训情景】

为深入学习贯彻习近平总书记系列重要讲话精神，全面贯彻落实全国高校思想政治工作会议精神和《中共中央国务院关于加强和改进新形势下高校思想政治工作的意见》，落实立德树人根本任务，引导广大青年学生积极参与网络文化建设，唱响网络主旋律，传递网络正能量，提升网络文明素养，促进校园文化建设，××学院将举办大学生网络文化节，现将有关事项通知如下。

一、活动主题

传播青春正能量、营造网上精神家园。

二、活动时间

　　年　月　日至　　年　月　日。

三、面向对象

××大学××学院在校学生。

四、组织机构

主办单位：校党委宣传部、校学生工作部、校团委。

承办单位：××工作室、××学生门户网、校学生电视台。

网络文化节设立组委会，由主办单位的相关负责人组成，负责网络文化节的统筹工作。组委会下设办公室，负责网络文化节工作的具体实施。办公室设在校团委。

请结合以上实训情景，拟召开一次新闻发布会。

【实训提要】

一、新闻发布会的前期准备工作

（一）准备发言和报道提纲

会前要成立专门的发言起草小组，全面收集有关资料、情报，写出通俗、准确、生动的发言稿供发言人参考。另外，应事先归纳出宣传内容的要点和背景资料，写出报道提纲，在会上发给记者作为采访报道的参考。同时预先准备好回答记者问题的基本答案，要注意统一消息口径，会前应将会议主题、发言稿和报道提纲的内容在组织内部通报一下。否则，可能会出现消息不一致引起记者的反感，甚至导致报道失真。

（二）确定邀请媒体的范围

邀请媒体的范围要视事件发生的范围和影响面而决定，若消息的内容和规模仅限于某一区域，就没有必要邀请更大范围的媒体参加；若邀请的媒体已经确定，应提早发出媒体邀请函。邀请函内容应包括此次新闻发布会的主题，主要发言人的姓名，举办的时间、地点、联系电话等有关内容。新闻发布会正式举行前两至三天再向被邀请的记者打电话，逐一确认受邀媒体是否能及时参与发布会新闻报道

（三）挑选合适的发言人和会议主持人

由于媒体记者的职业要求和习惯，他们大都会提出一些尖锐深刻的问题。这对主持人和发言人提出了很高的要求。会议的主持人应机智幽默、思维敏捷、口齿伶俐，善于引导和控制会场的节奏和气氛，一般由公共关系负责人担任。会议的主要发言人应当熟悉掌握本组织的全面情况，能代表最高层讲话，具有权威性，原则上应安排组织的主要负责人担任。此人应思维敏捷、语言表达清晰、幽默风趣、有亲和力。

（四）选择新闻发布会的地点

在会议地点的选择上应根据发布新闻的主题而定。通常可在租用的宾馆、饭店或其他会议场所举行，如果规模较大、层次较高的话也可在中心城市或首都举行。这样有利于扩大影响力，同时也方便媒体记者到场采访。

（五）准备宣传辅助材料

新闻发布会时间一般较短，在较短的时间内既要发布基本信息，同时又要回答记者的提问。因此，会前的准备就显得非常重要了。应根据会议主题准备有关的资料，如产品实物、图表、照片、模型、录像带等，用来丰富新闻发布会的内容，同时也便于记者采访宣传。

（六）布置会场

会场要安置好照明、电源录音、录像、互联网络、移动通信等设施设备，方便记者工作。会场的座位安排要合理，对到场人员要心中有数，避免记者来到后没有适当席位或大量席位空缺，造成不良影响。会场的选择要安静、优雅，并配备舒适的座椅和必要的饮料。此外，还要有横幅标语，突出新闻发布会的主题。

（七）制作新闻发布会费用预算

新闻发布会的费用项目一般有场地租借费、会场布置费、打印复印费、茶点费、文具礼品费、音响器材租借费、邮费、电话费、交通费等。

二、新闻发布会的程序

(一)签到

在新闻发布会的入口处,设立签到席,参加新闻发布会的人员在签到席上签到。

(二)分发资料

组织接待人员负责分发资料或事先将资料放在每个座位上。

(三)会议开始

由新闻发布会主持人宣布会议开始,致简短欢迎词,说明组织新闻发布会的目的、主题,介绍新闻发言人。

(四)发布新闻

由新闻发言人发布详细新闻,发言人可以宣读新闻发言稿,也可以按照发言提纲做专题发言。

(五)答记者问

由主持人指定提问记者,发言人回答记者提问。对记者提出的各种问题,发言人应态度诚恳、语言精炼地回答。对于不愿发表和透露的东西,应婉转地向记者做解释,不要随便打断记者的提问,如发现所发布的消息错误,应及时予以更正。主持人应维持好会场的秩序,控制好发言者的发言时间,引导记者深入提问,避免重复的提问和回答。

(六)会议结束

当新闻发言人答完"最后一位记者"提问后,主持人宣布新闻发布会结束。

(七)提示会后安排

主持人提示会后记者的活动,如参观活动、赠送纪念品、小型宴请等。

三、新闻发布会后的工作

在新闻发布会结束后,应尽快整理出新闻发布会的记录材料,从中吸取经验教训,评估新闻发布会的实际效果。广泛搜集到会记者在媒体上所做的报道,检查是否达到了预期目标,如果出现了不利于本组织的报道,应做出良好的应对策略。对照签到簿检查到会记者是否都发了稿,并对稿件进行归类分析,找出舆论倾向。另外,还要注意了解何类信息、何种方式更为公众所欢迎,以便为下一次新闻发布会的举办提供借鉴。

【评价标准】

(1)新闻发布会的要素是否齐备,会议流程是否合理。

(2)主持人、发言人的安排情况,发言稿的撰写情况等。

(3)会场布设与媒体邀请情况(角色扮演)。

(4)以小组为单位进行评分,采取百分制,满分为100分。

(5)教师观察各位同学在实训过程中是否积极参加各项活动,对成绩酌情增减。

【实训要求】

在实训中,以实训过程中会场布设、发布会议程安排、发言稿质量、媒体邀请等为实训重点。

【实训步骤】

(1)指导老师给出新闻发布会的基本程序和要求。

(2)学生每5~8人为一组,以小组为单位模拟举办新闻发布会。

(3)确定发布会主持人、发言人,制订会议议程及发言稿。

（4）小组成员分工合作，模拟召开新闻发布会，注明小组成员的具体分工，制作小组成员分工情况二维表。

（5）各小组对本次实训情况做总结汇报，指导教师针对性点评。

【实训备选题】

1. 学生会部门领导换届发布会。

2. 某公司新产品推介新闻发布会。

3. 主题婚礼新闻发布会。

案例素材一

上海市政府召开新闻发布会介绍上海迪士尼运营情况

上海市政府新闻办于2016年5月19日举行新闻发布会，市政府副秘书长、上海国际旅游度假区管委会副主任、浦东新区区长孙继伟介绍了上海国际旅游度假区暨上海迪士尼项目运营准备工作等相关情况。上海国际旅游度假区管委会常务副主任刘正义，市交通委副主任杨小溪，浦东新区副区长、浦东公安分局局长李贵荣，上海申迪集团副总裁程放，上海迪士尼度假区公共事务部副总裁王凯共同出席发布会。发布会通报了上海国际旅游度假区的政府保障相关工作情况。

市政府高度重视以迪士尼项目为核心的上海国际旅游度假区的开发建设和运营保障工作，始终坚持高起点规划、高品质开发、高水准运营，实现功能高度融合。为确保上海国际旅游度假区开放后国内外游客能够方便抵达、度假区运营安全有序、周边市容整洁优美，政府相关部门在公共设施配套、交通综合保障、旅游公共服务、大客流与应急管理、公共管理和综合执法等方面开展了以下工作。

1. 新建地铁11号线和度假区高架路，还改扩建了8条城市高速、快速路

过去5年，上海市和浦东新区两级政府投资新建了轨道交通11号线迪士尼段、度假区高架路，改扩建了连接度假区主要出入口的8条城市高速、快速路；疏浚、拓宽了度假区周边主要水系；高标准建设了公共交通枢纽、综合水处理厂、雨污水泵站、环卫站、供水、电力、燃气、通信等一批公用设施，为度假区的顺利开园及未来发展奠定了扎实基础。在配套设施建设和运营维护标准上，坚持迪士尼全球标准与上海最佳实践的对接，如星愿公园的景观水体通过综合水处理厂净化后可以达到国家景观二类标准；在园区相关建筑设施的审批、监管中广泛采用BIM（建筑信息模型）技术，实现全生命周期管理。同时，积极对周边地区开展综合环境治理和景观提升工程，有效改善和提升了度假区综合环境水平。

2. 鼓励游客P+R停车，新建秀沿路绿地临时停车场

为保障度假区内外交通顺畅和安全有序，充分发挥轨道交通、商旅快线、公交等大容量公共交通的作用。轨交11号线迪士尼站已于2016年4月26日正式运营，将成为游客进出国际旅游度假区的首选。商旅快线将提供全市范围内机场、火车站及主要长途汽车站、旅游集散中心快速直达度假区的点对点交通服务。常规公交主要立足于满足周边游客、居民和员工通勤需求，覆盖周边川沙、周浦、惠南等人口集中的居住区域。鼓励P+R停车方式，在轨交11号线迪士尼段新建秀沿路绿地临时停车场，鼓励游客换乘地铁进入度假区。

3. 优化“最后一公里”交通服务，周边多条道路将扩建

为方便游客在核心区内的出行，开通度假区接驳巴士，提供低收费、高标准的短驳服务，连接迪士尼地铁站、上海迪士尼度假区主题酒店、生态园、精品购物村、南公交枢纽等景点和设施，并纳入浦东公交体系，与周边公交线路形成换乘。此外，为进一步完善度假区周边路网体系，目前正在推进S3高速公路建设，引导游客从度假区南入口入园，同时也在启动唐黄路、六奉公路、川六公路、周祝公路的道路延伸工程和迎宾高速（机场方向）唐黄路上匝道的改扩建工程等。

（资料来源：http://guba.eastmoney.com/newslook,600637,395915125.html）

案例素材二

一次有争议的新闻发布会

2016年9月23日上午，陈光标在其南京公司所在地——黄埔防灾培训中心召开新闻发布会，就近期两篇题为《陈光标："首善"还是"首骗"》《切胃减肥背后的陈光标：业务瘫痪债务缠身》的新闻进行了回应。

不少媒体对这场发布会进行了直播，如果全程看下来，相信多数人都会得出失败的结论。当然，这种失败未尝不在意料之中，因为这属于一种很"陈光标式"的回应。

发布会全程40分钟，直到发布会结束，陈光标也没有回答记者任何问题。用他的话来讲，这是新闻发布会，不是新闻回答会。这样的概念游戏如果成立，王勇平大概会很高兴。动车事故长枪短炮对准他时，他可以理直气壮地说"这是新闻发布会，不是新闻回答会"，如此哪还会因"反正我信了"背负骂名？

关于核心问题也即捐赠疑云，陈光标的回应方式也很讨巧。发布会现场的展板上密密麻麻地贴着各种捐赠票据和荣誉证书的扫描件，主桌上堆放着两箱票据的原件，不过原件需要申请查阅，现场没有公布，只有扫描件是完全对外开放的。

那么问题来了。其一，所有的票据都是陈光标单方面提供的，而未必是记者所想要的。里面存在多少选择性公开的情况呢？有个细节值得玩味，现场的新华社记者在发布会结束后追问陈光标，玉树地震捐赠的二十多台大型器械发票在哪里，陈光标不予作答，事后这名记者反而遭到现场工作人员的围堵。其二，前述陈光标的两篇报道，所有质疑都有明确的信源和指向，《陈光标："首善"还是"首骗"》还将陈光标捐资建学以及向官方慈善机构捐赠的核实情况做成了简要的图表，一目了然。但发布会上并未做针对性的回应，反而避实就虚，粗枝大叶地说99%的都落实了，看不出丝毫质证的诚意。

关于切胃减肥传言，陈光标提供了一份南京鼓楼医院"身上没有疤痕、胃部无切痕"的体检报告。其实要回应切胃减肥，脱衣验明正身最简单明了，犯不着这么复杂。陈光标在《财新》报道出炉当天，还扬言要拍摄泳装视频回击质疑，结果爽约，现在单方面提供一份体检报告，能有多少说服力？

所以，可以明显发现，没有第三方在场，单方面提供信源，拒绝面对面质证，回避关键性质疑，这就是陈光标在这场发布会里面的表现。如果陈光标有诚意，那么，第一，记者的采访提纲就不该提前审查；第二，至少该邀请《财新》和《网易》撰写相关报道的记者进行面对面辩驳；第三，《财新》报道里面核实捐赠情况涉及的相关慈善组织负责人，也得找几个来；第四，至少该给几个记者提问的机会。做不到这四点，新闻发布会注定失败。

（资料来源：http://news.ifeng.com/a/20160923/50013540_0.shtml）

项目六 人际沟通实训

【实训内容】

掌握人际沟通的理论、方法，特别是与内部公众、外部公众之间的沟通技巧，认识沟通在公共关系中的重要性，提升公关沟通技能，提升企业执行力、领导力。

【实训目的】

(1)使学生能够了解公关沟通协调的重要性。

(2)学会沟通相关理论。

(3)掌握与各类公众进行沟通的技巧，并能够与不同的内外公众进行良好的沟通。

【背景知识】

有沟通，才有理解。良好有效的沟通能够让交流的双方充分理解，达成共识。沟通看起来很容易，其实沟通双方要做到有效的沟通，必须经过长时间的配合、磨合，是一项非常困难和复杂的工作。沟通双方不但要理解传递过来的信息，还要分析信息、获取事实、翻译转化信息。据统计，企业的管理者把 70% 的时间花在沟通上。开会、谈判、谈话、作报告是最常见的沟通形式。撰写报告实际上是一种书面沟通的方式，对外各种拜访、约见也都是沟通的表现形式。同时企业中 70% 的问题是由于沟通障碍引起的。比如企业常见的效率低下的问题，实际上往往是有了问题、有了事情之后，由于大家没有沟通或不懂沟通所引起的。另外，企业里面执行力差、领导力不强的问题，归根到底，都与沟通能力的欠缺有关。

人际沟通的主要内容包括：与内部公众之间的沟通，具体来说包含了员工关系、股东关系、干群关系、部门关系四个方面；与外部公众之间的沟通，具体包含了消费者关系、社区关系、媒介关系、政府关系四个方面。

【实训组织】

(1)个人设计沟通协调会方案。

(2)分小组讨论会议提纲。

(3)分小组准备会议资料，召开沟通协调会。

(4)在共享资料的基础上每个同学独立撰写调研报告。

【实训情景】

某单位由于平时缺乏沟通，各部门之间都认为自己的部门最重要，其他部门应该配合自己的部门，因此，相互之间矛盾重重，使得正常的工作受到影响。为此单位领导准备召开一次沟通协调会，加强了解，消除矛盾。这项任务交给公共关系部来做。假如你是公共关系部的人员，请模拟召开一次沟通协调会。

【评价标准】

(1)沟通协调会方案设计可行。

(2)选择搜集资料方法得当,信息资料搜集详实。

(3)实训报告撰写符合要求。

(4)以小组为单位进行评分,采取百分制,满分为100分。分数构成:知识点掌握30分+实训过程中能灵活运用各种技巧与方法25分+结果10分+实训报告20分。

(5)对本小组同学汇报实训过程中采取的沟通方法及遇到突发问题的应对策略的评价(15分)。

(6)教师观察各位同学在实训过程中是否积极参加各项活动,对成绩酌情增减。

【实训要求】

在模拟的过程中,教师不要中途打断,学生的表现越自然、越逼真越好。

每次角色演练完,教师首先要赞美参与的学生,并请他们谈谈体会,也可请观察的同学发表评论。

在学生演练过程中,教师要做笔记,便于总结点评,如有必要的话可亲自上阵演示一番,令学生印象更深刻。

要进行角色互换,力争让每个学生都有机会得到各种角色锻炼,充分调动学生的积极性。

【实训步骤】

(1)教师介绍与公众进行沟通协调的相关知识。

(2)模拟场景,进行公众关系的沟通与协调。本次场景模拟为与内部公众的沟通,具体如实训情景。

(3)学生分组进行角色扮演,模拟整个沟通过程。部门公众有办公室、财务部、生产部门、销售部门、宣传部门等。

在扮演前首先要进行角色分工,并确定主持沟通协调会的主持人。

分组讨论沟通过程中可能出现的障碍。

一般情况下沟通障碍主要有以下九个方面。

发送信息的含义不明。

知识水平上的差异。

沟通媒介选择不当。

传递工具不灵。

空间距离的限制。

组织结构不合理。

内容过杂,数量过大。

地位身份的差异。

心理因素所引起的障碍。

分组谈论如何模拟整个沟通过程,包括主持人如何组织,各部门之间就什么事情进行沟通,要确定沟通的主题,在沟通过程中要求每个人一定要进入角色,否则就达不到实训的效果。

把每组模拟的结果在班组进行现场表演,模拟整个沟通协调过程。在处理公众投诉的过程中要坚持公众利益至上的原则。要能够站在对方的角度来思考问题,这样沟通才会有效果。

(4)如果有时间可以模拟一次与外部公众沟通的场景进行训练。本章所有内部公众和外部公众都可以作为一个情景的角色来模拟公众投诉处理过程。方法类似于部门关系的沟通协调,不同点仅在于利益点不同,导致处理过程中着重点也存在差异。

(5)以小组为单位撰写调查报告,注明小组成员的具体分工,制作小组成员分工情况二维表。

【实训备选题】

1. 如果你是企业的经营者,你的员工间由于争风吃醋、勾心斗角而矛盾重重,请问你将采取什么方法消除他们的矛盾,增强企业内部的凝聚力?请以小组为单位模拟此次沟通。

2. 某家电股份有限公司新上任的总经理非常重视股东关系的处理,有一天他专门找来公关部李小姐咨询应该怎样与股东进行沟通,李小姐非常明确、清楚、完整地回答了总经理的问题。请问你知道她是怎样回答的吗?

3. 某公司为扩大组织的社会影响、提高知名度和美誉度,制订了与外部公众沟通交流的计划,公司按照计划有意识、有步骤地举办了一些社会性的公共活动,达到了与外部公众进行有效沟通的目的,但同时却发现组织在内部协调一致方面存在很大问题。为此,公关部决定加强与内部公众的沟通,以实现内求团结、外求发展的目标。你认为公司应该如何与内部公众沟通?

案例素材一

研发部的梁经理

研发部梁经理才进公司不到一年,工作表现颇受主管赞赏,不管是专业能力还是管理绩效,都获得大家肯定。在他的缜密规划之下,研发部一些延宕已久的项目,都在积极推行当中。

部门主管李副总发现,梁经理到研发部以来几乎每天加班。他经常看到梁经理电子邮件的发送时间是前一天晚上10点多,接着甚至又看到当天早上7点多发送的另一封邮件。这个部门下班时总是梁经理最晚离开,上班时第一个到。但是,即使在工作量吃紧的时候,其他同人似乎都准时走,很少跟着他留下来。平常也难得见到梁经理和他的部属或是同级主管进行沟通。

李副总对梁经理怎么和其他同事、部属沟通觉得好奇,开始观察他的沟通方式。原来,梁经理都是以电子邮件给部属交代工作。他的属下除非必要,也都是以电子邮件回复工作进度及提出问题。很少找他当面报告或讨论。对其他同事也是如此,电子邮件似乎被梁经理当作和同事们合作的最佳沟通工具。

但是,最近大家似乎开始对梁经理这样的沟通方式反应不佳。李副总发觉,梁经理的部属对部门逐渐没有了向心力,除了不配合加班,还只执行交办的工作,不太主动提出企划或问题。而其他主管也不会像梁经理刚到研发部时主动到他房间聊聊,大家见了面,只是客气地点个头。开会时的讨论,也都是公事公办的味道居多。

这天,李副总刚好经过梁经理房间门口,听到他打电话,讨论内容似乎和陈经理的业务范围有关。他到陈经理那里,刚好陈经理也在打电话。李副总听谈话内容,确定是两位经理在谈话。之后,他找了陈经理,问他怎么一回事。明明两个主管的办公房间就在隔壁,为什么不直接走过去说说就好了,竟然是用电话谈。

陈经理笑答,这个电话是梁经理打来的,梁经理似乎比较希望用电话讨论工作,而不是当面沟通。陈经理曾试着要在梁经理房间谈,而不是电话沟通。梁经理不是以最短的时间结束谈话,就是眼睛一直盯着计算机屏幕,让他不得不赶紧离开。陈经理说,几次以后,他也宁愿用电话的方式沟通,免得让别人觉得自己过于热情。

了解这些情形后,李副总找了梁经理聊聊。梁经理觉得,效率应该是最需要追求的目标,所以他希望用最节省时间的方式达到工作要求。李副总以过来人的经验告诉梁经理,工作效率重要,但良好的沟通绝对会让工作进行得顺畅许多。

(资料来源:http://www.wendangku.net/doc/d7ce73ab10661ed9ac51f37b.html)

案例点评

很多管理者都忽视了沟通的重要性,而是一味地强调工作效率。实际上,面对面沟通所花的时间成本,绝对能让沟通大为增进。沟通看似小事情,实则意义重大!沟通通畅,工作效率自然就会提高,忽视沟通,工作效率势必下降。

结束语:作为专业人员,不仅需要扎实的业务技能和专业知识,而且需要良好的沟通能力,与内部人员沟通,与建设单位沟通,与施工单位沟通,处理各方关系等,都离不开良好的沟通技巧。希望大家通过以上的小故事,有所思考和感悟,在实际工作中有目的地运用沟通技巧,提高沟通的能力。

案例素材二

我与公司总经理的一次错误交流

一、案例简介

2016年12月,作为分管公司生产经营副总经理的我,得知一较大工程项目即将进行招标,由于采取向总经理电话形式简单汇报未能得到明确答复,使我误以为被默认而在情急之下便组织业务小组投入相关时间和经费跟踪该项目,最终因准备不充分而成为泡影。事后,在总经理办公会上陈述有关情况时,总经理认为我“汇报不详,擅自决策,组织资源运用不当”,并当着大家的面给予我严厉批评,我反驳,认为是“已经汇报、领导重视不够、故意刁难,是由于责任逃避所致”。由于双方信息传递、角色定位、有效沟通、团队配合、认知角度等存在意见分歧,致使企业内部人际关系紧张、工作被动,恶性循环,公司业务难以稳定发展。

从该案例分析,这实际上是一个上下级没有有效沟通的典型案例。

二、推敲与分析

从个性上来说我是一个精力充沛、敢作敢为的人,且具有敏锐的市场敏感度,由于以前工作的成功经验,自认为具备了一定的创新能力和影响力。但是由于角色转换,新任分管领导,缺少一定管理经验和沟通技巧,最终导致了总经理对我的偏见,分析原因有以下四个方面。

第一,我忽略了信息组织原则,在得知企业有一个很大机会的时候,我过于自信和重视成绩,在掌握对方信息不足及总经理反馈信息不足的情况下盲目决策,扩大自己的管理幅度,并没有有效地对人力资源信息进行合理分析,发挥企业最强的竞争优势,致使准备不充分的谈判失败。

第二,我忽视了正确定位原则,作为分管副总经理,没有努力地去争取上级总经理的全力支持,仅凭自己的主观和经验,而没有做合理有效的分析,拿出具体的实施方案获得沟通批准,使总经理误以为抢功心切,有越权之嫌疑。

第三,我没有运用好沟通渠道。事后对结果我没有与总经理提前进行面对面、及时有效沟通和总结,而是直接在总经理会议上表达自己的想法,造成总经理在不知情的情况下言语误会,慢慢地通过领导者的影响力导致了企业内部的关系紧张。

第四,我缺少组织团队意识。公司是一个团队,而我的小部门成员只是一个工作组,当我获得了一个给企业创造利润的机会时,我没有发挥团队协作精神,利用公司最有效的资源,也没有让员工有一个明确的团队目标,就凭着干劲去工作。这样一来,不但没给企业带来好的绩效,而且损伤了下属的工作积极性。

而该事件的另一主体,总经理作为决策者的身份也犯了一些严重的沟通障碍,导致了企业的凝聚力下降,企业经营业绩不佳,主要表现为以下几个方面。

第一,总经理缺乏同理心倾听。沟通是双方面的,当我给总经理电话汇报工作信息时,总经理没有核查对我所传达信息的理解,也没有积极地回应,让我做出不正确的判断。事后,我给总经理陈述我的想法时,他也没有认真从我的角度去倾听我的工作思路,只是主观地认为我产生了过失,导致后来把这种负面情绪带到整个组织中。

第二,总经理缺少对下属员工的理解和信任,沟通的有效性又一次遭到破坏。如果我们双方都处在一个公平的位置进行沟通,总经理就不会面对着下级部门对我进行严厉批评,挫伤我的自尊和积极性。这样我们之间就会在整个沟通过程中保持坦诚,并以换位思考的方式把自己放在对方的位置上,而采取宽容、包容对方的这次过失的做法,以鼓励我在以后的工作中汲取教训,更努力地工作。

第三,总经理缺少建立有效团队的技巧。通过总经理办公会争执后,企业的小领导班子里引起了小小的波浪,但是总经理没有及时地采取适当方法去构建和谐团队,对整个事情引以为鉴,做出企业在传递信息方面的更有效的沟通机制,而是听之任之,不和下属员工交流,使事态进一步扩大。

三、改进计划

沟通也是一个互动的过程,实现有效沟通需要沟通双方共同努力。基于上述事件的分析,我认为,沟通双方可以在以下几个方面做出改进。

我应做出的改进如下。

(1)在沟通前做好信息准备工作。这些信息包括电话汇报、详实的书面汇报、经营分析、因素分析、可行性分析、经费分析、总结分析等报告,做到有备而战。

(2)改进和完善沟通方式。除电话请示汇报外,可以采取面对面或者进一步的书面分析汇报材料,以供决策及反馈;作为下级,应事先及时与总经理对投标失误进行沟通,争取理解,而不该在办公会上让双方下不了台。

(3)自我认知度的加强。由于公司是一个整体,要及时进行角色的换位思考,从总经理角度去想每件事的正确与否,及时调整自己的位置,做出相应的工作对策,同时由于角色转换,而不应过分依赖以往成就,而更多的应该是以创新方式从对方的心态去尝试配合好总经理的工作。

总经理应做出的改进如下。

(1)培养充分有效的授权艺术。作为总经理,日理万机,应尽可能地掌握好授权艺术,充分发挥领导班子的整体功能，而不应该权力过于集中，在明知信息的情况下，却忘记决策指导，使下属左右为难，难以充分发挥自己的智慧和领导能力。

（2）应加强对下属宽容、减少指责的心态培养。作为主管领导，应对事不对人，不能在下属已经犯错误或者失误的情况下，再去过于指责，导致人心涣散，影响团队稳定性和团队效用的发挥。

（3）同理心倾听技巧的培养。作为领导，不能过于看重自己的权力，让员工在惧怕或者防备的状态中去工作，而更多的应是从对方的心理去分析倾听来自不同方面的建议，以便更好地改进工作和机制。

（4）加强解决问题和决策能力的培养。对于企业内部出现的各种矛盾问题，要通过不同的手段和方式去化解矛盾，同时要学会果断和科学决策意识，促进企业全面健康发展。

四、结束语

从这个案例我们看出，一个错误交流给人们心灵和组织带来的是巨大伤害和损失，而有效的交流沟通可以实现信息的准确传递，达到与其他人建立良好人际关系、借助外界的力量和信息解决问题的目的。因此，组织成员在工作中必须掌握好有效的沟通技巧和沟通策略，以适应不同的人和不同的情境，为企业发展续写新生。

（资料来源：http://www.docin.com/p-1558724752.html）

项目七　模拟应聘实训

【实训内容】

应聘求职技巧、自荐书的制作、面试谈话方法等。

【实训目的】

(1)了解求职应聘的一般程序。

(2)掌握制作求职应聘自荐书的技能。

(3)掌握面试、谈话等求职技巧。

(4)通过模拟应聘实训,锻炼学生语言表达能力和文字书写能力,展现综合素养。

【背景知识】

(1)求职自荐书的基本信息包括姓名、性别、年龄、民族、籍贯、政治面貌、学历、联系方式,以及自我评价、工作经历、学习经历、荣誉与成就、求职愿望、对这份工作的理解等。自荐书内容应真实可靠,求职岗位要有针对性。自荐书应简洁明了,切忌长篇累牍。

(2)面试是通过书面或面谈的形式来考察一个人的工作能力,物以类聚,通过面试可以初步判断应聘者是否可以融入自己的团队。面试是一种经过组织者精心策划的招聘活动,是在特定场景下,以考官对考生的面对面交谈与观察为主要手段,由表及里测评考生的知识、能力、经验等有关素质的考试活动。面试给公司和应招者提供了进行双向交流的机会,能使公司和应聘者之间相互了解,从而双方都可更准确地做出聘用与否、受聘与否的决定。

(3)无领导小组讨论是评价中心技术中经常使用的一种测评技术,采用情景模拟的方式对考生进行集体面试。无领导小组是通过一定数目的考生组成一组(8~10 人),进行一小时左右时间的与工作有关问题的讨论,讨论过程中不指定谁是领导,也不指定受测者应坐的位置,让受测者自行安排组织,评价者来观测考生的组织协调能力、口头表达能力、辩论的说服能力等各方面的能力和素质是否达到拟任岗位的要求,以及自信程度、进取心、情绪稳定性、反应灵活性等个性特点是否符合拟任岗位的团体气氛,由此来综合评价考生之间的差别。

【实训组织】

(1)个人设计制作求职自荐书。

(2)分小组角色模拟求职应聘。

(3)分小组开展无领导小组讨论。

(4)指导教师组织集体点评。

【实训情景】

组织班级“模拟岗位竞聘”,采用分岗位差额竞聘的形式开展实训。具体岗位设置情况根据班级人数、男女比例构成等因素设置,尽可能设置与行业企业中真实对应的岗位群,在锻炼学生求职应聘能力的同时提升学生对口就业的专业自信心。

【评价标准】

(1)求职自荐书的格式、内容是否详实恰当。

(2)模拟求职应聘过程中角色扮演情况等。

(3)分小组无领导小组讨论参与情况。

(4)以小组为单位进行评分,采取百分制,满分为 100 分。

(5)教师观察各位同学在实训过程中是否积极参加各项活动,对成绩酌情增减。

【实训要求】

以求职自荐书的制作、模拟应聘面试、无领导小组讨论等环节为实训重点。

【实训步骤】

(1)指导老师给出模拟求职应聘实训的基本程序和要求。

(2)学生每 5~8 人为一组,以小组为单位开展模拟求职岗位竞聘。

(3)模拟求职应聘角色扮演、开展无领导小组讨论。

(4)各小组对本次实训情况做总结汇报,指导教师针对性点评。

【实训备选题】

1. 市场营销经理岗位模拟竞聘。

2. 公关经理岗位模拟竞聘。

3. 交通警察辅警岗位面试。

4. 总经理助理岗位模拟竞聘。

案例素材一

求职简历范式

个人概况

求职意向:____________________

姓名:____________ 性别:________________

出生年月:________年________月________日 健康状况:____________________

毕业院校:__________________________ 专业:____________________

电子邮件:__________________________ 手机:____________________

联系电话:____________________

通信地址:____________________ 邮编:____________________

教育背景

________年—________年________大学________专业

主修课程

____

论文情况

____

英语水平

计算机水平

获奖情况

________________、________________、________________

实践与实习

____年__月—____年__月________公司__________工作

工作经历

个性特点

____

（资料来源：重庆城市管理职业学院学生课程作业遴选）

案例素材二

自荐书范式

尊敬的领导：

您好！

首先感谢您能抽出宝贵的时间来关注我的自荐书，为一位满腔热情的大学生开启一扇期望之门。

我是××传媒学院新闻专业××届的应届毕业生。从一进大学，我就努力地锻炼自己各方面的能力，培养自己成为一个德才兼备的、全面发展的、适应社会需求的高素质人才。

在学习上，我孜孜不倦，平时热衷于读书，除了阅读自己专业相关的书籍外，也不断全面地阅读各个领域的书籍。因为我坚信21世纪的人才就应是全面发展的复合型人才。学科之间的不断渗入与融合更加强了对这一方面的要求。此外，在学习中我也很注重培养自己的自学潜力，注重构成自己正确且又独特的世界观、人生观与价值观，坚定自己的信念，不断学习与拓展。

在思想上，我通过报纸、杂志、书籍用心学习政治理论，遵纪守法，不断学习马列主义，从而提高自己的道德与思想方面的修养。理论上的成熟是政治上成熟的基础，政治上的清醒来源于理论上的坚定。我已获得了团员入党的推优资格，也已参加了业余党校的培训，并已合格。这都更加坚定了我的政治方向，继续努力向党组织靠拢。

在工作上，我用心利用寒暑假不断提高自己。我曾在当地的广播电视台实习，使自己的实际动手和参与能力有了必要的提高，从而培养了自己的工作职责感与事业心，懂得团体合作与个人分工两者的重要性。

四年的大学生活，使自己在知识水平、思想境界、工作潜力等方面都迈上了一个新的台阶。过去并不代表未来，勤奋才是真实的内涵。对于实际工作，我相信自己能够很快适应工作环境,熟悉业务,并且不断学习、完善自己,尽心尽力做好工作。

此致

敬礼

×××

年 月 日

(资料来源:重庆城市管理职业学院学生课程作业遴选)

项目八　公关演讲实训

【实训内容】

开展演讲稿的撰写、各种类型演讲技巧、演讲、组织形象宣传等实训。

【实训目的】

(1)掌握演讲稿的写作方法。

(2)掌握各种类型演讲的实操技巧。

(3)学会在各种公开场合下利用演讲的手段宣传组织形象。

【背景知识】

(1)演讲,即在群众集会或会议上就某一个问题说明事理、发表见解。

(2)演讲稿即人们在进行演讲之前所写的底稿。写演讲稿是命题演讲的第一步工作,写出高质量的演讲稿是演讲成功的基本保证。演讲稿包括称呼、开头、主体、结尾等四个部分。在写作过程中应注意:一是选题要得当,立意要新颖,给人以新鲜的感觉,引起听众的兴趣;二是选材要具有真实性和情感性;三是语调要亲切,句式多变化,应随着内容与感情的变化而不断变化。

(3)演讲可以分为命题演讲、即兴演讲、辩论演讲。

(4)公关演讲是完成肢体信息、沟通关系、树立良好组织形象的有效手段。其特点是热情、简短明了,具有亲切感和凝聚力。

【实训组织】

(1)个人独立撰写拟定主题的演讲稿。

(2)分小组角色扮演主旨演讲。

(3)分小组互评演讲质量,找出闪光点与欠缺之处。

(4)指导教师分别点评演讲效果。

【实训情景】

某高校学生会干部换届选举,采取岗位竞聘差额选举的模式,竞聘演讲是此次学生会干部选举的重要环节。根据岗位竞聘的意向以及所要参选学生会的干部岗位技能需求,结合自己的专长,撰写演讲稿,在班级组织学生会干部竞聘演讲会。

【评价标准】

以百分制打分,去掉一个最高分和最低分,算出平均分。评分项目包括内容(占 30%)、表达形式(占 20%)、有声语言(20%)、态度语音(20%)、风度(占 5%)、赛场效果(占 5%)。

【实训要求】

拟写一份演讲稿,要求内容完整,字数控制在 800~1 500 字之间。

模拟组织一次现场公关即兴演讲。

【实训步骤】

(1)实训课分组进行,每位学生轮流扮演演讲者、主持人、评委、观众。

(2)演讲次序由抽签决定。

(3)主持人负责本组演讲会的主持及会场气氛的渲染和调动。

(4)演讲会上每位同学的发言时间控制在10分钟之内。

(5)演讲结束,由评委代表做点评(不要固定某一位评委,每个人轮流一次)。

【实训备选题】

1. 学生会主席竞聘演讲。

2. 公关经理岗位竞聘演讲。

3. "五一"劳动节主题演讲。

4. 毕业化装舞会即兴演讲。

案例素材一

劳动赞歌

——"五一"劳动节主题演讲

亲爱的同学们,老师们:

五月,是南飞的大雁跋山涉水归家的日子;是杏花开遍山野的烂漫季节;是冬麦扬穗农民辛勤耕耘的好光景。五月,全世界劳动人民的节日。

劳动人民是世界上最伟大的人民,他们用劳动创造了世界,创造了人类,创造了我们这天的幸福生活。是劳动,建成了这天的万丈高楼;是劳动,筑就了现代化的信息高速公路;是劳动,让偌大的地球变成了一个小小的村落;是劳动,使浩翰的荒原变成了亩亩良田。

劳动是神奇的,劳动是伟大的。劳动者用勤劳的双手和智慧,编织了这个五彩斑斓的世界,创造了人类的礼貌。让我们在这个个性的日子里,向全世界的劳动者致敬!

在充满真情的五月,紧握你因劳动而开满茧花的手,送上我最真心的祝福,聆听你劳动的赞歌。"长亭外,古道边,芳草碧连天"是一种人生;"凭栏处,潇潇雨歇"是一种人生;"到中流击水,浪遏飞舟"是一种人生;"默默无闻,无私奉献"也是一种人生。种种人生,劳动如咖啡里的方糖,把我们的人生调得有滋有味;劳动如路旁的一帧风景,把我们的人生装扮得亮丽多彩。

五月,真情五月。在楼外高楼,在亭外长亭,让我们手挽手、肩并肩、豪情万丈、血气方刚地唱一首大江东去,把全世界劳动者的心愿送给远方,送给明天。让我们为明天喝彩,为五月高歌,为劳动者击掌!

(资料来源:http://www.duanmeiwen.com/zhuchici/yanjianggao/36891.html)

案例素材二

学生会主席竞选演讲稿

尊敬的各位老师,亲爱的同学们:

大家好!

今天能站在这里参加学生会的竞选,我很高兴,心情非常激动。首先要感谢老师对我的支持,也要感谢各位同学对我的信任,再一次谢谢大家!我来自×××,暂时负责班里的×××工作。我的名字叫×××。我的爱好非常广泛。其中我最爱好写作,写下自己最真实的感受,就好像找到了一位无声的朋友!闲暇时,我喜欢拿着相机到外面去采风,拍下最精彩的画面。我还喜欢到世界各地拥有悠久历史和古老文化的地方旅行,学习不同国家、不同民族的文化和风俗。我的特长是小提琴,从五岁开始学习至今已经有十年了。我的性格嘛,既活泼开朗,又温柔安静,不过更多的是成熟与稳重、沉着和冷静。

泰戈尔有句话:“天空中没有鸟的痕迹,但我已飞过。”而我想说:“天空中没有鸟的痕迹,但我正在飞翔。”我这次竞选的是学生会主席,我自信我能胜任学生会主席一职,在同学们的协助下,我相信我可以把学生会的工作做得更好、更出色。也许,在我说出这番“豪言壮语”后,有些人会暗自发笑:这个人怎么这样自负!可是我想说,这不是自负,这是自信!如果一个人连自己都不相信,那么他就没有资格做任何事,即使做了,也很难成功!我之所以能够站在这里,大部分是源于我的自信!当然,能力也很重要,因为一个人的信心和能力永远是成正比的。

我竞选主席有以下几方面的主要优势。

一是优秀的组织能力和认真的工作态度。我们知道,一个集体,领导的能力和态度是极其重要的。我们相信,只有组织能力极其优秀、工作态度极其认真的青年才能领导一个极其优秀的学生集体,创造出极其优秀的工作业绩。而我,对我的工作能力和工作态度充满信心。

二是良好的人际关系和道德修养。良好的人际关系和道德修养是这个大家庭中交流和实践的重要装备。有了它,与人交流不再困难,自身形象得以塑立;有了它,民主平等得以彰显,集体威望深入人心;有了它,学生会活动得以广泛开展,精神文明得到普遍弘扬。是的,我拥有它;不,它不仅仅属于我一个人,我要将它播种到每一个学生会成员的心里,使其生根发芽,让我们一起为广大学生努力服务。

三是富于创新的大脑和敢为人先的精神。学生时代这一点是尤其重要的。学生会工作也是如此,我们完全可以开动脑筋、敢于实践,建立有八中特色的学生集体,敢于组织各类富有意义的社会实践活动,而不仅仅局限于简单的重复。我相信我们的学生会需要的也正是这样一位有思想、有抱负、有作为的青年,而不是那些歌颂所谓“无功而治”的怯懦者。

四是乐观的心态和优异的学习成绩。它使得我有充足的信心和时间去做好每一件事,我也希望利用自己智慧的大脑将每一件事做得完美。我时时刻刻都可以接受大家的检阅。

在我眼中,最重要的莫过于长期的经验积累和实践。回首十年,我的历史是辉煌的,十年的班干部生涯铸就了我的性格、品格和精神。我相信在学生会的工作经历会使每一个成员受益匪浅。今天我的竞选目标是学生会主席!作为一名充满自信与活力的高中生,我坚信,以我的能力,用我的行动,凝聚大家的光芒,能够创造出明天的辉煌!这也是我今天竞选学生会主席的竞选口号。

我父亲曾经说过一句话,我一直铭记在心:“要么就别做,要做就做最好!”这是我生活学习的目标,也是做每一件事的准则。它一直提醒着我要认真负责、积极进取、勇往直前。学生会主席作为学生会的核心人物,应该有强大的领导能力、组织能力、应变能力,还有就是责任心。从小学到现在,我一直在班级中担任着班干部,在工作中积累了些经验,培养了自己吃苦耐劳、脚踏实地的工作作风。

自从在班里担任班干部后,我觉得我各方面能力都有了很大的提高,凭着极大的热情和干练的处事方式,赢得了同学们的好评。不过成绩代表过去,未来的路还很漫长,在今后我将更加努力,使自己的能力进一步提高。在管理班级的过程中,难免会遇到各种各样的困难,面对这些困难时,我也曾哭过,也产生过放弃的念头,但我一次又一次地说服自己不要放弃,因为放弃,就意味着以前的努力都白费了,我不甘心。所以,到了今天,我已能坦然面对各种困难,尽自己最大的力量去解决它们。

在参加班级管理的过程中,尤其是参加竞选后,我明白了许多道理:做任何事都要有强烈的责任感,要认真履行自己的职责,才能无愧于心。在管理的同时,要严格要求自己,因为自己的一举一动都被同学们看在眼里,如果连自己都管不好,如何去管别人?当然,管理时一定要有耐心,要顾及同学们的感受,不要去品尝“高处不胜寒”的滋味。否则,会给今后的工作带来许多困难。即使有困难,也应勇敢面对,不能因为自己是女孩子就过分依赖别人。也许大家会觉得我说的都是班级管理的琐事,但是,如果连一个班的事都处理不好,怎么会处理好整个学校的事呢?

我认为学生会作为一种学生群众性的组织,应自己管理自己。作为学生会的每一位成员,更应该以身作则,为全校同学树立起楷模。加入学生会,是一种荣誉,更是一种责任。我知道这条路上有许多挑战,但我自信我有能力担起这副担子,因为我的热情、我的毅力、我实事求是的工作态度。如果我有幸当选,我将以良好的精神状态大胆地管理学生会事务,使同学们的校园生活更加多姿多彩,真正做好本届学生会的工作!

我的演讲结束了,谢谢大家!

(资料来源:根据重庆城市管理职业学院团委提供的竞选材料修订)

参考文献

[1] 罗春霞. 论公共关系的本质属性和特征 [J]. 陕西教育(高教), 2011(12):47-48.

[2] 喻野平. 正确区分三种关系:社会关系、人际关系和公共关系 [J]. 公关世界, 1998(6):27-29.

[3] 陈先红. 公共关系的公共性本质 [J]. 国际公关, 2007(5):92.

[4] 姜亦炜. 公共关系的起源与发展探究 [J]. 中共乐山市委党校学报, 2009(2):82-85.

[5] 董天策. "公共关系职能"探析 [J]. 天府新论, 1996(1):41-44.

[6] 孙晓光. 公共关系的基本原则 [J]. 渤海大学学报:哲学社会科学版, 1996(3):15-18.

[7] 杰夫金斯. 公共关系部的组成和作用 [J]. 国外社会科学文摘, 1986(11):25-26.

[8] 黄栋法. 公共关系传播媒介的分类及其特点 [J]. 新闻知识, 2011(4):29-30.

[9] 陈先红, 张凌. 大数据时代中国公共关系领域的战略转向——基于扎根理论的探索性分析 [J]. 国际新闻界, 2017(6):20-41.

[10] 陶应虎,顾晓燕. 公共关系原理与应用 [M]. 北京:清华大学出版社,2006.

[11] 肖北缨. 现代公共关系学新编 [M]. 北京:北京工业大学出版社,2003.

[12] 刘军. 公共关系学 [M]. 北京:机械工业出版社,2006.

[13] 余永跃. 公共关系学通识教程 [M]. 武汉:武汉大学出版社,2007.

[14] 魏冬云. 公共关系心理学 [M]. 北京:人民军医出版社,2006.

[15] 兰迎春,陈军. 公共关系学 [M]. 济南:山东人民出版社,2010.

[16] 黄德林. 现代公共关系学 [M]. 北京:中国商业出版社,2000.

[17] 陈向阳.1999 年中国公共关系业调查报告 [R]. 中国国际公共关系协会,2000.

[18] CIPRA. 中国公关业 2003、2004 年度调查报告 [R]. 中国公关网,2004.

[19] 上海公共关系协会.2004 年行业发展趋势 [R]. 上海公关网,2004.

[20] 管文娟. 浅析新媒体时代的公关传播 [J]. 新闻爱好者, 2011(20):78-79.